MICHAEL W. COVEL

DAS TRENDFOLLOWING-MINDSET

MICHAEL W. COVEL

DAS TRENDFOLLOWING MINDSET

Die Lektionen der
Trading-Legende Tom Basso

Börsenbuchverlag

Die Originalausgabe erschien unter dem Titel
Trend Following Mindset – The Genius of Legendary Trader Tom Basso
bei Harriman House Ltd.
ISBN 978-0-85719-814-3

Übersetzung: Egbert Neumüller
Gestaltung, Satz und Herstellung: Daniela Freitag, Timo Boethelt
Lektorat: Sebastian Politz
Druck: GGP Media GmbH, Pößneck

ISBN 978-3-86470-786-5

Bibliografische Information der Deutschen Nationalbibliothek:
Die Deutsche Nationalbibliothek verzeichnet diese Publikation in der
Deutschen Nationalbibliografie; detaillierte bibliografische Daten
sind im Internet über <http://dnb.d-nb.de> abrufbar.

Postfach 1449 • 95305 Kulmbach
Tel: +49 9221 9051-0 • Fax: +49 9221 9051-4444
E-Mail: buecher@boersenmedien.de
www.boersenbuchverlag.de
www.facebook.com/plassenbuchverlage
www.instagram.com/plassen_buchverlage

Danke für alles, Liễu Trịnh

INHALT

LEBEN MIT „MR. SERENITY“ **VORWORT VON BRENDA RUSSELL-BASSO**

Ich lernte Tom eine Woche nach Antritt seines Ruhestands kennen, als wir beide in Scottsdale in Arizona einen Tanzkurs für Two-Step besuchten. Nicht in einem gehobenen Lokal, sondern in einer Cowboy-Spelunke. Beim Gehen fiel mir auf, dass Tom einen eher unauffälligen SUV fuhr, den er später als 12-jähriges Nutzfahrzeug bezeichnete. Nachdem wir uns ein paar Monate lang immer wieder bei den Tanzstunden begegnet waren, unterhielten wir uns häufiger. Ich erfuhr bald, dass Tom gerade voller Eifer, Hingabe und Energie sein Leben im Ruhestand so organisierte, dass es all seine vielen Interessen beinhalten sollte. Später begriff ich, dass er diese Hingabe und diese Energie aus seiner beruflichen Laufbahn mitgenommen hatte. Seine Interessen sind zahlreich. Außer Tanzen gehören dazu Golf, Singen, Kochen, Malen, Angeln, Gärtnern, Lesen und Winzern. Bei diesem Zeitaufwand könnte man eine irgendwie geartete „serenity“ – zu Deutsch etwa „Gelassenheit“, „Heiterkeit“, „innere Ruhe“ – mit einem Fragezeichen versehen, aber als ich Tom näher kennenlernte, begann ich zu verstehen.

Springen wir zu einem von Toms Seminaren über Trading, das ich kürzlich moderiert habe. In einer Pause fragte mich einer der Teilnehmer beiläufig, wie es denn sei, mit „Mr. Serenity“ zusammenzuleben – dieser berühmte Spitzname [im Deutschen unter anderem als „Die Ruhe in Person" wiedergegeben, Anm. d. Ü.] wurde Tom von Jack Schwager verpasst. Schon nach wenigen Augenblicken hatten wir eine Menschenmenge angezogen. Offenbar interessieren sich die Leute mehr für dieses Thema, als ich gedacht hatte. Wenn man Interviews mit Tom gelesen und seine Methodik sowie seine langjährigen Erfolge als Trader studiert hat, denkt man vielleicht zu Recht: „In diesem Kopf möchte ich nicht stecken." Der bewusste Versuch, all die genannten Elemente einzubeziehen, könnte den Ruhestand hektisch und stressig machen. Doch wenn man genauer hinschaut, begreift man, dass er im Ruhestand genauso konzentriert, aber stressfrei vorgeht wie im Arbeitsleben. Er konstruiert seinen „Film des Lebens" so, dass er zu ihm passt, und jedes Hobby hat sein eigenes Fach und wird entspannt genossen.

Es gibt darin allerdings Anzeichen seines analytischen, technischen Verstands, den er so akribisch darauf trainiert hat, detailliert ausgearbeitete Handelsstrategien zu entwickeln. Als Tom zwölf Jahre alt war, kaufte er ein Buch darüber, wie man sich durch Selbsthypnose in Schlaf versetzt. Ich bin Zeugin: Er kann sich innerhalb von etwa sechs Sekunden in Schlaf versetzen. Als er einmal seinen Golfschlag übte, sagte er: „Ich glaube, ich muss mein Gewicht noch um 30 Prozent mehr auf die linke Seite verlagern." Und wenn er gefragt wird, was für ein Hund unser entspannter aus dem Tierheim stammender Banjo ist, sagt er immer: „25 Prozent Zwergpudel, 25 Prozent Zwergschnauzer und 50 Prozent Terrier-Mischling, darin aufgrund der Farbe wahrscheinlich viel Wheaten." („Ein Mischling aus dem Tierheim" würde eigentlich genügen.)

Wenn er ein Kochrezept erfindet, enthält es eine Prise von diesem, einen Spritzer von jenem, dazu diverse unerwartete Zutaten, die gewöhnlich eine wohlschmeckende Kreation ergeben, die sich die meisten nicht vorstellen könnten (ich habe das Glück, seine Testesserin zu sein). Er ist ein wandelndes Lexikon der Rockmusik der 1970er-Jahre und erkennt die meisten Hits und Interpreten in den ersten paar Sekunden (mir ist allerdings Beethoven lieber). Und stellen Sie sich meine Überraschung vor, als ich erfuhr, dass er eine detaillierte Liste mit 20 Merkmalen hatte, die er sich bei einer möglichen Partnerin wünschen würde (zum Glück habe ich es auf 19,5 gebracht. Der fehlende halbe Punkt? Ich werde nie 1,75 Meter groß werden). Sein Verstand konzentriert sich auf Details. Ein Freund von uns sagt gern: „Frag Tom nicht, wie viel Uhr es ist, denn sonst erklärt er dir, wie man eine Uhr baut!"

Doch kommen wir zum Thema „serenity" zurück. Ich frage nur selten, wie unsere Portfolios laufen. Ich verwalte unsere Immobilienanlagen und mische mich nicht ins Trading ein. Trotzdem frage ich manchmal: „Haben wir heute Gewinn gemacht?" Dann antwortet er womöglich: „Nein, wir haben soundso viel Dollar verloren." Dann ist mir, als müsste ich mich verschlucken und mir auf die Brust klopfen, aber er sagt das ganz sachlich und emotionslos. Genauso ist es, wenn wir einen recht großen Gewinn erzielt haben und ich eigentlich gern applaudieren und vielleicht die Hacken zusammenschlagen möchte. Doch auch in diesem Fall antwortet Tom auf die gleiche Weise – sachlich und ohne wahrnehmbare Reaktion. Ich habe gelernt, dass er wirklich nach einem seiner Lieblingssprüche lebt: „Der Markt wird tun, was er eben tut."

Die Antwort auf die Frage des oben erwähnten Teilnehmers lautet, dass das Leben mit „Mr. Serenity" tatsächlich in jeder Hinsicht heiter und gelassen ist. Ich sehe Tom klar und deutlich vor mir, wie er ruhig und zielgerichtet seine „To-do-Listen" durchgeht. In unserem Zusammenleben gibt es keine Volatilität. Im Grunde ist es so, dass wir jeden Tag „die Fahrt genießen".

Brenda Russell-Basso

EINLEITUNG

„Ganz übel. Geschwollener Unsinn. Grausam. Der Mann hat Probleme und benutzt diesen Podcast als Therapie. Der reinste Müll.“

Das ist eine meiner Lieblingsrezensionen meines Trendfolge-Podcasts (www.trendfollowing.com/podcast).

Der Podcast steht jetzt bei mehr als tausend Folgen, zehn Millionen Abrufen und beinhaltet sechs Nobelpreisträger, zahlreiche Milliardäre und unzählige Unternehmer und Wissenschaftler von Weltrang. Jedoch empfinde ich es als Ehre, dass sich jemand gezwungen sah, seinen ganzen Ärger niederzuschreiben, denn ein Podcast wie meiner ist nicht für jeden etwas (mehr dazu gleich).

Sie wollen jetzt mit dem Hören anfangen? Das können Sie dann vier Wochen lang täglich rund um die Uhr machen!

Was ich von all diesen großartigen Podcast-Gästen gelernt habe? Ein paar häufige Themen? Da fallen mir sechs ein:

1. Das Richtige tun – die Jetons fallen lassen, wohin sie fallen.
2. Wenn man über die natürliche Begabung eines Gastes spricht, untergräbt man seinen Fleiß und seine Hingabe an sein Handwerk.
3. Den Unterschied zwischen Glück und Geschick erkennen.

4. Vielen Menschen gefällt die Wahrheit nicht.
5. Man kommt voran, indem man den Prozess über das Ergebnis stellt.
6. Das *Warum* wird man höchstwahrscheinlich nie erfahren, deshalb sollte man dem Trend folgen.

Zwar habe ich (noch) keine Mega-Hörerzahlen wie Joe Rogan oder Tim Ferriss, aber es erstaunt mich immer wieder, welche Reichweite man mit einem Podcast erzielt. Ein Mann, ein Mikrofon und die Übertragung per Skype oder Zoom von einem unbekannten Ort aus, dazu virale Mundpropaganda als treibende Kraft? Fantastisch. In welch einer schönen Zeit leben wir doch.

Die verrückteste Art, wie jemand auf meinen Podcast gekommen ist? Dafür habe ich dem Comedian und „Seinfeld"-Mitschöpfer Larry David zu danken:

„Es ist lustig, wie ich angefangen habe, Sie zu hören. Ich suchte nach Podcasts mit Larry David und stieß auf einen von Ihnen über ‚Curb Your Enthusiasm'. Von da an vollzog meine Geldanlage einen bedeutenden Kurswechsel. Inzwischen sage ich es meinen Kindern, wenn ich einen Podcast von Ihnen höre, mit dem sie meiner Meinung nach etwas anfangen könnten. Ich mache ihnen aber keinen Druck. Sie werden schon selbst herausfinden, was für sie am besten ist."

Ist das nicht der Wahnsinn? Die kleine Welt in Aktion.

Und womit fängt ein Podcast wie dieser an? Mit tollen Gästen. Und ich habe das Glück, sie zu haben. Aber er fing nicht gleich am Anfang mit tollen Gästen an. Das hat sich langsam aufgebaut – über Jahre. Allerdings trug ein bestimmter Gast im Jahr 2012 dazu bei, meinen Podcast in Gang zu bringen. Ich lasse einen anderen Leser, der meine Folge 400 kommentierte, diesen Gast vorstellen:

„Ich sagte mir: ‚Auf keinen Fall zum Teufel werde ich mir eine vierstündige Folge mit **Tom Basso** anhören.' Dann kam ich zu Stunde 3 und sagte mir: ‚Heilige ****, ich schulde Ihnen eine Entschuldigung, das ist ja fantastisch.‘“

Ich hole die Erklärungen nach:

Tom Basso wurde in der Buchreihe *Magier der Märkte* von Jack Schwager vorgestellt und ist vor allem als „Mr. Serenity“ – „Die Ruhe in Person“ – bekannt. Bevor sich Tom davon zurückzog, im Kundenauftrag Geld zu verwalten, war er Präsident und Gründer von Trendstat Capital Management. Er wurde 1980 „Registered Investment Advisor“ (RIA) und 1984 Registered Commodities Advisor. Er hat ausgiebige Erfahrung mit Trendfolge-Trading und ist eine lebende Legende.

Da überrascht es nicht, dass ich versuchte, ihn für sein erstes Podcast-Interview zu gewinnen, und er sagte freundlicherweise zu. Dann kam er wieder in meinen Podcast, dann wieder und immer wieder. Wie er ankam? Die Begeisterung für Tom, *die Legende im Ruhestand*, war gewaltig. Was an Tom fand einen derartigen Widerhall? Seine *geistige Einstellung*. Das Wesentliche. Unverblümt. Auf den Punkt, aber einfühlsam. Eine einzigartige Lebensart.

Dann sagte ich mir eines Tages: „Wie wäre es, wenn ich alle Folgen mit Tom zu einer Mega-Folge zusammenfassen würde?“ Daraus wurde meine Folge 400. Die Mega-Folge 400 schlug sofort ein, aber das war nicht alles. Tom kam immer wieder. Die Hörer liebten ihn, und so lauschte ich als weiser Journalist meinem Publikum.

Was ist so besonders an Tom Basso?
Warum muss man auf seine Stimme hören?

Die meisten Anleger versuchen, Angebot und Nachfrage oder irgendeinen anderen fundamentalen Faktor zu untersuchen, von dem sie meinen, er liege irgendeinem Marktwert zugrunde. Sie greifen bei ihren Kauf- und Verkaufsentscheidungen auf die staatliche Politik, auf Wirtschaftsprognosen, Kurs-Gewinn-Verhältnisse und die Analyse von Bilanzen zurück. Das ist eine Religion. Und diese Religion (beziehungsweise dieser Kult) nennt sich Fundamentalanalyse. Letztlich läuft sie darauf hinaus, Geschichten – Storys – zu erzählen, all das, was man täglich rund um die Uhr auf *Bloomberg*, *CNBC* und dergleichen sehen kann. All das ist ein großes Ratespiel, ein Spiel mit dem Ego.

Schalten Sie all das ab. Ich möchte, dass Sie anders denken. Ich möchte, dass Sie denken wie Tom Basso – der Trendfolger. Das Ziel, das ich mit „Das Trendfollowing-Mindset" verfolge, ist einfach: alles, was ich über Tom finden kann, in einem Buch zusammenzufassen. Also all meine (und andere) Interviews und Toms wichtigste Forschungsarbeiten über Trendfolge.

Eine langjährige Kollegin informierte mich über einen neuen Gast für meinen Podcast und fragte: „Hast du eine Fragenliste, die du ihm vorlegen willst?" Meine Antwort: „Nein."

Bevor wir zu meinem ersten Interview mit Tom kommen, möchte ich noch etwas zu meiner Interview-Philosophie sagen. Ein gutes Interview stellt keine Fragen. Es ist eine Unterhaltung. Ich stelle keine Fragen zu aktuellen Ereignissen – das wäre sinnlos. Aktuelle Interviews sind Nervengift für Neulinge, die ihr ganzes Geld verlieren wollen. Ich möchte von meinen Gästen zeitlose, universelle Erkenntnisse hören. Und was nun folgt, ist genau das – meine zeitlosen Unterhaltungen mit Tom (Teil 1) und detaillierte Erkenntnisse über das Trading, die Tom im Laufe seiner Karriere gewonnen hat (Teil 2).

Der Autor Seth Godin hat einmal gesagt: „Sobald man sich auf eine Reihe eingelassen hat, lautet die Frage nicht mehr: ‚Soll ich morgen einen Blog-Beitrag schreiben?' Sondern: ‚Was wird im morgigen Blog stehen?'"

Genau so sehe ich meine Bücher und meinen Podcast. Und ich habe riesiges Glück, dass mir ein Mann wie Tom Basso geholfen hat, meinen Podcast und nun auch „Das Trendfollowing-Mindset" zu lancieren. Nun liegt es an Ihnen. Nehmen Sie Toms Marktweisheit und seine Weisheit des Geldverdienens an oder lassen Sie es bleiben.

Es ist Ihre Entscheidung.

* * *

Wenn Sie meine kostenlose interaktive Trendfolge-Präsentation haben wollen, senden Sie ein Foto Ihres Kaufbelegs an receipt@trendfollowing.com

TEIL 1

INTERVIEWS

ENJOY **THE RIDE**

Folge 10: 25. April 2012

Tom Basso: Das ist das erste Interview, das ich gebe, seit ich mich vor circa acht Jahren zur Ruhe gesetzt habe.

Michael Covel: Ich finde, dass beim Trend-Trading die Erfahrung keine Halbwertszeit hat; sie verschwindet nicht. Es gibt viel Wissen, das man von Leuten aufschnappen kann, die diese staubige Piste bereits befahren haben. Ich bekomme manchmal zu hören: „Ach Covel, was wollen Sie denn von diesen Leuten aus früheren Jahrzehnten lernen?" Ich erwidere darauf immer etwas in der Richtung von: „Meinen Sie das wirklich ernst?"

Tom: Es ändert sich nicht viel. Es geht immer um das Gleiche. Ich habe heute noch mal nachgeschaut, damit ich weiß, wie es aktuell aussieht, denn ich bin schon lange nicht mehr interviewt worden. Ich habe bei Google meinen Namen und den Namen meiner früheren Firma Trendstat gesucht und war über die Suchergebnisse erstaunt ... nach 30 Trefferseiten gab ich es auf. Es war erstaunlich, die vielen Informationen zu sehen, die im Netz erhalten bleiben. Wenn etwas im Netz ist, bleibt es für immer dort, und so machte ich eine Reise durch die Erinnerungen.

Michael: Fangen wir mit Ihren jungen Jahren an. Viele Menschen wollen wissen, wie Tom Basso im Alter von 13 oder 16 Jahren war. Woran dachten Sie damals? Was machten Sie am Anfang und wie geschah die Migration, die Umstellung?

Tom: Als ich zwölf Jahre alt war, trug ich abends Zeitungen aus – das *Syracuse Herald-Journal.* Ich hatte um die 82 Abonnenten und verdiente zehn Dollar die Woche. Irgendwann in dieser Zeit besuchte ein Investmentfonds-Vertreter meinen Vater. Ich hörte einen Teil der Unterhaltung mit, das Gehörte weckte mein Interesse und ich fing an, Investmentfonds zu kaufen.

Michael: Mit zwölf! Welch ein Vorsprung!

Tom: Als ich aufs College ging, stand ich mit dieser Position wieder auf null, wegen der Gebühren, die der Vertreter zunächst kassiert hatte. Da war ich etwa 18 Jahre und hatte gerade erst den Break-even erreicht. Damals begriff ich, dass die Märkte steigen und fallen. Im dritten Studienjahr begann ich mir Sorgen zu machen, ob ich als Chemieingenieur eine Stelle bekommen würde – meinen Abschluss machte ich auf der Clarkson University in Potsdam im Bundesstaat New York.

Dann hatte ich etwa 25 Stellenangebote und dachte mir, ich könnte die Sache so angehen, dass ich mir die Aktienkurse einiger dieser Unternehmen ausdrucke und mir anschaue, was sie machen. Schließlich ging ich zu Monsanto nach St. Louis. Ich druckte die Aktienkurse von Monsanto aus und handelte schließlich mit der Aktie, weil sie stieg und fiel. Ich begriff, dass es töricht wäre, sie einfach zu kaufen und zu halten, denn sie schien auf 40 Dollar zu schnellen und auf 20 Dollar zurückzufallen. Da dachte ich mir, ich könnte doch jedes Mal Geld daran verdienen, wenn sie das tut, denn damals schien sie nicht weit über 40 Dollar hinauszukommen. Die Rede ist von den 1970er-Jahren.

Das brachte mich noch mehr zu dem Versuch, das zu quantifizieren. „Wie mache ich das, ohne darüber zu viel nachdenken zu müssen?“ Ich hatte nämlich viel zu tun. Ich machte meinen MBA, arbeitete als Chemieingenieur und gründete Kennedy Capital, die Vorläuferfirma von Trendstat. Tatsächlich existiert Kennedy Capital heute immer noch in St. Louis und managt Small Caps. Später verkaufte ich meinen Anteil an Kennedy Capital und gründete Trendstat. Damit ging die Entwicklung einher, dass ich Futures und Devisen mit Trendfolge-Methoden tradete. Schließlich gingen mir die Kapazitäten für das Futures-Trading aus, eins kam zum anderen, recht bald waren 28 Jahre vergangen und ich setzte mich zur Ruhe.

Michael: Menschen wie Sie erzählen solche Geschichten sehr schnell – in gerade mal 30 Sekunden. Aber so schnell kommen Sie mir nicht davon. Wurden Sie abgesehen von Ihren eigenen Studien, Ihren eigenen Chartbetrachtungen und der Beobachtung, dass Trends nach oben und nach unten laufen, von jemandem inspiriert oder beeinflusst, der vor Ihnen da war?

Tom: Eigentlich nicht. Ich war von der Ausbildung her Ingenieur und konnte sehr gut mit dem Computer umgehen, aber Sie müssen sich klarmachen, dass ich nie Broker war. Dass ich nie bei einer Investmentbank gearbeitet habe und nie das Parkett irgendeiner Börse betreten habe. Ich habe vielmehr in einem Investmentklub angefangen, das Geld anderer Leute zu verwalten. Viele Klubmitglieder waren faul und überließen die meiste Arbeit zwei Mitgliedern. Ich war eines davon.

Da ich von Haus aus Ingenieur war, hatte ich eine wirklich große Dosis an Mathematik, Logik, Problemlösungsstrategien und davon mitbekommen, wie man Aufgaben effizient erledigt. Ich erkannte, dass sich die menschlichen Tätigkeiten in zwei Lager aufteilen ließen. Einerseits die Produktionsseite, auf der man sich mit etwas abschuftet, das man auch einem Computer beibringen könnte, von dem man aber aus irgendeinem Grund beschlossen hat, es als menschliches Wesen selbst zu tun. Die andere Seite menschlicher Bestrebungen ist die eher schöpferische, kreative: die Seite, auf der man einem Computer nicht wirklich beibringen kann, etwas Neues zu schaffen – ein Kunstwerk oder etwas anderes.

Mir wurde klar, dass meine Zeit begrenzt war. Wenn ich je kreativ werden und das Trading auf eine neue Stufe heben wollte, indem ich weitere Bücher las und neue Blickwinkel der Forschung erkundete, musste ich die eigentliche Funktion des Tradings erfassen: kaufen und verkaufen. Wo würde ich kaufen, wo würde ich verkaufen?

Ich musste diese Funktionen an einen Punkt bringen, an dem sie so sehr einem Kochbuch ähnelten, dass ich sie in sehr kurzer Zeit erledigen konnte und mir Zeit für die kreativen Dinge blieb, die mir Spaß machen.

Kennen Sie noch den RadioShack TRS-80? Das war der erste Computer, den ich hatte. Danach kamen erst ein PC und dann ein AT von IBM. Ich programmierte und programmierte immer weiter. Mein einziges Ziel war es, mit dem täglichen Trading keine Arbeit mehr zu haben. Ich entwickelte mein Trading zu dem extrem automatisierten Unternehmen Trendstat Capital, das im Grunde Tag für Tag keine menschlichen Entscheidungen mehr benötigte. Dieses hochgradig automatisierte System deckte um die 80 Futures-Märkte, 30 Devisenmärkte und circa 20 Investmentfonds ab, mit denen wir anhand vieler verschiedener Strategien sowie unter Einsatz vieler verschiedener Dollarbeträge handelten. Das war ganz schön kompliziert, aber wir kauften einfach einen weiteren Computer und fütterten ihn mit unserem System.

Michael: Sie sind Autodidakt. Sie sind Außenseiter. Sie gehören keinem Handelsgeschehen irgendwo in New York City an. Sie stehen nicht auf dem Börsenparkett. Erzählen Sie mir, wann Ihnen dämmerte, dass sich so viele andere nach Fundamentaldaten richteten. Warren Buffett zum Beispiel ist Value-Investor. Aber Sie haben beschlossen, dass Sie den Preis als Kernvariable verwenden wollten, und angefangen, dementsprechende Programme zu schreiben.

Es ging nur darum, anhand des Kurses als Variable zu kaufen und zu verkaufen sowie zu berechnen, wie viel Sie einsetzen sollten. Haben Sie das vollständig durch Versuch und Irrtum herausgefunden, ohne jeglichen Einfluss von außen?

Tom: Ich fing an, mir ein paar Sachen anzuschauen, die ich früher gemacht hatte, zum Beispiel, dass ich dem Investmentfonds-Vertreter einen Fonds abgekauft hatte, und Aktienkäufe, die ich danach getätigt hatte. Ich schaute mir ein bisschen die Fundamentaldaten an und begriff, durch welchen Morast an buchhalterischen Informationen man sich da durcharbeiten musste. Das kostete zu viel Zeit.

Mir wurde klar, dass es, egal was ich auch tun würde, immer jemanden geben würde, der viel mehr Zeit und Mitarbeiter hatte als ich. Wenn ich in der Mittagspause bei Monsanto mit anderen Ingenieuren zusammensaß, fragten sie mich: „Wie kommst du darauf, dass du das besser kannst als eine Firma an der Wall Street, in der sich Analystenteams die ganzen Sachen ausrechnen?" Das gab mir zu denken und so fing ich an, allgemeiner und distanzierter zu denken. Wenn man einen Schritt zurücktritt und sich anschaut, was die anderen machen, wird einem klar, dass alles, was diese Leute machen, irgendwie in einem Kampf endet.

Ich versetzte mich in die Zeit von Waterloo zurück – Napoleon und Wellington beobachten von ihren jeweiligen Hügeln aus ihre Armeen drunten im Tal. Und dann sieht man, wie die Front nach links oder nach rechts wandert, je nachdem, wer gerade die Oberhand hat. Ich fand, das sei ein gutes Bild für das Geschehen an einem Markt. Viele Menschen tun viele verschiedene Dinge, manche von ihnen kaufen, andere verkaufen und alle meinen, sie lägen richtig. Sie meinen alle, sie wüssten, was sie tun, und sie täten es aus einem guten Grund.

Aber letztlich läuft doch alles bloß darauf hinaus, welcher Preis herauskommt. Oder wo sich die Front der Schlacht befindet. Daher dachte ich mir: „Also wenn ich das in einem Diagramm darstellen könnte, dann wüsste ich, wo alle Marktteilnehmer den Preis hintreiben wollen, und wenn ich einfach nur zuschaue, kann ich sehen, dass die eine oder die andere Seite gerade die Oberhand hat." Anders ausgedrückt: „Wenn im Moment die Verkäufer den Käufern überlegen sind, dann kann ich doch einfach in die gleiche Richtung gehen, denn es sieht so aus, als würden sie die Schlacht gewinnen. Wenn die Verkäufer die Oberhand haben, wäre es wahrscheinlich gut, in diese Richtung zu gehen." Mehr Gedanken mache ich mir über dergleichen selten. Und diese Denkweise pflege ich in meinem Alltagsleben bis heute.

Michael: Ich habe einen E-Mail-Austausch mitbekommen, den Sie vor ein paar Jahren mit Ed Seykota hatten. Sie äußerten sich dazu, dass auf seiner Frage-und-Antwort-Seite jemand geschrieben hatte: „Tom Basso mag es nicht zu heiß." Können Sie den Neulingen erklären, was das bedeutet? In Ihrer Antwort an Seykota schrieben Sie: „Nun mal langsam. So kann man das nicht sagen, ich gebe meinen Kunden nur das, was sie verkraften können."

Tom: Ganz genau. Einer der größten Bereiche, den ich zu meiner Zeit bei vielen Fondsmanagern bemäkelte, jedenfalls in der Anfangszeit, war das Konzept, das Ed als „Hitze" (heat) bezeichnet. Ich spreche einfach davon, wie viel Risiko man in sein Portfolio hineinpackt. Man kann das Risiko auf viele verschiedene Arten ermitteln. Ich tat das erstens anhand des auf das Kapital bezogenen prozentualen Risikos am Stop-Loss. Aus dem aktuellen Stand und dem Stoppkurs kann man so sein Risiko berechnen. Das ist eine Form des Risikos als Prozentsatz des Kapitals.

Die nächste Art ist die Volatilität. Wie schnell bewegt sich ein Markt jeden Tag nach oben oder nach unten, ausgedrückt in Prozent des Kapitals? Die dritte nimmt irre Sachen wie Euro-Dollar-Futures her – oder in früheren Zeiten andere Handelsinstrumente mit hohem Margin-Hebel und geringer Volatilität, die von Zeit zu Zeit durchdrehen. Wenn man davon zu viel im Portfolio hat, geht man ein zu großes Risiko ein. Die Märkte sind klug genug, um die Margin zu berücksichtigen, und so nahm ich die Margin in Prozent des Kapitals.

Ich führte alle drei Berechnungen durch und nahm diejenige, bei der die geringste Anzahl an Kontrakten herauskam – und so viele kaufte oder verkaufte ich. Ich war also stets lieber zu vorsichtig – ich hatte die kleinste Zahl von Kontrakten und setzte die kleinste Summe aufs Spiel. Dadurch zog ich keine Aufmerksamkeit in der Form auf mich, dass sich die Kunden die Sachen jeden Tag angeschaut und sich übermäßig darüber aufgeregt hätten. Meine Kunden riefen mich nicht jede zweite Stunde an, um mich zu fragen: „Haben Sie gesehen, was heute mit dem Goldpreis passiert ist?" Das hätte den Kunden nichts gebracht, denn im Grunde sind sie immer begeistert, wenn etwas im Plus steht, und bestürzt, wenn etwas im Minus steht.

Ich versuchte, die Psyche meiner Kunden zu verbessern und dafür zu sorgen, dass auch meine eigene Psyche ausgeglichen blieb. Auch ich wollte nicht in Aufregung geraten. Ich nehme an, deshalb hat mich Jack „Mr. Serenity" getauft. Alles, was ich als Trader täglich gemacht habe, war auf eine gewisse Art und Weise langweilig.

Michael: Sie haben über den Wunsch gesprochen, sicherzustellen, dass die Hitze für Ihre Kunden zumutbar war, aber bei Ihrem eigenen Portfolio sind Sie anders vorgegangen.

Wenn jemand das hört, denkt er sich vielleicht: „Aha, er hilft seinen Kunden auf die eine Art, aber im Hinblick auf sein eigenes Portfolio ist er zu anderen Maßnahmen bereit." Vielleicht können Sie diesen Unterschied erklären? Ich nehme an, Sie wollten damit sagen, Sie waren bereit, ein bisschen mehr Volatilität in Kauf zu nehmen und größere Risiken einzugehen.

Tom: Exakt. Ich verstehe genau, was ich tue, und mir ist klar, wo meine Risiken liegen. Ich kann jedes Geschehen, das ich für möglich halte, anhand von Szenarien zu Tode analysieren und das Gefühl haben, dass ich mit dem, was ich tue, leben kann.

Ein gutes Beispiel ist meine 83-jährige Mutter, deren Vermögen in Form von Rente und Rentensparplan keine 100.000 Dollar beträgt. Sie steht mit null Wissen da. Sie ist schon mit der Frage überfordert, was ein Einlagenzertifikat einer Bank ist – das ist ihr Kenntnisstand. Sie steht also am anderen Ende des Spektrums. Wenn ich anfange, über Finanzangelegenheiten zu reden, macht sie große Augen und hat keine Ahnung, wovon ich rede. Ich versuche, mich in die Lage meiner Kunden und in das hineinzuversetzen, womit sie sich wohlfühlen. Als Vermögensverwalter wird man dafür bezahlt, das Geld anderer Leute zu verwalten, und deshalb sollte man sich gleich am Anfang fragen: „Wie werden wohl meine Kunden aussehen und wie kann ich ihnen etwas bieten, von dem ich glaube, dass sie mich dafür engagieren und für lange Zeit bei mir bleiben?"

Auf der anderen Seite kam es vor allem früher bei vielen Commodity Trading Advisors (CTAs) vor, dass sie im einen Jahr 50 Prozent Plus machten, dann 20 Prozent Minus, im Jahr danach 60 Prozent Gewinn und dann wieder 27 Prozent Verlust. Ein wüstes Auf und Ab. Sie haben die Einstellung: „Ich trade auf die Art, die meiner Meinung nach am besten ist, um langfristig am meisten Geld zu verdienen, und wenn Sie mitfahren wollen, lieber Kunde, dann seien Sie willkommen."

Ich ging an die Sache umgekehrt heran. Ich sagte mir: „Ich bin bereit, die Zügel ein bisschen straffer zu ziehen, weil es meine Aufgabe ist, Geld zu verwalten. Ich muss an das denken, was meine Kunden wollen, nicht an das, was ich vielleicht selbst will, denn zu dem, was ich tun würde, sind sie nicht bereit."

Michael: Ich nehme an, dadurch haben Sie sich einiges an Ärger erspart. Ich möchte niemand von den Leuten kritisieren, die große Risiken eingegangen und dadurch mal 50 Prozent im Plus und mal 25 Prozent im Minus lagen, aber ich bin sicher, die haben von ihren Kunden deutlich mehr Negatives zu hören bekommen.

Tom: Tja, und außerdem floss bei ihnen Geld herein und heraus. Sie akquirierten 100 Millionen Dollar, dann fielen sie auf 50 Millionen Dollar zurück, kletterten dann auf 250 Millionen Dollar und sanken danach wieder auf 100 Millionen herab. Ich kann mir nur vorstellen, dass sie ständig Leute eingestellt und wieder entlassen haben. Das muss eine chaotische Art zu sein, ein Unternehmen zu führen.

Michael: Ich wollte auf die Psychologie eingehen – insbesondere auf die Psychologie des Tradings –, weil ich das Gefühl habe, dass darin ein großer Teil des Erfolgs liegt. Und ob man nun Unternehmer ist, dem die Arbeit über den Kopf wächst, oder Trader, es geht um die Psychologie, wie man jeden einzelnen Tag bewältigt.

Tom: Ganz Ihrer Meinung. Das ist beim Trading das Wichtigste und kommt mit großem Abstand vor dem Zweitwichtigsten: Risikokontrolle und Kontrolle der Volatilität sowie im Grunde alles, was mit Money-Management zu tun hat. Mit großem Abstand vor der Bedeutung dessen, worauf alle sich konzentrieren – Simulationen von Modellen für Kauf- und Verkaufsentscheidungen. Darüber braucht man sich am allerwenigsten Sorgen zu machen.

Michael: Die überwiegende Mehrheit liebt diese Einstellung trotzdem.

Tom: Der Grund dafür liegt auf der Hand. Ich habe Studien durchgeführt, die veröffentlicht wurden, und es hat andere Studien gegeben, die weit über meine hinausgegangen sind; demnach kann man einen Markt hernehmen, einen Zufallsgenerator die Kauf- und Verkaufsentscheidungen treffen lassen, dabei gute Stoppkurse setzen und ein gutes Money-Management durchführen und so eine positive Anlagerendite erzielen. Wie wichtig können Modelle für Kauf- und Verkaufsentscheidungen sein, wenn man eine Münze werfen und damit im Laufe der Zeit bei akzeptablem Risiko eine geringe Rendite erzielen kann, sofern dabei ein gutes Money-Management gewährleistet ist?

Aber noch mehr kommt es auf die Psychologie an. Viele Menschen hielten Trendstat und Tom Basso für eine Art Roboterfirma. So, als hätten wir nichts gedacht oder nichts gemacht. Aber in Wirklichkeit war ich der Mann, dem das Unternehmen gehörte. Ich konnte, wenn ich wollte, jeden Augenblick jede der Blackboxes, die wir laufen ließen, ändern.

Wenn ich keine gute Psychologie habe und nicht verstehe, was ich tue, sondern nur verstehe, welche von meinen Knöpfen bei gewissen Arten von Marktgeschehen meistens gedrückt werden müssen, kann das schlimm ausgehen. Wenn ich auf Kurs bleibe und weiß, dass ein bestimmtes Marktgeschehen normal ist, oder weiß, dass etwas anderes nicht normal ist, dann muss ich daran arbeiten. Ich muss mich selbst und auch die Psychologie verstehen, der ich ausgesetzt bin und mit der mein Denken konfrontiert wird. Tue ich das nicht, bin ich verloren. Wenn ich wollte, könnte ich allein wegen der Computer die Modelle jeden Tag verändern.

Die Psychologie ist die wichtigste Sache von allen. Sie bestimmt, was alle tun. Sie veranlasst Menschen, Systeme aufzugeben, die im Grunde solide sind. Bloß weil ein System einen leichten Drawdown verzeichnet, fangen Trader an, an gewissen Dingen herumzuschrauben, sie verkomplizieren oder vereinfachen die Sache zu sehr. Oder sie haben eine Gewinnsträhne, werden eingebildet, übertreiben es mit der Nutzung der Hebelwirkung und es fliegt ihnen um die Ohren. Es kann einen auf viele verschiedene Arten erwischen, aber am wichtigsten ist es, sich selbst zu verstehen.

Michael: Wenn Sie sagen, „sich selbst zu verstehen", erzählen Sie mir etwas davon, worüber sich Tom aufregt oder eben nicht aufregt. Haben Sie Ihre gesamte Trader-Laufbahn mehr oder weniger gleichmütig durchgestanden? Gab es emotionale Hochs und Tiefs?

Tom: Als ich vielleicht vier oder fünf Jahre im Geschäft war, handelte ich mit Silber. Meine Mutter und mein Vater kamen mich in St. Louis besuchen, wo wir damals unseren Sitz hatten. Als pflichtbewusster Sohn nahm ich mir eine Woche vom Trading frei und spielte den Fremdenführer. Ich arbeitete noch als Chemieingenieur, führte sie herum und hatte daher keine Zeit, meine Sachen auf den neuesten Stand zu bringen. Ich verpasste einen Silber-Trade auf einen Ausbruch hin, aber als der gute, disziplinierte Trader, der ich bin, entschied ich: „Nein, der Ausbruch ist bereits erfolgt. Ich steige nicht verspätet ein." Als ich alles auf den neuesten Stand brachte, nachdem meine Eltern abgereist waren, hatte ich ihn einfach verpasst.

Der entgangene Trade stellte sich als der an allen Märkten profitabelste des Jahres heraus. Es war frustrierend, dabei zuzusehen, und da wurde mir klar, dass ich dafür sorgen musste, dass so etwas nicht noch einmal passiert, denn ich wollte nicht noch einmal derart frustriert sein. Ich sagte mir: „Wenn ich eine Strategie erstelle, muss ich in der Lage sein, sie jeden Tag laufen zu lassen, einen Tag um den anderen, ohne etwas zu verpassen."

Und seither habe ich über Jahre, weitere Jahre und noch mehr Jahre keinen Trade mehr verpasst, weil ich alles eingerichtet hatte. Ich habe Sicherungen eingebaut und dafür gesorgt, dass Stoppkurse gesetzt werden. Egal was ich sicherstellen muss, weil ich beispielsweise mit Ihnen rede und währenddessen die Märkte eröffnen, oder wenn ich Urlaub nehme, dafür ist gesorgt. Diesen Sommer fliege ich nach Italien. Ich werde drei Wochen bleiben und die ganze Zeit traden, aber das wird mich kein bisschen stören. Ich bin trotzdem im Urlaub.

Michael: Ich glaube, viele Menschen würden, wenn sie in dieser Situation wären, nicht hingehen und sich sagen: „Also gut, ich automatisiere diese Methode." Stattdessen würden sie sich aufregen. Es klingt so, als wären Sie nicht emotional verärgert gewesen. Das war wohl eher ein Problem, das gelöst werden musste?

Tom: Es war wie ein technisches Problem, das gelöst werden musste. Stellen Sie sich eine chemische Fabrik vor. Auf der einen Seite kommen Stoffe herein, sie werden verarbeitet und kommen auf der anderen Seite wieder heraus. Ich stellte mir einen Großteil des Tradings wie chemische Verfahrenstechnik vor. Via Satellit, über Funk, Internet und so weiter kommen Informationen herein. Man verarbeitet sie entweder „manuell" mit seinen Augen und seinem Gehirn oder mit einem Computer mithilfe von Datenbanken und einer Programmiersprache – so, wie wir es bei Trendstat machten. Dabei kamen

Orders heraus, die an Börsen, Broker, Terminbörsenmakler oder wohin auch immer geleitet wurden.

Für mich war Trendstat meine kleine Chemiefabrik. Und wenn ich mir die Anfänge meines Tradings anschaue, dachte ich damals genauso. Ich habe eine Menge Informationen und muss sie jeden Tag bewältigen. Dafür habe ich keine entsprechende Menge Zeit und deshalb mache ich das so schnell und so automatisiert wie möglich. Ich gebe Orders auf und lebe mein sonstiges Leben weiter.

So sah ich das damals, als Problemlösung. Ein anderes Beispiel, das auch mit Silber zu tun hat, kommt einer emotionalen Reaktion wohl ein bisschen näher, würde ich sagen. Es war ein Silber-Trade. Mein Depot war gewachsen – das war in den ersten Jahren des Tradings, vielleicht von 50.000 auf 100.000 Dollar, den genauen Betrag weiß ich nicht mehr. Ich stieß auf den gleichen Aufschwung des Silberpreises, von dem auch die Brüder Hunt profitieren wollten – so war das damals. Ich befasste mich ausschließlich mit dem Silberpreis, als Trendfolger wollte ich dranbleiben und hatte eine Menge Kontrakte. Ich ließ meine Gewinne laufen und hatte vor, Verluste schnell zu begrenzen. Dann begann der Silberpreis, Limit-Bewegungen nach oben und nach unten zu vollführen, völlig wild, und die Sache mit den Brüdern Hunt kam heraus; der Preis brach ein und meine Stopps griffen. Mir ging es damit gut, aber ich hatte es erlebt, dass mein Depot innerhalb eines Monats oder innerhalb von sechs Wochen oder sonst einer wahnsinnig kurzen Zeit von um die 100.000 Dollar auf 500.000 Dollar angeschwollen war.

Innerhalb der nächsten zwei Wochen schrumpfte es auf 250.000 Dollar zusammen. Am Ende verdiente ich an diesem einen Trade, was weiß ich, vielleicht 150.000 Dollar, und das dürfte auf diesem Niveau eine Rendite von 150 Prozent gewesen sein. Da hatte ich noch längst nicht begriffen, was mir heute klar ist. Aber davon abgesehen kann ich Ihnen sagen, dass ich den Silberpreis jeden Tag beobachtete. Um den Rest meines Portfolios kümmerte ich mich kaum noch. Ich war emotional sehr daran gebunden. Als der Preis wild stieg und fiel, sagte ich zu mir: „Moment mal ..."

Michael: Sie ertappten sich selbst bei dieser emotionalen Bindung.

Tom: Ich ertappte mich selbst bei der emotionalen Bindung. Mein Gehirn hatte schon immer diese Neigung, die mich in die Lage versetzt, mich am Ende des Tages zurückzulehnen und zu beobachten, wie ich mit dem Tag interagiert hatte. Es ist sehr nützlich, ein beobachtendes Ich zu haben, das unparteiisch sein kann. Das klingt nach einer gespaltenen Persönlichkeit, aber ich möchte nicht, dass es verrückt klingt. Man sollte einfach nach innen schauen und keine Urteile fällen. Man sollte sich hinsetzen und sich sagen: „Wie hast du dich heute gemacht? Warst du ausgeglichen? Hast du heute alles erledigt, was du erledigen solltest? Bist du auf jemanden wütend geworden? Hast du dich übermäßig aufgeregt, sodass dir etwas entgangen ist? Bist du emotional geworden?" Ein Bilanzauszug des Tages.

Als ich mir die Sache mit dem Silber angeschaut hatte, kam ich zu dem Schluss, dass es richtig war, ein guter Trendfolger zu sein, Stoppkurse zu setzen, die Gewinne laufen zu lassen und die Verluste zu begrenzen. Aber auch zu dem Schluss, dass es keinen Grund gab, meine Emotionen wild hoch- und runtergehen zu lassen, wenn ich bloß die Größe meiner Position kontrollierte. Und dies brachte mich auf meinen ersten Plan der Risikokontrolle, der besagt, dass mein Risiko riesengroß wurde, wenn sich die Stopps wie im Falle von Silber immer weiter entfernten. Es gab keinen Grund, fünf oder zehn Positionen zu halten. Vielleicht brauchte ich sechs, vielleicht vier, vielleicht aber auch nur einen Kontrakt.

Ich glaube, wir hatten bei Trendstat, als der Golfkrieg ausbrach, vielleicht einen oder zwei Kunden, die noch einen Rohölkontrakt am Laufen hatten, nachdem die Volatilität über Nacht von 32 auf 40 und wieder zurückgegangen war und am nächsten Tag bei 22 oder so eröffnete. Die Volatilität war irrsinnig und sie warf die Positionen aus den Portfolios aller anderen heraus, weil niemand genug Kapital hatte, um sich auch nur einen Kontrakt leisten zu können.

Michael: Spielen Sie eigentlich Golf?

Tom: Tatsächlich komme ich gerade vom Golfplatz zurück.

Michael: Ich bin kein großer Fan des Golfsports, aber ich bekomme genug mit und habe das Masters-Finale (2012) gesehen. Ein Teil meiner Familie stammt aus den Südstaaten und es gefiel uns sehr, dem großartigen Südstaaten-Original Bubba Watson zuzuschauen. Er trifft bei einem bestimmten Schlag, legt gewissermaßen alles in ihn hinein und gewinnt das Masters. Damit tue ich ihm keinen Abbruch, denn einige sportliche Bravourstücke beruhen auf einem einzigen Versuch, mit dem man dann man in die Hall of Fame einzieht. Aber nun sitzen Sie vor mir und sprechen über Ihren Prozess. Tom konzentriert sich auf Prozesse. Prozesse, Prozesse, Prozesse. Sie sitzen nicht unbedingt da und denken über das Ergebnis nach, sondern Sie konzentrieren sich auf Ihren Prozess. Den erarbeiten Sie sich mühsam.

Ich schaue mir Bubbas Schlag an und sehe Parallelen zum Trading während der Finanzkrise. Ich denke da an einige Leute, die sich während der Immobilienkrise außerordentlich gut geschlagen haben, zum Beispiel John Paulson und Michael Burry. Das sind außerordentlich kluge Leute, die einige großartige Trades durchgeführt haben. Aber vielleicht können Sie den Gedanken erklären, alles aufs Spiel zu setzen. Den Unterschied erklären, ob man in der Welt des Geldes versucht, einen Volltreffer zu landen oder sich mühsam eine Laufbahn zu erarbeiten. Vielleicht können Sie den Hörern das Für und Wider darlegen.

Tom: Ich glaube, viele Menschen deuten an, Buffett falle in diese Kategorie, da er den Löwenanteil seiner Gewinne aus einer sehr kleinen ausgewählten Anzahl großer Volltreffer bezogen hat, die er im Laufe seiner Karriere gelandet hat. Aber er hatte unterwegs auch reichlich Verlierer und darüber wird häufig hinweggegangen. Natürlich haben die Gewinner die Verlierer mehr als ausgeglichen, wie es auch bei der Trendfolge meistens der Fall ist. Das ist in Ordnung. Daher hat er ein tolles Image.

Aber untersuchen Sie im Gegenzug einmal die Trendstats dieser Welt, die sich schlicht abmühen und versuchen, ihre Kunden glücklich zu machen, ohne dabei etwas allzu Auffälliges zu tun. Ich glaube, ich würde mein damaliges Image in der Branche als langweilig bezeichnen. Ich glaube, viele Menschen wären nicht gerade schrecklich begeistert gewesen.

Michael: Für Sie war es aber nie langweilig, oder?

Tom: Für mich war es nie langweilig. Ich führte ein schönes Unternehmen. Ich fand, wir hatten gute Kunden und ein gutes Mitarbeiterteam. Mir machte es Freude, das Unternehmen zu leiten. Jetzt, wo ich es nicht mehr leite, macht mir der Ruhestand Freude. Wahrscheinlich würde ich, egal was ich tue, das Leben jeden Tag genießen. Aber ich glaube, die Lehre, die hier zu ziehen ist, lautet: Wenn man einen Volltreffer landen will, dann ist das in Ordnung, aber man komme nicht auf die Idee, Bubba Watson habe nicht seinen Prozess abgespult.

Er liebt es, den Ball zu bewegen. Erst vor ein paar Wochen war er in meinem Klub. Er schlug von den Back Tees aus 67 Yards und es sah leicht aus. Gleich am nächsten Tag schlug er auf dem ganz schön schwierigen Wüstenplatz Estancia 56 Yards. Er bewegt den Ball gern, damit er weit schlagen kann, er ist Linkshänder und für ihn war dieser Schlag im grünen Bereich. Er kann ihn sich vorstellen, mit einem Wedge schlagen, ihn abwärtsdrehen und so den Ball viel weiter nach links oder rechts fliegen lassen, als es den meisten Menschen möglich sein mag. Das ist sein üblicher Stil. Dieser Schlag beim Masters lag nicht außerhalb seiner Komfortzone. Das war sein Prozess.

Michael: Letzten Sommer habe ich Paul Mulvaney interviewt. Er hatte sein eigenes Trendfolgesystem und im Herbst 2008 nicht die geringste Ahnung, dass ihm der Oktober 40 Prozent Gewinn bringen würde. Er folgte einfach seinem Prozess. Das ist wohl exakt das, was Sie sagen wollen?

Tom: Jawohl, und genauso war es bei den Devisenprogrammen 1997, als der Dollar auf etwa 80 Yen gefallen war. Dann kriegte er die Kurve. Ich weiß nicht mehr, ob er von 150 gefallen war, wendete und wieder auf ungefähr 140 stieg. Ein großer Ausschlag in die eine Richtung, dann ein großer Ausschlag in die andere. Mein Trade lief einfach jeden Monat weiter, noch einen Monat, noch einen und noch einen. Ich steckte anderthalb Jahre im gleichen Trade. Die Leute stellen sich Trading so vor, dass man heute kauft und nächste Woche verkauft. Damals zog sich das Kaufen und Verkaufen am Devisenmarkt über verflixte anderthalb Jahre hin.

Aber das brachte mir und den Kunden dermaßen viel Geld ein! Mit der Erfolgsbeteiligung und all dem anderen ... das war wohl ein Rekordjahr. Aber ich hatte keine Ahnung, was passieren würde.

Ich bin gewissermaßen Hobby-Volkswirt. Ich kenne mich sehr gut mit der Ökonomie aus und wenn Sie sich ein paar von meinen Facebook-Beiträgen anschauen, sehen Sie, zu welcher Seite ich bezüglich vieler Dinge tendiere.

Michael: Sie haben Meinungen? [lacht]

Tom: Jawohl, ich habe Meinungen. Grundsätzlich bin ich eher freiheitlich gesinnt, aber mit der Wirtschaft befasse ich mich gern vom Standpunkt des Verhaltens der Menschen her, die an der Entscheidung beteiligt sind. Wenn man die Entscheidungsfindung von diesem Standpunkt her betrachtet, kann man sich normalerweise denken, wie sich die Konjunktur entwickeln wird.

Michael: Gerade halte ich ein Dokument in den Händen: „When to allocate to a CTA – buy them on sale“ von Tom Basso, es ist ein paar Jahre alt. Es ist erstaunlich, wie oft ich bis zum heutigen Tag mit Tradern spreche, die entweder ihre eigenen Depots oder einen Fonds betreiben und diese Mentalität haben. Außerdem habe ich einen Kumpel, der einen kleinen Fonds betreibt und bei einem systematischen Trendfolger-Index regelrecht zusätzliche Orientierung sucht –

er ist nicht Teil seines Systems, aber irgendwie glaubt er, dass da manchmal tatsächlich eine Korrelation besteht, wenn sein Fonds anfängt, Positionen aufzustocken.

Tom: Die Trendfolge beruht auf der Tatsache, dass es asymmetrische Renditen gibt. Da gibt es Langläufer wie den Trade mit dem Japanischen Yen, von dem ich gerade gesprochen habe, sodass manchmal, wenn ich alle Trades von Trendstat aufsummiere, über ein ganzes Jahr vielleicht zwei oder drei Trades den gesamten Gewinn geliefert haben. Wenn man die bloß isolieren, herausgreifen und sagen könnte: „Also gut, ich habe nur diese drei Trades gekriegt." Das war der Unterschied zwischen null und dem, was wir in dem betreffenden Jahr verdient haben. Die ganzen restlichen Trades kamen vielleicht sogar auf null raus. Es gab Jahre, wo es so knapp war.

Wenn man von der Annahme ausgeht, dass es Zeiten geben wird, zu denen der Markt seitwärtsläuft, verdienen Trendfolger in einem solchen Umfeld kein Geld, weil es dann keinen Trend gibt, dem sie folgen könnten. Normalerweise gibt es dann je nach Zeitrahmen keinen Trend, der lange genug ist, damit jemand, der sich einmal am Tag damit befasst, wirklich viel herausholen kann.

Andererseits wird es auch Zeiten wie 1997 geben, zu denen der Japanische Yen durchdreht oder vielleicht irgendwann der Dollar tief fällt. Solche Trades machen die ganzen Verluste aus den Seitwärtsperioden mehr als wett. Und wenn man dann noch von der Annahme ausgeht, dass jede Seitwärtsperiode einmal endet und dass jede profitable Periode einmal endet, dann ist es sinnvoll, sich einen Trendfolger anzuschauen, der an vielen Märkten handelt. Eine Menge Rauschen, das Drawdowns verursacht, eine Menge Trends, die profitable Perioden erzeugen, in denen man wieder ins Gleichgewicht kommt, während ein Trader zu viel verdient, sich überschuldet und durchdreht. Vielleicht nimmt man hier etwas Geld heraus und verteilt es auf andere Trader, die ein bisschen konservativer vorgehen, sodass man seine Gewinne womöglich über die nächste statische

Seitwärtsperiode hinweg behalten kann, in der alle Geld verlieren werden.

Und umgekehrt: Wenn man jemanden findet, der in einem tiefen Drawdown steckt, schichtet man – außer wenn er etwas geändert hat oder man das Vertrauen in sein Vorgehen vollständig verloren hat – wieder zu dem Mann zurück, der den größten Drawdown hat, denn in der nächsten wieder profitablen Periode wird er wieder hochkommen.

Es scheint allerdings, als täte die Branche das genaue Gegenteil. Ich habe noch eine andere Abhandlung mit dem Titel „Performance Gap" verfasst, in der es um die Differenz zwischen den Renditen von CTAs und denjenigen ihrer Kunden geht. Daraus geht hervor, dass bei jedem CTA mit mehr als 75 Millionen Dollar, der seit fünf Jahren erfolgreich datenbankmäßig (damals durch die Barclays-Datenbank) geführt wurde, der gewogene zeitliche Mittelwert der vom Trading tatsächlich gelieferten Rendite höher als die dollargewichtete Rendite war, die ihre Kunden tatsächlich bekamen. Die Kunden laufen heißen Erfolgsbilanzen nach, ziehen sich am Tiefpunkt zurück und machen sonstigen Unsinn.

Das ist sehr frustrierend und traurig. Es machte mich traurig, zu sehen, wie meine Kunden Dinge taten, mit denen sie sich selbst schadeten, weil sie sie von einer guten Rendite abhielten. Und das, obwohl ich darüber geschrieben hatte. Das schien niemandem etwas zu bringen.

Michael: Woran liegt es Ihrer Meinung nach psychologisch, dass Anleger nicht bei Drawdowns investieren?

Tom: Ich glaube, psychologisch liegt es daran, dass sie das Trading nicht wirklich verstehen. Sie kommen mit ihrer Psyche nicht zurecht und begreifen nicht, wie wichtig die Psychologie ist. Das endet damit, dass sie, wenn sie Trades im Minus sehen, die abwärtslaufende gestrichelte Linie fortschreiben und sich ausrechnen, dass es x Monate dauern wird, bevor alles weg ist, oder so was in der Richtung.

Ähnlich denke ich über die Psychologie im Plus: „Der Mann hat eine großartige Erfolgsbilanz über fünf Jahre, das steigt ständig weiter und fällt nie, also verlängern wir die gestrichelte Linie bis über den Chart hinaus." Wer wäre mir lieber? Mir ist meinem Denken gemäß derjenige, der über den Chart hinausschießt, lieber als derjenige, der mein ganzes Geld verlieren wird. Sie treten nicht von sich selbst zurück und begreifen nicht, in welche Falle sie damit tappen.

Auch verstehen die Kunden nicht, weshalb Trendfolger auf lange Sicht Geld verdienen. Ich bin sicher, Sie bekommen tonnenweise Kritik und irgendwelchen Hokuspokus geschickt. Ich sehe einige von den Facebook-Kommentaren, und es ist wirklich leicht, sich hinzusetzen und die monatliche Volatilität eines Marktes darzustellen. Das habe ich auch gemacht. Ich weiß nicht, für wie viele Märkte wir das bei Trendstat gemacht haben, aber die Monate mit hoher Volatilität waren diejenigen, in denen Trendfolgestrategien profitabel waren. In Monaten mit geringer Volatilität machte das System im Grunde Verlust.

Also bringt hohe Volatilität Gewinn, niedrige Volatilität und geringe Richtungsorientierung bringen Verlust. Das ist so einfach, als würde man sich die Monatsrenditen eines Jahres und monatliche Indizes der diversen Märkte anschauen, an denen gehandelt wird. Dadurch müsste man fast schon in der Lage sein, vorherzusagen, wie die Rendite des durchschnittlichen CTAs im Februar hätte aussehen sollen, weil gewisse Dinge passiert sind – vielleicht war es ein Verlustmonat, weil diese Dinge passiert sind, vielleicht war es ein Gewinnmonat, weil diese Dinge passiert sind. Es war ein Monat mit großen oder kleinen Gewinnen. Man könnte das wirklich herausfinden, wenn man die Daten hätte und man verstehen würde, woher die Gewinne der Trendfolge kamen.

Aber die ganzen tollen Leute mit ihren Doktortiteln, ihren vielen Computern und Mitarbeitern, scheinen nicht in der Lage zu sein, das herauszufinden, und darum musste ich im Fall von Trendstat meine eigenen Programme kaufen, wenn sie sich in einem Drawdown befanden. Gleichzeitig meldeten sich meine Kunden und kündigten mir, aber sie steckten Geld in meinen Hedgefonds, wenn ich neue

Hochs erreichte. Auf neuen Hochs nahm ich etwas Geld vom Tisch und gab es anderen Managern oder machte etwas anderes damit. Ich versuchte immer, etwas auf die hohe Kante zu legen, etwas vom Tisch zu nehmen und mein Portfolio ein bisschen auszugleichen.

Ich merkte, dass ich exakt das Gegenteil dessen tat, was meine Kunden die ganze Zeit machten. Und ich versuchte, sie dazu zu überreden, das zu tun, was ich ihnen empfahl, aber davon wollten sie überhaupt nichts hören.

Michael: Manche Leute ändern sich einfach nie.

Tom: Das ist einer von mehreren Gründen, weshalb ich beschloss, die Sache zu beenden und mich stattdessen mit Golf, Angeln, Kochen, Tanzen und Singen zu befassen.

Michael: Singen? Singen Sie uns etwas vor? Vor ein paar Jahren stand ich einmal mit Ed Seykota und seinem Banjo auf der Bühne. Was singen Sie uns heute vor?

Tom: Das könnte ich schon.

Michael: Welche Art von Gesang?

Tom: Nun, mir gefällt [singend] „Fly me to the moon ... and let me live among those stars."

Michael: Sehr schön. Und ich sitze in der ersten Reihe!

Kommen wir auf das Trading und die Märkte zurück. Wenn ich mit Leuten spreche, die in Ihrer Position waren – die lange Zeit einen erfolgreichen Hedgefonds mit einer guten Erfolgsbilanz geleitet haben –, sagen sie manchmal etwas, das die meisten Außenstehenden nicht erwarten würden.

Ich hatte das Glück, mich in London mehrmals mit David Harding unterhalten zu können, und er sprach darüber, wie eine Kakerlake oder wie Madonna auszusehen. Salem Abraham sprach darüber, wie man es vermeidet, von einem Meteoriten erschlagen zu werden. Sie sprachen beide eindeutig über das Überleben. In Wahrheit ist es ja so, dass man, um die Chance zu haben, es zu schaffen, überhaupt noch da sein muss.

Tom: Ganz genau. Einer der Gründe, weshalb Sie in diesem Augenblick mit mir sprechen können, ist, dass ich dadurch, dass es mir gelang, mein Risiko und meine Volatilität zu kontrollieren, dem Meteoriten entgehen konnte, von dem Salem sprach, oder auch der Sache mit Davids Kakerlake. Das sind interessante Vergleiche. Ich sah das so: „Ich muss das heutige Spiel spielen, damit ich das Spiel auch morgen spielen kann."

Wenn ich morgen nicht mehr im Spiel bin, habe ich niemandem einen Gefallen getan. Man muss in der Lage sein, das Spiel weiterzuspielen. Das ist insofern wie im Casino, wenn man versucht, die Statistik auf seine Seite zu bringen, und ich glaube, die Trendfolge kann das ganz gut. Und sie kann es noch besser, wenn man sehr, sehr gute Modelle des Money-Managements verwendet. Wenn man sein Risiko, seine Volatilität und seine Sicherheiten kontrolliert sowie die Markttypen, an denen man tradet, dann wird ein Großteil des Arbeitseinsatzes sehr fruchtbar sein.

Und ich glaube, wenn etwas funktioniert, mit dem man sich wohlfühlt und dessen Funktionsweise man ganz genau versteht – ich meine, dass man in der Tiefe seiner Seele genau weiß, welcher Markt einem Gewinne beschert und welcher einen dazu bringt, seine Wunden zu lecken –, dann arbeitet die Statistik letzten Endes langfristig für einen. Dann kann man morgen wiederkommen und das Spiel spielen. Dann ist man nicht unterzukriegen und wird wie ich eine 28- oder 30-jährige Karriere in dieser Branche haben. Man muss so lange da sein, dass man einen Namen hat, den die Menschen wirklich kennen, weil man auf so vielen MFA-Konferenzen oder MRA-Konferenzen war, vielen Menschen die Hand geschüttelt hat, von Menschen interviewt und im *Wall Street Journal* zitiert wurde. Das liegt nur daran, dass man überlebt hat, nicht unbedingt daran, dass man besonders auffällig war.

Michael: Ich erlebe es regelmäßig, dass Menschen sich wirklich vorstellen, sie würden jeden Monat Gewinn machen. Auf die eine oder andere Art würden sie jeden Monat Geld verdienen, und ich bin sicher, dass es wahrscheinlich irgendwo jemanden gibt, der das tut, vielleicht weil sein Server direkt neben dem Börsenserver steht oder was auch immer, weil er mit Lichtgeschwindigkeit handelt – etwas, das nicht einmal ich verstehe.

Wenn mir eine Erfolgsbilanz vorliegt, die jeden Monat einen Gewinn von einem bis zwei Prozent und keinen Verlustmonat ausweist, sage ich mir: „Entweder habe ich Long-Term Capital Management vor mir – eine Strategie, die durch die Decke gehen wird –, oder ich habe Bernard Madoff vor mir."

Tom: Ja, dem würde ich zustimmen. Oder der dritten Lösung, dass Eric Crittenden (Mitgründer von Longboard Asset Management) sagt: „Da haben Sie vielleicht einen Short-Volatility-Manager vor sich." „Short Volatility" bedeutet, dass man zum Beispiel bloße Optionen verkauft. Verkauft man sie weit genug aus dem Geld, verfallen die Optionen in den meisten Fällen wertlos und man kann das Geld als Verdienst behalten.

Damit kann man diesen Monat Geld verdienen, im nächsten Monat, im Monat danach, aber dann kommt das Long-Term-Capital-Management-Szenario: Jemand hat den Hebel überzogen und die Short Volatility platzt aufgrund einer sehr großen Marktbewegung. Irgendwann geht die Volatilität, die er geshortet hat, durch die Decke und bringt ihn schlicht um. Dann die Hebelwirkung und was sonst noch ... und die allmonatlichen Gewinne aus drei Jahren sind einfach futsch!

Also ja, ich misstraue Erfolgsbilanzen sehr, die sich als Trendfolger ausgeben und jeden Monat Gewinn ausweisen. Eigentlich müsste ich da meinen Hut ziehen. Man muss dieses Rätsel wirklich auseinanderfieseln, denn das ist eine harte Nuss.

Michael: Ich wende mich noch einmal an Professor Tom. Ich besuche Ihren Kurs „Das kleine Einmaleins der Finanzpsychologie". Ich bin 18 Jahre alt, habe eigentlich keine große Ahnung und zwinge Sie nun, die Zeit zurückzudrehen und mir zu sagen, wie Sie mit den Hörern kommunizieren würden, denn irgendwie ist dieses Publikum ja das allgemeine Publikum da draußen. Was sagen Sie am ersten Tag des Kurses, wenn Sie die Vorlesung beginnen? Wie bringen Sie die Menschen dahin, dass sie letztlich Ihr Fundament, Ihren Hintergrund und Ihr Wissen erlernen? Was müssen sie nach der ersten Woche wissen? Nennen Sie mir einige Grundlagen, die Sie den Menschen wirklich beibringen wollen.

Tom: Bevor man sich überhaupt mit einfachen Dingen befassen kann – zum Beispiel was ein gleitender Durchschnitt bewirken würde, wie ein Trendfolge-Modell aussehen könnte, wie man das Risiko oder die Volatilität kontrollieren könnte –, muss man erst mal wirklich wissen, wie man einen Aktien-Trade eingeht. Meine Mutter zum Beispiel, eine 83-jährige Rentnerin, wüsste nicht einmal, was ein Broker ist. Daher hat sie keinen, weiß nicht einmal, wie man eine Order formuliert, und darum hätte sie es schon mit dem einfachsten ersten Trade schwer.

Man muss den Menschen Grundsätzliches über den Markt beibringen, wie man einen Trade eingeht, und dass sie wissen, dass der Markt ein Ort ist, an dem Käufer und Verkäufer zusammenkommen. Erst wenn man über die Feinheiten hinaus ist, ob es um Terminmärkte geht, an denen man es mit Ticks zu tun hat, oder um Devisenmärkte, an denen man es mit Pips zu tun hat (und so weiter und so fort), kann man am ersten Tag vielleicht auf die drei Säulen des Erfolgs beim Trading zu sprechen kommen. Eine davon ist, dass man das versteht, was man zu tun versucht.

Damit meine ich, dass jeder Mensch zu irgendeinem Schluss kommen muss, warum die Märkte das tun, was sie eben tun. Da mag es welche geben, die meinen, sie würden von der Wirtschaft angetrieben, weil sie VWL studiert haben und deshalb ihre Entscheidung darauf gründen. Wenn man zu diesem Schluss kommt, muss man sein Risiko, seine Volatilität und seine Portfoliozusammenstellung anhand seiner Komfortzone organisieren und dann ein Modell für

Käufe und Verkäufe ausarbeiten. Sobald man diese drei Dinge zusammen hat, besteht die Chance, dass man erfolgreich wird, obwohl man Volkswirt ist.

Meine Sache wäre das nicht, aber ich bin sicher, es gibt Ökonomen, die es ganz gut schaffen, wenn sie alles zusammenbringen können. Aber ich würde so vorgehen: Ich würde versuchen, diese drei Dinge zu lehren. Das Verständnis, was man tun will und was die Märkte nach dem eigenen Standpunkt antreibt. Im Grunde geht es darum, was die Person antreibt, die den Trade tätigt, denn sie muss ja entscheiden, ob sie bei ihrem System bleibt, es aufgibt, neue Märkte hinzunimmt, die Strategie abwandelt und was sonst noch so alles passiert. Und wenn man sich damit nicht wohlfühlt, klappt es nicht. Man muss aber auch darauf achten, an welchen Märkten man handelt. Manche leuchten einem ein, andere nicht. Außerdem braucht man ein Modell der Entscheidungsfindung, zum Beispiel einen Ausbruch im Chart oder einen kreuzenden gleitenden Durchschnitt. Man braucht etwas, das einen zum Handeln veranlasst, und ich glaube, wenn man diese drei Dinge zusammenbringt, hat man wahrscheinlich die Chance, zumindest ins Spiel hineinzukommen.

Michael: Ich möchte wissen, worüber Tom dieser Tage abseits der Dinge nachdenkt, die Spaß machen – Singen, Golfspiel und Tanzen. Ich weiß, dass Ihr Gehirn immer noch über manches nachdenkt. Wie sieht es da insgesamt aus?

Tom: Ich würde sagen, das, worüber ich am meisten nachdenke – und mir sind mehrere Facebook-Beiträge einiger Freunde aufgefallen, die Sie und ich gemeinsam haben –, ist, dass es in der Welt des Tradings viele von uns gibt. Ich habe an 80 Rohstoffmärkten, 30 Währungsmärkten, mit allerlei ETFs und Investmentfonds gehandelt, ich handelte mit Aktien, ich handelte mit Optionen, sogar mit Staatsanleihen, und jetzt sitze ich hier und sehe zu, wie wir weitere fünf Billionen Dollar Schulden machen. Mit diesem ganzen Quantitative Easing werten wir den Dollar ab.

Und ich sitze da und versuche jeden Tag, herauszufinden, wie ich im Ruhestand finanziell überleben und meine Anlagen bewahren und mehren soll. Ich bin jemand, der mit fast allem gehandelt hat, was sich handeln lässt. Menschen wie meine Mutter, die schon ein Einlagenzertifikat verwirrt, tun mir leid, denn selbst mir fällt es schwer, auf Möglichkeiten zu kommen und dem Ganzen einen Sinn abzuringen. Die Trendfolger werden das absolut unter Dach und Fach bringen, aber wenn sie das Rennen gewonnen haben, werden sie sich umblicken und sagen: „Ja, aber ..."

Michael: Postapokalyptisch.

Tom: Ja. Ich sitze da und denke: „Also gut, schauen mir mal. Wenn man erfolgreicher Trader ist und zu dem einen Prozent gehört und man schaut, was man tun sollte, also sein Portfolio so positionieren, dass man selbst oder der Kunde auf lange Sicht seine Kaufkraft bewahren kann, dann muss man in einer Zeit, in der der Dollar abgewertet wird, den Betrag seines Vermögens steigern, um das Vermögen gleich groß zu halten. Es ist schwer zu sehen, wie man das machen soll."

Michael: Sie haben viele verschiedene Wetterlagen, viele verschiedene Märkte und viele verschiedene sozioökonomisch-politische Muster erlebt. Äußern Sie zum Jahr 2012 und zur Zukunft ein Gefühl, das sich sehr von Ihrem lebenslangen Gefühl unterscheidet?

Tom: Ich habe das Gefühl, wir bereiten das Potenzial für einige sehr große Marktbewegungen vor, die die Trendfolger lieben werden.

Ich treffe keine Vorhersagen. Ich habe lediglich das Gefühl, dass wir die Finanzstruktur der Vereinigten Staaten bis zu dem Punkt strapazieren, an dem die Schulden mehr als 100 Prozent des Bruttoinlandsprodukts betragen, derzeit um die 108 Prozent. Das führt uns in ziemlich ungewöhnliche und dünne Luft. Anders gesagt, wenn man sich die wirtschaftlichen Zahlen der Vereinigten Staaten und auch der restlichen Welt anschaut ... wir treiben sie auf Niveaus, die es nie zuvor gegeben hat. Wenn solche Sachen kommen, dann hat man das Potenzial für Zusammenbrüche, für Blasen und dafür, dass Blasen möglicherweise platzen. Ein Potenzial für sehr hohe Volatilität.

Ich treffe keine Vorhersagen, wohin irgendetwas laufen wird. Ich hoffe, dass die Trendfolge wahrscheinlich bereitstehen wird, um aus vielen dieser großen Bewegungen Kapital zu schlagen. Aber während ich daraus Kapital schlage, mache ich mir Sorgen, dass der Wert dessen, was man haben wird, wenn man alles erledigt hat, zwar ein zahlenmäßig größeres Vermögen als heute darstellen wird, dass es aber weniger wert sein wird, wenn man hingeht und damit etwas kauft.

Wenn ich die Dinge aus der Situation des Ruhestands betrachte: Mein Vater ist 98 geworden und ich bin jetzt 59 Jahre alt. Ich bin sehr gesund und genieße das Leben, aber wenn ich wie mein Großvater lebe, bis ich 98 bin, habe ich noch 39 Jahre vor mir. Das ist länger als meine Lebensarbeitszeit. Es ist recht interessant, in diesen Begriffen zu denken, in Jahrzehnten zu denken. Ich muss mein Portfolio verwalten und herausfinden, wie ich mein Vermögen zumindest ungefähr konstant halten kann, damit ich weiterhin einen angenehmen Ruhestand genießen kann.

Diese Fragestellung geht mir in letzter Zeit immer häufiger durch den Kopf und sie ist kompliziert. Die Lösung liegt in den Händen des gesamten Landes, nicht nur in meinen. Ich habe keine Kontrolle darüber, was um mich herum geschieht. Ich habe die ganze Welt bereist und mir überlegt: „Wie wäre es wohl, wenn ich nach Australien ziehen würde? Oder in die Schweiz oder nach Großbritannien?“ Ich war in diesen Ländern und sie sind alle in ihrer Art schön und gut, schön, um sie zu besuchen, aber ich nenne die Vereinigten Staaten meine Heimat und ich mag Phoenix im Bundesstaat Arizona. Ich finde es großartig, dort zu leben. So leicht würde man mich hier nicht wegbekommen. Aber da ich den Entschluss gefasst habe, hierzubleiben, und daher den Staat Arizona und die Vereinigten Staaten um mich herum habe, muss ich auch mit Hunderttausenden Seiten Steuergesetzgebung leben, die meine Steuern regeln, und ich muss mit den ganzen verschiedenen wirtschaftspolitischen Entscheidungen zurechtkommen, die gefällt werden und bei denen ich mir die Haare raufe und sage: „Das soll wohl ein Witz sein. Das ist eine Dummheit!"

Aber wenn wir weiterhin solche dummen Entscheidungen treffen, dann kommt es mir so vor, als wenn ich inmitten dieses chaotischen Unsinns zusammen mit allen anderen zu überleben versuche – zugegebenermaßen wohl mit mehr Wissen über das, was ich vielleicht tun könnte. Aber zum jetzigen Zeitpunkt fällt es mir wirklich schwer, eine leichte Antwort zu finden, sodass ich mich anderen gegenüber ausdrücken und sagen kann: „Ich glaube, wir sollten Folgendes machen, erstens, zweitens, drittens, viertens und fünftens, und dann sind Sie wahrscheinlich so aufgestellt, dass Sie problemlos überleben werden." Ich glaube nicht, dass es so einfach ist, wie einfach hinzugehen und beispielsweise Goldmünzen zu kaufen – dafür wird ja im Fernsehen dauernd Werbung gemacht. Ich finde, Gold ist in Ordnung – es kann steigen oder fallen. Wenn die Menschen etwas kaufen wollen, nehmen sie einem die Münzen vielleicht ab, oder aber sie wollen sie eben nicht haben.

Es gibt da draußen eine Menge Unbekanntes. Ich denke an die 1970er- und 1980er-Jahre zurück, in denen die Konjunktur ein bisschen seitwärtslief. Es gab kein wirklich robustes Wachstum. Als die Reaganomics einsetzten, ging es eine Weile gut, und in der Clinton-Zeit war so ziemlich alles in Ordnung. In den Bush-Jahren ging es gerade so. Aber jetzt strapazieren wir das System dermaßen, dass ich mich frage, ob nicht ein paar richtig große Bewegungen bevorstehen. Daher würde ich im Moment jeden ermutigen, Trendfolger zu werden und ihm viel Glück dabei wünschen, damit zurechtzukommen.

Michael: Ich möchte Sie nach Ihrer Unternehmertätigkeit fragen. Wie ist es, Unternehmer zu sein? Denken Sie manchmal darüber nach, wie das Ihr Denken und Fühlen verändert?

Tom: Ständig. Allerdings im Moment nicht mehr so oft, außer wenn ich Menschen beobachte, die keine Unternehmer sind. Van K. Tharp bietet für Trader Programme über die Psychologie dieser Dinge an, und ich habe ab und zu mit ihm gesprochen. Und irgendwann beschloss ich, am einfachsten würde ich mit meinem gesamten Leben und dem Universum um mich herum dadurch zurechtkommen, dass ich die persönliche Verantwortung für alles übernehme, was in meinem Leben geschieht, auch dann, wenn es jemand anders verursacht hat. Dass ich mir überlege, wie ich mein Urteilsvermögen an den Punkt bringen könnte, dass ich Verantwortung übernehmen kann.

Wenn man für alles verantwortlich ist und dann eine Zeile weiter zu dem Gedanken springt, dass man dadurch über einiges die Kontrolle übernehmen sowie Entscheidungen verändern, einen anderen Weg gehen oder etwas anders machen kann, dann kann man es mit seinem ganzen Leben weit bringen. Zum Beispiel habe ich als Chemieingenieur angefangen und war, als ich mich zur Ruhe setzte, Trader. Da fragen immer alle gleich: „Wie zum Kuckuck ist denn das passiert?"

Es passierte nach und nach. Als ich Chemieingenieur bei Monsanto war, gab es alle vier Jahre Auf- und Abschwünge, und die Chemieingenieure wurden in einem Jahr eingestellt und nach vier Jahren wieder entlassen. Wenn ich eine Absicherung haben wollte, musste ich mit meinem Portfolio traden und ein Vermögen aufbauen, das mich absicherte. Falls ich entlassen würde, hätte ich mein Schicksal selbst in der Hand und könnte ein oder zwei Jahre leben, während ich mich in harten Zeiten nach einer anderen Stelle als Chemieingenieur umsehen würde.

Eines kommt zum anderen, schon bald tradet man mit so viel Geld, dass es anderen auffällt, und sie wollen, dass man einen Teil ihres Geldes verwaltet. Man wird vom Geschäft der Vermögensverwaltung aufgesaugt, übernimmt aber immer noch die Verantwortung dafür, dass man die Entscheidung getroffen und gesagt hat: „Okay, ich will kein Chemieingenieur mehr sein, ich werde jetzt Vermögensverwalter." Da hat man alles unter Kontrolle, wenn man für alles in seinem Leben Verantwortung übernimmt. Und ich glaube, dass Unternehmer das häufig tun. Unternehmer neigen dazu, die Kontrolle zu übernehmen, und ihnen ist klar, dass sie selbst das tun. Sie warten nicht darauf, bis sie ihnen jemand übergibt.

Michael: Mein Vater sagte gern, er wolle keinen Job haben, bei dem er den ganzen Tag lang zu einem Arschloch „Ja" sagen muss.

Tom: Aber sogar in der Vermögensverwaltungsbranche hat man Kunden. Damit meine ich, dass man sich immer gegenüber jemandem verantworten muss. Wir hatten Geldwäschekontrollen und waren im Devisengeschäft tätig, wo uns das Finanzamt besuchte und prüfte. Es gibt immer jemanden ...

Michael: ... zu dem man „Ja" sagen muss. Sonst kriegt man Ärger.

Tom: Sie bleiben noch eine Woche länger, einfach so. Sie machen einem das Leben zur Hölle.

FRAGEN UND ANTWORTEN **MIT „MR. SERENITY“**

Folge 83: 28. November 2012

Michael: Zunächst möchte ich Sie mit einer kurzen Eröffnungsfrage bombardieren. Ich weiß, dass Sie das Video des Philosophen Alan Watts gesehen haben, das ich auf meine Website gestellt habe. Alan Watts stellt die Frage: „Wenn Geld keine Rolle spielen würde, was würden Sie dann tun? Wie würden Sie Ihre Wünsche verwirklichen? Wie würde sich Ihr Leben entwickeln?“ Was würden Sie darauf antworten?

Tom: Für mich persönlich habe ich diese Frage beantwortet, als ich zwischen 20 und 30 Jahre alt war. Vielleicht fragte jemand: „Was wäre, wenn du mehr Geld hättest, was würde dir das bringen?“ Und man versucht, diese Frage zu beantworten. Und dann kommt die Frage: „Und wenn du das hättest?“ Nun, dann könnte ich dies und jenes tun. Man kann das ewig so weiterspinnen: „Okay, dann hast du dieses und was hast du jetzt?“

Es läuft darauf hinaus, glücklich zu sein. Man hat immer die Wahl, egal wie es einem im Leben ergeht. Wie viele arme Menschen haben ein Lächeln im Gesicht und genießen jeden einzelnen Tag? Wie viele reiche Leute sind unglücklich? Es ist wirklich so, dass jeder Mensch die Entscheidung treffen muss, einfach glücklich zu sein.

Ich finde, Geld verleiht einem viel Flexibilität. Es gibt einem wahrscheinlich eine etwas bessere Chance, sich gut zu ernähren oder besser zu trainieren und seinen Körper gesund zu erhalten. All diese kleinen Dinge des Lebens gibt es. Aber letzten Endes kann einen Geld nur so lange glücklich machen, wie man es zulässt.

Michael: Ich hielt es für wichtig, dass Sie das gleich am Anfang erläutern, bevor wir zu den restlichen Fragen kommen. Ich halte das für wichtig, weil die Hörer dann vielleicht sehen, was oberste Bedeutung hat.

Tom: Man will ein guter Trendfolger werden und wird darin Meister. Dann vergehen 20, 30 Jahre, es geht einem sehr gut, man managt sein eigenes Geld, aber man kann sich im Leben trotzdem noch unglücklich machen. Man kann einen Teil des Geldes hernehmen, sich ein paar Immobilien kaufen und sich das Leben komplizierter machen. Oder man kann sich fünfmal scheiden lassen und es noch komplizierter machen. Es könnte auch sein, dass verschiedene äußere Faktoren eine Rolle spielen und man zulässt, dass sie sich in das Glück einmischen.

Allein ein guter Trendfolger zu sein macht einen nicht auf irgendeine Art und Weise glücklich. Man kann sich entscheiden, glücklich zu sein, bevor man Trendfolger wird, und man kann sich entscheiden, glücklich zu sein, wenn man schon erfolgreicher Trendfolger ist.

Michael: Nachdem das geklärt ist, stürzen wir uns in einige Hörerfragen. Die erste Frage kommt von Dan Montag und lautet: „Tom, wie gehen Sie, ‚Die Ruhe in Person', mit Ihren Emotionen um, wenn Sie gerade Verlust machen? Hat sich daran seit dem Buch *Magier der Märkte II* etwas geändert?"

Tom: Das ist eine gute Frage, Dan ist ein kluger Mann. Ich habe ein Konzept im Kopf, dem ich den Namen „im Wind verankert" gegeben habe. Wenn ich eine superschnelle Gewinnsträhne habe, das Geld fast schon in Rekordbeträgen hereinströmt und ich es kaum fassen kann, dann zwinge ich meinen Verstand in eine Zeit zurück, an die ich mich erinnere, als ich mich vier Jahre lang abstrampelte, um mein Rohstoffdepot lediglich auf null zu bringen. Oder ich denke an meinen letzten Drawdown und daran, wie ich mich dabei gefühlt habe. Ich versuche, meinen Enthusiasmus mental auf „neutral" zu stellen.

Und das gilt auch umgekehrt für Dans Frage. In Verlustzeiten versuche ich mich zurückzuversetzen und mich an Zeiten zu erinnern, als alle verfügbaren Märkte in den grünen Bereich wechselten und ich haufenweise Geld verdiente. Ich versuche so, meine Frustration, meine Angst und alles Negative, das ich während eines Drawdowns empfinde, auszugleichen. Man versucht, sich an Zeiten zurückzuerinnern, in denen alles gut lief und alles viel Geld einbrachte, dadurch kommt man von der anderen Seite her wieder in den neutralen Bereich.

Ziel ist es, jeden Tag total neutral zu beginnen und ihn ziemlich genauso zu beenden. Er ist bloß ein weiterer Datenpunkt in einem langen, langen Strom Tausender Handelstage im Laufe eines Lebens, die jeweils nur Datenpunkte sind. Wenn man einen Schritt zurücktritt und sich das aus diesem Abstand betrachtet, beruhigt einen das irgendwie. Es beruhigt einen, wenn es aufwärtsgeht und wenn es abwärtsgeht, und es ermöglicht einem, einfach rational zu denken.

Michael: Zur nächsten Frage: „Tom, Sie versehen die meisten Ihrer Facebook-Beiträge mit dem Ausdruck ‚Enjoy the Ride', was in etwa ‚Genießen Sie die Fahrt' bedeutet. Was hat Sie zu diesem Schluss gebracht und gab es in Ihrem Leben eine Zeit, in denen es eine Herausforderung war, die Fahrt zu genießen?"

Tom: Ich versehe sie gewöhnlich mit „Enjoy the Ride", um die vielen Trader da draußen daran zu gemahnen, dass es bei der ganzen Sache keinen endgültigen Zielpunkt gibt und dass wir alle irgendwann einmal dahinscheiden werden. Dann sind wir keine Trendfolger mehr, sondern tot. Ich finde, man muss an jedem Tag hergehen und die magischen Dinge sehen, die um einen herum passieren. Man muss offen für neue Ideen sein, offen für Beobachtungen in der Welt, die da draußen existiert, und nur darum geht es.

Zu versuchen, irgendein Endziel zu erreichen und durch die Hölle zu gehen, um dort hinzugelangen, wobei das Endziel vielleicht nicht ganz das ist, wofür man es hält, und man vielleicht ein kleines bisschen enttäuscht ist, wenn die Realität einsetzt, ist Zeitverschwendung. Man will nicht an diesen Punkt gelangen und dann sagen: „Ach, das ist schon alles?“ Mir bedeutet es alles, die Fahrt zu genießen. Ich beginne jeden Tag nach dem Motto: „Ich kann es gar nicht erwarten, mich darauf zu stürzen.“ Heute Morgen habe ich circa zwei Stunden und zehn Minuten lang Golfbälle geschlagen und dabei ein neues Konzept geübt.

Ich genoss einfach einen wunderschönen Morgen in Scottsdale und war allein auf dem Platz. Es war sehr still und sehr schön. Das ist es, worauf es bei der Fahrt ankommt. Es geht nicht darum, sich das Hirn aus dem Kopf zu traden.

Michael: Bevor wir uns heute getroffen haben, hatte ich eine Yogastunde, die etwa anderthalb bis zwei Stunden dauerte. Als ich am Ende mit geschlossenen Augen auf dem Rücken lag, las mir die Yogalehrerin eine Passage vor, die fast wörtlich das besagte, was Sie gerade gesagt haben. Den gegenwärtigen Augenblick, die Reise, genießen. Irgendwann wird alles vorbei sein, daher sollte man nicht versuchen, in der Zukunft oder in der Vergangenheit zu leben – man hat doch den jetzigen Augenblick.

Tom: Genau.

Michael: Gab es in Ihrem Leben eine Periode, in der es eine besondere Herausforderung war, die Fahrt zu genießen?

Tom: Ja. Das war, bevor ich vieles begriff, was mich angeht – wahrscheinlich in meinen Zwanzigern, als ich als Chemieingenieur arbeitete. Ich versuchte, meinen MBA zu machen. Ich entwarf ein Haus, das ich vier Jahre später im Waldland südwestlich von St. Louis bauen wollte. Ich gründete in St. Louis die Aktien-Anlageberatung Kennedy Capital und handelte außerdem mit Rohstoffen. Das bedeutete mehr oder weniger, morgens aufzuwachen, den ganzen Tag Gas zu geben, dann erschöpft einzuschlafen, am nächsten Morgen aufzustehen, und das Ganze von vorn.

An den Wochenenden, an denen ich nicht als Ingenieur bei Monsanto arbeitete, verbrachte ich die Zeit damit, Recherchen bezüglich meines Rohstoffdepots anzustellen und zu versuchen, mein Vorgehen beim Aktienhandel zu verbessern.

Ich glaube, in meiner jetzigen Lebensphase halte ich, von der Energie und meinem Alter von um die 60 her, einen viel besseren Rhythmus ein. Ich gehe zwar viele Dinge an und merke manchmal, dass ich ein bisschen hektisch werde, aber es gibt jeden Tag einen Zeitpunkt, an dem ich sage: „Jetzt ist es Zeit, das wegzulegen und etwas zu tun, das Spaß macht." Ich versuche nach Möglichkeit, in jeden Tag ein bisschen Fahrgenuss hineinzubringen.

Michael: Larry schreibt: „Könnten Sie Tom nach seinen Ausstiegsstrategien bei gewinnbringenden Positionen fragen? Viele Trader wissen, wie man bei Verlierern Stoppkurse einsetzt, aber aus Gewinnern auszusteigen kann ja etwas kniffliger sein."

Tom: Ich kenne Larry, er ist selbst ein kluger Trader. Ich habe mir seinen Podcast angehört und er hat mir sehr gut gefallen. Die Antwort auf Larrys Frage ist ziemlich einfach. Ich sehe keinen sehr großen Unterschied zwischen einem Trade, der Gewinn bringt, und einem, der Verlust bringt. Ich denke mir das so: Wenn es heute aufwärtsgeht, will ich long stehen und hinter der Position einen Stoppkurs setzen. Solange es weiterhin aufwärtsgeht, belasse ich entweder den Stopp dort, wo er war, oder ich ziehe ihn nach oben nach. Ich ziehe ihn also hinter der Position nach.

Wenn sich die Richtung ändert und es abwärtsgeht, wird irgendwann der Stoppkurs ausgelöst, und da es nun abwärtsgeht, will ich die Position ja nicht mehr haben. Ich versuche das so weit zu vereinfachen. Ich stelle keine Vermutungen an und sage etwa: „Also gut, ich habe 20 Prozent bekommen, daher sollte ich bei der Gewinnmitnahme etwas anders machen oder was auch immer." Ich lasse es einfach laufen.

Ich erinnere mich an eine ganz berühmte Frage, die Ed Seykota gestellt wurde. Ich hörte mir einen Vortrag von ihm an, wahrscheinlich in meinen Dreißigern. Da fragte jemand: „Ed, welches Ziel haben Sie, wenn Sie einen Trade eingehen?" Ed schaute den Fragesteller an und sagte: „Eigentlich die Sterne. Wenn ich in den Trade gehe, hoffe ich, dass das Ding long geht und ich für den Rest meines Lebens drinbleibe und nie mehr einen anderen Trade machen muss." Ich finde diese Antwort gut. Es gibt keinen Grund, zu meinen, das könne nicht passieren; die Wirklichkeit sagt zwar, dass mir das noch nie passiert ist, aber ich lasse die ganze Sache einfach laufen.

Michael: Und Sie haben einen Plan für den Fall, dass etwas nicht läuft.

Tom: Wenn etwas nicht läuft, wechselt es die Richtung und reißt den Stopp – mit Verlust. Wenn es läuft, dann aber wankt und die Richtung wechselt, wird der Stopp mit Gewinn ausgelöst. Aber für mich ist das exakt der gleiche Trade. Ich versuche da keine Unterschiede zu machen. Ich kenne Leute, die das machen, und ich sehe keinen Grund, weshalb man das nicht als Forschungsprojekt betrachten sollte, aber psychologisch hat mir das noch nie eingeleuchtet. Wenn es abwärtsgeht, möchte ich nicht drin sein; dabei ist es mir egal, ob etwas im Plus oder im Minus steht, ich will dann einfach nicht engagiert sein.

Michael: Clint Stevens und Steve Burns haben eine Frage zu Hedges. Sie möchten gern Ihre Gedanken über den Vorteil hören, den Sie haben, und über Ihre Methode, bei Abwärtstrends zur Verlustbegrenzung Hedges einzusetzen, anstatt Ihre Long-Positionen zu verkaufen.

Tom: Das dauert ein bisschen, aber es ist ziemlich einfach. Nehmen wir irgendeine Strategie, die man verfolgen will, sei sie nun rein technisch oder auch teilweise fundamental. Ich richte mich beim Filtern von Aktien und ETFs gern auch ein bisschen nach Fundamentaldaten. Man könnte Positionen beispielsweise nach dem Kriterium einer hohen Dividendenrendite durchsuchen. Oder nach Bewertungskriterien wie dem KGV und dergleichen. Lieber kaufe ich etwas ein bisschen billiger als extrem teuer.

Nehmen wir des Weiteren an, ich wäre schlau genug, um ein diversifiziertes Portfolio aus Long-Positionen zusammenzustellen. Nehmen wir zu Argumentationszwecken an, ich hätte das im vergangenen September gemacht. Zufällig sah es, kurz bevor Sie mich anriefen, so aus, als würde ich meine ganzen Marktaktivitäten beenden. Der Wert meines Aktienportfolios, das in den letzten Monaten ziemlich gehedgt war, war exakt der von Mitte September. Er ist keinen Cent gestiegen oder gefallen.

Ich habe jedes Mal Hedges eingerichtet, wenn es abwärtsging, und ich habe sie jedes Mal wieder aufgehoben, wenn es aufwärtsging. Bei all den wundervollen Positionen, die ich aufgebaut habe, tickt die Uhr, und deshalb nähere ich mich eher langfristigen Kapitalerträgen, die ich für Spenden verwenden kann oder auf die ich weniger Steuern bezahlen muss.

Dabei verkaufe ich im Rahmen meiner Hedges den ETF SPY, der sehr, sehr liquide ist. Daher kann ich jederzeit shorten und den Hedge jederzeit aufheben. Manchmal wird er um die 30-mal pro Sekunde gehandelt. Dadurch puffere ich das Portfolio mithilfe des SPY und gleichzeitig können die Long-Positionen auf lange Sicht Kapitalerträge abwerfen und ihr Potenzial beweisen, wenn ich meinen Job richtig erledigt habe. Man wählt sie so, dass sie gewissermaßen jedes Auf und Ab mitmachen und beweisen, dass sie etwas für einen tun können.

Und hier kommt der Vorteil ins Spiel. Man hat einen langfristigen Steuervorteil und die kurzfristigen Hedges.

Michael: Hier kommt eine Frage von Brandon Brockman. Er schreibt: „Tom, als Sie Ihre Strategie entwickelten und den Prozess testeten, welche Kennzahlen gaben Ihnen da Vertrauen zu Ihrem System, und anhand welches Prozesses überführten Sie das entwickelte System von der Testphase ins Live-Trading?“

Tom: Das ist eine gute Frage, auf die es allerdings keine kurze Antwort gibt. Da brauchen wir ein bisschen Geschichte und müssen den Prozess durchgehen. Als wir bei Trendstat ein Konzept erstellten und herauszufinden versuchten, ob es den Wert steigert oder nicht, taten wir mehrere unterschiedliche Dinge.

Zunächst einmal hatten wir eine Datenbank mit bereinigten Daten, die wir durchgingen und dabei peinlich darauf achteten, dass es keine Anomalien gab – etwa einen Schluss- oder Eröffnungskurs, der außerhalb der Spanne zwischen Hoch und Tief lag. Diese offenkundige Anomalie fanden wir in den Datenbanken andauernd, aber das darf nicht sein. Wenn man einen Eröffnungskurs und einen Schlusskurs hat, müssen beide zwischen dem Hoch und dem Tief liegen, andernfalls stimmt etwas nicht.

Wir bereinigten also die Daten und dann konnten wir sie durchgehen, das Konzept hernehmen und den konkreten Indikator programmieren, der einem sagt, man solle hier kaufen, dort verkaufen oder was auch immer der Indikator zu tun versucht. Dann versuchten wir, ein paar Kennzahlen zu bekommen. Hauptsächlich betrachteten wir den größten Drawdown, den durchschnittlichen Drawdown sowie die Zeit bis zur Erholung, und wir achteten sehr auf Rendite-Risiko-Verhältnisse. Das Risiko ermittelten wir, indem wir die Rendite ins Verhältnis zum Drawdown setzten, und wir bezogen das Verhältnis zwischen Rendite und Volatilität auf die Renditen. Solche Sachen halt.

Und das ist alles prima. Aber ich kann Ihnen sagen, dass das, was mir am meisten geholfen hat, mich mit irgendeinem neuen Indikator wohlzufühlen, der Zeitpunkt war, wenn ich in mein Büro kam und zu meiner Sekretärin Lisa sagte: „Ich mache die Tür zu und befasse mich mit diesem Research-Ergebnis und außer in Notfällen möchte ich nicht gestört werden." Ich nahm ein Lineal und fing mit der ersten Seite an, legte das Lineal darauf, las, was der Markt am betreffenden Tag gemacht hatte, und las die Ergebnisse der Strategie an diesem Tag. Und dann stellte ich mir folgende Frage: „Hat die Strategie die Performance gebracht, die du von ihr angesichts des Marktgeschehens an diesem Tag erwartet hättest?" Es ist ganz wichtig, dass man das auf diesem Niveau begreift, denn letztlich ist das ja das, was Trendfolger und davon abgesehen alle Trader dazu bringt, ihr System aufzugeben und es abzuschaffen, wenn es mal schlechte zwei Wochen, einen schlechten Monat, ein schlechtes halbes Jahr oder ein schlechtes Jahr hat.

Eine der Fragen lautete: „Was tun wir, wenn die Strategie nicht funktioniert?" Wenn wir uns beispielsweise die Zahlen der letzten Monate anschauten und uns sagten: „Aufgrund der Strategie und der Art, wie wir sie eingerichtet haben, hätten wir erwartet, dass die letzten Monate für die Strategie eine schwierige Zeit gewesen wären." Dann war das in Ordnung. Wenn etwas nicht kaputt ist, soll man es nicht reparieren, sondern einfach weiterlaufen lassen. Und auf gute Zeiten warten. Wahrscheinlich kommen irgendwann in der Zukunft gute Zeiten.

Ich glaube, viele Menschen sehen Drawdowns so, als würde das System nicht mehr funktionieren. Aber keine meiner Strategien, auch als ich sie alle zusammenhatte und zusammenfügte, kam jemals an den Punkt, dass ich niemals einen Verlusttag gehabt hätte. Tage mit Verlust wird es immer geben. Also sagte ich, wenn ich es mir anschaute: „Tja, wenn ich einen ruckeligen Seitwärtsmarkt habe und mein Trendfolge-Modell davon etwas durchgeschüttelt wird, dann entspricht das meinen Erwartungen. Wenn ich den nächsten Trend abwarte, klappt es wieder."

Auf diesen Erkenntnisstand kam ich dadurch, dass ich es Tag für Tag durchging. Ich saß mit sechs Computerausdrucken da, ging mit dem Lineal die Seiten von oben nach unten durch und schaute mir die Zahlen jedes Tages an. Das kostete mich Stunden. Aber als ich dieses Niveau erreicht hatte, dachte ich mir: „Ich verstehe es und es funktioniert; ich weiß bei vielen unterschiedlichen Dingen exakt, wie sie sich verhalten werden, und die Kennzahlen sehen ganz gut aus. Dann schalte ich es mal ein und stecke echtes Geld hinein."

Michael: Lassen Sie mich mit Jim Byers nachhaken: „Können Sie erklären, was Sie aus Ihrem ersten großen Drawdown gelernt haben?"

Tom: Na klar. Den vergesse ich nicht so leicht. Es war ein Silber-Trade. Ich glaube, das wurde in dem Interview für *Magier der Märkte II* festgehalten. Ich ging fröhlich meinen Weg. Ich glaube, mein Futures-Portfolio umfasste damals ein paar Hunderttausend Dollar oder so. Ich stieg in mehrere verschiedene Silberkontrakte ein. Das war in der Zeit, als die Brüder Hunt versuchten, den Silbermarkt zu beherrschen. Der Silberpreis ging durch die Decke. Er übertraf alle Erwartungen, die ich je haben würde. Da ich damals schon ein guter Trendfolger war, wollte ich die Kontrakte um alles in der Welt behalten und mit ihnen auf und ab schwanken. Egal in welche Richtung der Markt ging, ich wollte einfach meine Stopps ständig nachziehen, denn sie könnten ja berechtigt sein.

Meine Stopps lagen irgendwann ziemlich weit weg, weil der Markt so schnell stieg. An einem Punkt stellte ich fest, dass ich damit um die 500.000 oder 600.000 Dollar verdient hatte, jedenfalls einen irrsinnigen Betrag. Das waren 400 oder 500 Prozent. Ich behielt exakt die gleichen Positionen. Und dann kam der große Drawdown. Ich flog aus der Position und mein Portfolio stand irgendwo bei einer Viertelmillion oder 300.000 Dollar. Ich hatte innerhalb von Wochen 300.000 Dollar verloren, als der Beherrschungsversuch unterbunden wurde und die Einschüsse erhöht wurden. Das Ganze fiel einfach auseinander und ging Tag für Tag um das Limit nach unten.

Gelernt habe ich daraus, dass ich die Volatilität in Prozent des in meinem Portfolio enthaltenen Kapitals ändern musste. Damit meine ich, dass ich mehrere verschiedene Silberkontrakte hatte. Es gab keinen Grund, wieso ich nicht an dem Silber-Trade hätte festhalten, ein guter Trendfolger sein und bis zum bitteren Ende mitfahren können. Aber ich brauchte am Ende ja nicht die gleiche Anzahl an Kontrakten zu haben wie am Anfang. Ich konnte unterwegs Kontrakte abstoßen, um die Volatilität des Portfolios zu senken, aber trotzdem noch eine bedeutende Silber-Position zu haben.

Auf diese Weise verhält sich das Portfolio eher wie ein Portfolio und nicht wie 15 Sachen in einer Silber-Position, sodass die Silber-Position täglich das ganze Portfolio herauf- und heruntertreibt und der Rest überhaupt keine Rolle spielt. Indem ich die Volatilität meiner Positionen laufend anpasste, konnten wir an 80 verschiedenen Rohstoffmärkten mit verschiedenen Systemen handeln und die Computer konnten uns sagen, wo die Volatilität jeder einzelnen Position stehen sollte. Auf diese Weise benahm sich das Portfolio wie ein Portfolio und kein Markt konnte wirklich zu viel von dem beherrschen, was an dem betreffenden Tag passierte.

Das habe ich daraus gelernt. Es war eine sehr wertvolle Lektion, die sich gewissermaßen auf Risikokontrollen in Prozent des Kapitals ausweitete. Am Ende kontrollierten wir die Positionsgrößen auf viele verschiedene Arten. Die Größenbestimmung der Positionen läuft am Ende darauf hinaus, dass jede Position nennenswerte Auswirkungen auf das Portfolio hat – keinen kleinen und keinen großen Betrag, sondern einen nennenswerten Betrag. Und wenn man auf diese Stufe kommt, managt man wirklich ein Portfolio.

Michael: Es liegen viele Fragen zu Ihrem Einsatz von Money-Management, zu den Arten des Money-Managements, Ihrer Herangehensweise an die Risikokontrolle und die Frage vor, ob Sie jemals Pyramiding betreiben.

Tom: Ich betrachte das Money-Management als einfache Berechnung. Man nimmt den Stop-Loss zu einem gegebenen Zeitpunkt und multipliziert ihn mit der Anzahl der Kontrakte – dann hat man das Risiko in Dollar, die Nettoposition. Die teilt man durch das im Portfolio enthaltene Kapital und kommt so zu dem Prozentsatz des Portfolios, den man zu diesem Zeitpunkt durch diese eine Position riskiert. Das Gleiche kann man mit der Volatilität machen: Man multipliziert die Volatilität einer Position mit der Anzahl der Kontrakte. Bei mir war die Volatilität die Average True Range der letzten 20 Tage. Teilt man diese durch das Kapital, erhält man eine Marge beziehungsweise die in Prozent des Kapitals ausgedrückte Volatilität. Und mit der Margin kann man das auch machen: den Einschuss für eine Position mit der Anzahl der Kontrakte multiplizieren, durch das Kapital teilen, dann hat man die Margin pro Kapital.

Man kann für jede dieser drei Rechenoperationen bestimmte Niveaus festlegen. Dann kann man eine Berechnung anstellen, bei der einem der Computer sagt: „Wenn ich die Grenze für eines davon überschreite, verkaufe ich so viele Positionen, dass ich wieder unter dem Grenzwert bin." Ich ging sogar so weit, dass ich anfängliche und dann laufende Positionslimits hatte, denn wenn eine Position profitabel wird und zu laufen beginnt, nimmt sie von Natur aus ein bisschen zusätzliche Volatilität an, ein bisschen zusätzliches Risiko. Inzwischen hat man allerdings eine gewinnbringende Position, die in die gewünschte Richtung läuft, und die will man ja laufen lassen.

Wir legten ein Niveau für das anfängliche Positionsrisiko sowie für das anfängliche Volatilitätsrisiko in Prozent des Kapitals fest und schnitten unsere Portfolios darauf zu. Sobald die Märkte in unsere Richtung liefen, ließen wir ihnen etwas mehr Spielraum. Wenn diese Niveaus überschritten wurden, begannen wir, Kontrakte abzustoßen, bis wir wieder an einem Punkt innerhalb der Limits waren. Und trotzdem ließen wir unsere Positionen, wie Ed Seykota sagen würde, „bis zu den Sternen" laufen.

Michael: Ross Hendricks und Matthew Fry haben Fragen zum Testen von Systemen. „Welchen Rat würden Sie einem Programmierer geben, der zum ersten Mal einen Backtest durchführen will?" Und Matthew fragt: „Halten Sie etwas davon, ein System weiterzuentwickeln? Und wenn nicht, welche Kennzahlen benutzt man am besten, um zu überwachen, ob der Vorteil noch in guter Verfassung ist, und woher weiß man, dass man vielleicht eine Änderung vornehmen sollte?" Ross fragt wirklich: „Wie fange ich als Anfänger an, mein System zu programmieren?" Und Matthew schreibt: „Ich möchte etwas über die Weiterentwicklung eines Systems hören – woher weiß man, dass eine Änderung notwendig sein könnte?"

Tom: Das sind alles gute Fragen. Ich selbst hatte, als ich anfing, den Vorteil, dass ich Chemieingenieur war. Ich belegte vier Kurse in Trendprogrammierung und Grundlagen der Programmierung, sodass ich verstand, was ein Programm ist. Ich bin nicht mit Programmierkenntnissen auf die Welt gekommen und ich glaube, bei niemandem ist das so. Das sind erlernte Fähigkeiten.

Man kann Bücher darüber kaufen und man kann entsprechende Kurse belegen. Ich würde für den Anfang empfehlen, sich so etwas Einfaches wie eine Excel-Tabelle genau anzuschauen. Bei vielen Sachen, die ich heutzutage mache, führe ich meine Tests, da ich keine Vollzeitprogrammierer habe, einfach in Excel durch, das mittlerweile sehr leistungsfähig geworden ist und sehr vieles kann. Dank der Gigabytes an Festplattenkapazität und dank der hohen Verarbeitungsgeschwindigkeit kann man heute in Excel unheimlich viele Dinge machen, die ich weder in der alten Zeit auf meinem IBM-PC noch in den 1980er-Jahren auf meinem TRS-80 hätte programmieren können.

Computer sind im Kleinen sehr leistungsfähig, also ziehen Sie Excel in Betracht, fangen Sie vielleicht damit an. Da sieht man ein bisschen leichter, was passiert. Wenn man innerhalb von Excel ein paar tolle Sachen machen will, kann man Visual-Basic-Module installieren. Auch dazu gibt es viele Kurse und Bücher. Damit würde ich wahrscheinlich anfangen.

Viele vorgefertigte Strategieprogramme können einem einige Werkzeuge bieten, die man sich anschauen kann, aber da befürchte ich, dass viele davon nicht exakt auf die Art abgestimmt sind, auf die man am Ende tradet. Sie verschaffen einem also keinen realistischen Blick auf das, worauf man sich einlässt. Ich will damit sagen, dass solche vorgefertigten Programme manchmal nicht die Positionsgrößen bieten, die man haben will; vielleicht basieren sie auf einem einzigen Kontrakt und dieser eine Kontrakt ist immer nur ein einziger Kontrakt. Man erhält also die Ergebnisse eines einzigen Kontrakts, aber nicht die Wirkung des Money-Managements.

Und schließlich bekommt man dadurch einen seltsamen Blick auf die Historie, die bisherige Entwicklung. Es kann einen zum Guten oder zum Schlechten beeinflussen. Wenn man sich die Historie anschaut, möchte man, dass man sich mit seiner Strategie gegenüber diversen Arten von Märkten wohlfühlt. Man will allerdings nicht an den Punkt kommen, dass man sich aufgrund einer Simulation, die nicht einmal streng durchgeführt wurde, in eine Strategie verliebt, und dann fällt später plötzlich alles auseinander und man hat nicht mehr die Komfortzone, die man braucht, um durchzuhalten.

So würde ich anfangen.

Der Begriff „weiterentwickeln“ bedeutet für mich, dass man einen zeitlichen Abschnitt hernimmt, eine Strategie laufen lässt, dann die Ergebnisse dieser Strategie bekommt und diese spezielle Datenbank benutzt, um seine Parameter neu zu optimieren. Dann befasst man sich mit dem nächsten Teil der Datenbank, schaut, wie deren Ergebnisse aussehen, und nimmt dann diesen zweiten Datenabschnitt, um die Parameter zu optimieren. Das schreibt man dann für den dritten Datenblock fort und so weiter.

Mir kam das etwas ungelenk vor, weil die Welt nicht so funktioniert. Für mich war jeder Tag ein anderer Tag. Nehmen wir zum Beispiel die True Range. Die Average True Range über 20 Tage ändert sich jeden Tag. Wenn man die Average True Range als Parameter verwendet, wird sie jeden Tag fortgeschrieben und man bekommt Tag für Tag einen neuen 20-Tages-Zeitraum, eine Average True Range – die Lage ändert sich jeden Tag.

Man entwickelt also das System auf dieser Basis weiter. Das kommt dem, was man beim täglichen Trading tut, näher. Mir gefällt eine solche Strategie besser, als große Datenblöcke herauszuschneiden, einen solchen Abschnitt zu optimieren und ihn dann für den nächsten Datenblock zu verwenden.

Wenn man sich das als tägliche Fortschreibung vorstellen möchte, kann man das natürlich mit historischen Datenbanken machen, indem man die Average True Range jedes 20-Tages-Zeitraums berechnet. Man fängt an, die Datenbank durchzugehen, trifft seine Entscheidungen, wendet sein Money-Management an und lässt die Datenbanken all das verfolgen. Dann ist man gut gerüstet.

Michael: Ich habe hier eine Frage von Andrew Derbyshire. Er fragt, wie Sie früher mit der Skepsis gegenüber der Trendfolge umgegangen sind. Man denke zum Beispiel daran, wie David Harding damit bei *CNBC* fertigwerden musste.

Tom: Wir hatten sicherlich unsere Skeptiker, und es gibt sie immer noch. Das ist einer der Gründe, warum die Trendfolge immer noch so gut funktioniert. Wenn alle daran glauben würden, würde sie wahrscheinlich nicht so gut funktionieren.

In der Spätphase meiner Laufbahn habe ich einige Studien durchgeführt, bei denen ich untersuchte, wo Trendfolger Geld verdienen und wo sie es verlieren. Ich erstellte ein Konzept, in dessen Rahmen ich die monatlichen Renditen eines aus 20 bis 30 Rohstoffen bestehenden Portfolios nahm und die absoluten Richtungsänderungen aller Märkte ermittelte. Diese verglich ich dann mit den monatlichen Gewinnen, die CTAs in diesen Zeiträumen erzielten. Ich machte das zunächst mit unseren eigenen Trendstat-Portfolios, weil ich da die Marktdetails für jeden einzelnen Markt hatte. Später machte ich das in einem allgemeineren Rahmen, indem ich fragte: „Waren die durchschnittlichen Preise eines Gesamtportfolios hoch oder niedrig und waren die Gewinne der CTA-Branche hoch oder niedrig?"

Dabei fanden wir eine entschiedene Korrelation zwischen Zeiten, in denen sich die Märkte bewegten und entweder die CTAs oder die Trendfolger Gewinne erzielten. Das sollte eigentlich ganz logisch sein. Ich sehe keinen Grund, weshalb jemand anderer Meinung sein sollte. Ich sehe keinen Grund, weshalb jemand denken sollte, dass das nicht funktioniert.

Danach lautet die Frage: „Stehen Marktbewegungen bevor oder ein Markt, der die nächsten 20 Jahre einfach auf der gleichen Stelle tritt?“ Wenn man wüsste, dass sich die Märkte 20 Jahre lang nicht bewegen würden, dann würde man wahrscheinlich kein Trendfolger sein wollen. Wahrscheinlich würde man dann überhaupt kein Trader sein wollen. Wenn sich der Markt nicht bewegt, kann man daran nicht viel Geld verdienen, denn man muss ja zu einem bestimmten Preis kaufen und zu einem höheren Preis verkaufen oder zu einem bestimmten Preis verkaufen und zu einem niedrigeren kaufen. Wenn sich der Markt überhaupt nicht bewegt, bekommt man keinen höheren oder niedrigeren Preis, sondern den gleichen.

Mir scheint, die Märkte müssen sich bewegen. Auch scheint mir nach meinen lebenslangen Erfahrungen, dass dank des Computers, der stärkeren Teilnahme an den Märkten und vielem mehr, dass also aufgrund des Zusammenwirkens mehrerer Kräfte die Volatilität eher gestiegen als gefallen ist. Daher besteht heute mehr Potenzial, dass ein Investment explosionsartig auf ein wahnsinnig hohes Niveau steigt. Derzeit wird die Währung durch den ganzen Quantitative-Easing-Unsinn gewissermaßen abgewertet, und ich bin strikt dagegen.

Wenn der Dollar immer wertloser wird und beispielsweise Rohöl in Dollar gehandelt wird, dann wollen die Menschen im Nahen Osten oder wo auch immer mehr Dollar für die gleiche Menge an Öl haben, die sie uns verkaufen. Mir scheint, wir müssen früher oder später dafür bezahlen. Daher neigen viele Dinge dazu, den Rahmen zu verlassen, in dem sie sich früher bewegten – nur weil auch die Währung, in der sie gehandelt werden, aus dem bisherigen Rahmen fällt.

Aufgrund alledem scheint mir, dass Trendfolger wie David Harding im Laufe der Zeit weiterhin Gewinne erzielen werden. *CNBC* und manche seiner Interviewpartner werden das nie begreifen, weil sie nur auf das schauen, was der Dow Jones in den letzten fünf Minuten gemacht hat.

Da kommt der Unterschied ins Spiel. Der Vorteil der Trendfolger liegt in der zukünftigen Volatilität. In der Zukunft wird es eher mehr als weniger Schwankungen geben und es wird in der Zukunft eher mehr große Kursbewegungen als weniger geben. Den Unsinn dazwischen muss man eben hinnehmen.

Michael: Ich war einmal bei *CNBC* eingeladen, um mit Produzenten zu sprechen, die ich vor Ort für eine Sendung interessieren sollte. Ich weiß noch, wie ich durch das Studio ging. Das war sehr interessant, weil es da einen großen Aufwärmbereich für die ganzen Reporter gab – die Leute, die man im Fernsehen sieht. Und abseits davon seitlich das Aufnahmestudio.

Als Zuschauer sitzt man da und sieht das hübsche kleine TV-Fenster, das einem zeigt, was vor sich geht, aber wenn man im Studio ist und sich das anschaut, dann merkt man: „Mann, das ist hier alles ziemlich abgehoben und unecht. Das ist überhaupt nicht real." Und wenn man dasteht und das live sieht, in lebendigen Farben, dann ist das ganz anders, als wenn man den Fernseher einschaltet und sieht, was die einen im begrenzten Rahmen des Bildschirms sehen lassen wollen.

Tom: Und vieles davon ist nur darauf ausgerichtet, über Klatsch und Tratsch zu sprechen. Warum sollte jemand einschalten wollen, um von David Harding etwas über eine Strategie zu hören, deren Umsetzung ein gewaltiges Stück Arbeit erfordern würde, das etwa die nächsten zehn Jahre betrifft? Lieber sagt man: „Ich will wissen, warum der Dow Jones heute um 50 Punkte gefallen ist."

Michael: Genau.

Tom: Der Otto Normalverbraucher begreift das aber nicht. Ich würde nicht meinen, dass *CNBC* ein Ort ist, an dem sich professionelle Trader Ideen holen, höchstens vielleicht, um das Gegenteil zu tun.

Michael: Ich nehme an, wenn sie ein Interview mit David Harding sehen, nachdem sie noch nie *solche* Antworten oder einen solchen Denkprozess gehört haben, dann sagen sich vielleicht manche: „Ich sollte wohl herausfinden, wer dieser Mann ist und was er macht. Da kann ich vielleicht etwas lernen."

Tom: Dafür bräuchte man genug Wissen, um die guten Informationen, die David liefert, von den schlechten zu unterscheiden, das bräuchten die Moderatoren, die die Fragen stellen.

Michael: Touché!

Tom: Und wenn man das wüsste, bräuchte man wahrscheinlich nicht mit David Harding zu sprechen.

Michael: Ganz genau. Das ist eine paradoxe Situation. Ich habe hier eine Frage von Clint Stevens, er schreibt: „In Jack Schwagers Buch *Magier der Märkte II* heißt es, Sie seien nicht nur Ihrer Renditen wegen in dieses Buch aufgenommen worden, sondern auch wegen Ihrer Kombination aus ‚innerer Ruhe' und Renditen." Clint möchte wissen, wie sich Ihr Trading-Ansatz entwickelt hat und wie Sie grundsätzlich Ihr Leben führen. War die Einstellung der Gelassenheit – also kein besessener, übergewichtiger, überarbeiteter Trader zu sein, der ständig ohne eigentliches Leben dasitzt – schon immer Teil des Plans?

Tom: Ja, weitgehend schon. Das ist allerdings insofern ein bisschen anders, als man es erwarten würde, zumal ich meine Aufgabe als Vermögensverwalter darin sah, Kundenvermögen zu verwalten – nicht mein eigenes Vermögen. Wenn ich den Kunden zuhöre und sie frage, was ihnen gefällt und was nicht, dann merke ich als Vermögensverwalter, dass es der durchschnittliche Kunde dem von ihm beauftragten Vermögensverwalter leider nicht erlaubt, das zu tun, wozu er fähig ist.

Wenn ein Portfoliomanager so tradet, wie er will, und wenn das Portfolio zu sehr steigt und fällt, dann macht das die Kunden nervös und sie kündigen ihm. Die Kunden wollen immer der Rendite nachlaufen und einem Geld geben, wenn die Kapitalkurve gerade oben ist.

Und wenn die Kapitalkurve einen Drawdown durchlaufen hat, wollen sie es abziehen. Das ist von der Erfolgsprämie her gesehen sehr selbstschädigend. Und auch von der tatsächlichen Anlagerendite der Kunden her ist es sehr selbstschädigend. Ich habe schon sehr frühzeitig in diesem Prozess beschlossen, dass es meine Aufgabe sei, die Kunden zu möglichst guten Kunden zu machen, damit sie mir erlauben würden, ein so guter Vermögensverwalter wie möglich zu sein.

Wenn man das tut, beginnt man, seine Strategien nicht auf sich bezogen, sondern auf die Kunden bezogen zu gestalten. Da nun die Kunden eine viel niedrigere Risikotoleranz hatten als ich, floss das indirekt in meine Lebensqualität ein, denn ich erstellte Strategien, die viel harmloser waren, mit viel weniger Schwankungen. Ich versuchte, mich an Rendite-Risiko-Verhältnisse zu halten, die gut, aber auch gewissermaßen langweilig waren. Immer wieder sagten Leute zu Schwager: „Du solltest wirklich mal Tom interviewen; er ist ein sehr interessanter Typ." Und ich glaube, Jack, der damals ein aufgedrehter New Yorker war, der im Futures-Bereich und als Researchdirektor bei Prudential arbeitete, suchte nach dem besonderen Reiz, durch den sich die *Magier der Märkte*-Bücher verkaufen sollten. Er versuchte, diejenigen Leute zu finden, die ihr Vermögen vervierfachten, die Hunderte oder Tausende Prozent an Rendite erzielt hatten und an der Wall Street zu Legenden geworden waren. Damit verkauft man Bücher, aber meine Story ist eben nicht so reizvoll. Ein Ingenieur, der zum Vermögensverwalter wird, irgendwie unspektakuläre Renditen erzielt und einfach nur durch die Gegend kurvt.

Oberflächlich betrachtet fand Jack das nicht besonders interessant. Als ihm aber die Leute immer wieder sagten, er müsse mich interviewen, irritierte ihn das zunehmend und er dachte sich: „Was zum Teufel finden die alle an Tom so interessant?" Doch als wir das Interview hinter uns hatten und er gemerkt hatte, dass ich alles so eingerichtet hatte, dass ich ein Leben hatte, ein wirklich vergnügliches Leben, wurde ihm auf eine gewissermaßen wehmütige Art und Weise klar, dass er für sich selbst noch nicht herausgefunden hatte, wie er das selbst anstellen könnte.

Er deutete mir gegenüber an, dass aus den zwei Büchern, die er bis dahin über die „Magier der Märkte“ geschrieben hatte, mein Trading-Stil am Ende wahrscheinlich derjenige sein würde, dem zu folgen ihn gegenüber all den anderen am meisten interessieren würde, weil er zu einer Friedlichkeit und zu einer Kontrolle des Trading-Prozesses führte, die so weit ging, dass es kaum noch Existenzangst gab. Ich glaube, Jack ging ursprünglich in dem Glauben an das Trading heran, dass es stressig sein müsse, ein machomäßiges Unterfangen, und dass man hohe Renditen erzielen müsse. Man müsse das verinnerlichen und auf der Welle der Trading-Schwankungen reiten. Das war alles barer Unsinn. Es waren nur seine eigenen Neigungen, die zu diesem Denken geführt hatten, und ich habe ihm gewissermaßen die Augen für eine neue Welt geöffnet.

Michael: Ich glaube, dies ist die Entscheidung für einen Lebensstil, eine Entscheidung, die ich bei meinem Vater erlebte. Er ist Zahnarzt und beschloss schon in seinen Zwanzigern, noch bevor er eine nennenswerte Praxis und irgendwelche großartigen Einnahmen hatte, dass er nur an vier Tagen der Woche arbeiten würde, nahm sich also jede Woche den Freitag frei. Das baute er schon als junger Mann in sein System ein. Es gibt Mittel und Wege, Methoden und Ideen, die man nutzen kann, um darüber nachzudenken, es anders zu machen.

Um auf das Video von Alan Watts zurückzukommen, über das wir ganz am Anfang gesprochen haben – er hat viel östliches Gedankengut in die westliche Welt gebracht. Er stellt die Frage: „Wie kann man sein Leben anders strukturieren und schon frühzeitig darüber nachdenken?“ Wie vermeidet man es, in der Tretmühle stecken zu bleiben?

Tom: Ganz genau. Ich bin im Ruhestand. Trendstat gibt es nicht mehr und ich habe keine zehn Mitarbeiter und keine 40 Computer mehr. Ich habe einen PC, auf dem ich den größten Teil meiner Arbeit erledige, und gerade denken wir über einen zweiten PC nach. Ich muss bei mir denken: „Okay, schauen wir mal.“ Ich habe kein Personal, keine Ersatzleute, aber ich muss gute Trading-Strategien entwickeln. Darum habe ich sie in einen anderen Stil des Tradings an anderen Märkten verwandelt, an denen ich jetzt trade. Bei Trendstat habe ich nie mit Orangensaft gehandelt, weil wir zu groß waren, aber jetzt kann ich mit Orangensaft handeln und tue es auch. Man passt sich an die Bedingungen an, die zum jeweiligen Zeitpunkt herrschen.

Außer dass ich an anderen Märkten trade, was mache ich im Ruhestand noch? Ich will heute mehr als zwei Stunden lang Golfbälle schlagen können. Ich will nicht gezwungen sein, den ganzen Tag vor dem Computer zu sitzen, mir Charts anzusehen und mir die Augen zu verderben. Lieber gehe ich raus, schneide im Garten ein paar Bäume, pflanze ein paar Blumen, gehe trainieren, wandere, spiele Golf und mache die vielen anderen Dinge, die ich gern mache.

Wenn ich also eine Trading-Strategie erstelle, warum soll ich sie dann nicht so gestalten, dass sie zu meinem Lebensstil passt, damit mein Lebensstil genau so aussieht, wie ich es will, und trotzdem beim Trading gute Grundsätze für Trading-Strategien anwenden? Ich finde, das lässt sich ganz einfach machen, wenn man nur von folgender Frage ausgeht: „Wie soll nach meinen Wünschen meine Trading-Strategie zusammen mit meinem Lebensstil funktionieren?"

Ich sage oft: „Als Handelsvertreter ist man fünf Tage die Woche unterwegs und am Wochenende zu Hause, was spricht dann gegen einen Samstagmorgen-Trading-Stil?" Man kann einmal die Woche die Zahlen hernehmen, sie sich am Samstagmorgen ansehen, seine Entscheidungen treffen, sie elektronisch eingeben und sich am Sonntagabend wieder auf die Straße begeben."

Michael: Mich hat es in den letzten Jahren wirklich sehr überrascht, als ich erfuhr, wie viele große Fonds – große Trendfolge-Fonds – Systeme mit Wochenbalken-Charts verwenden.

Tom: Ja, in der Tat. Das verschafft einem einen anderen Blickwinkel. Einer der Gründe, weshalb einige große CTAs zu kämpfen haben, liegt darin, dass die Zahl der Dollar, die sie managen, so riesengroß ist. Wenn sie ein- und aussteigen, wirken sie sich auf den Markt aus, sodass sie anfangen, im Laufe von zwei oder drei Tagen auszusteigen und zu Wochencharts überzugehen. Solange man die sonstige Arbeit bezüglich Risikokontrolle und Portfolio-Diversifizierung erledigt, gibt es keinen Grund, anzunehmen, man könne keinen Erfolg haben. Es mag den Fluss der Einnahmen oder das Chance-Risiko-Profil etwas verändern, aber das müssen diese großen Jungs eben machen. Sie können es sich nicht leisten, einen Trade zu tätigen, der kein wesentlicher Trade ist, weil sie zu viel Geld haben.

Man hat es als CTA schwer, wenn viele verschiedene Kräfte versuchen, einen mit Geld zu überschütten, wenn sich die Mitarbeiter in dem Geschäft eine Karriere aufbauen wollen und man versucht, auf neue Märkte vorzudringen. Es ist schwer, hereinströmendes Geld abzulehnen. Man braucht wirklich seine eigenen Maßstäbe und muss sagen: „Nein, dies werden 100 Millionen Dollar, und bei 100 Millionen schließen wir den Fonds. Wenn er über 100 Millionen steigt, fangen wir an, Ihnen allen Ihr Geld zurückzuschicken."

Viele CTAs haben das auch gemacht. Das deutet darauf hin, dass einen der Geldbetrag, den man managt, erstickt. Die Verteiler, die einem das Geld geben, fangen dann an zu denken: „Hm, der Mann schickt Geld zurück, das heißt, dass er ein echtes Problem hat, es investiert zu lassen." Oder vielleicht sagen sie sich auch: „Er hält zu uns und verwässert nicht unsere Renditen dadurch, dass er einmal die Woche tradet." Oder so was Ähnliches.

Die Story hat ihre zwei Seiten, aber die Sache wirft ein Licht auf den betreffenden Trader. Er muss es schaffen, dem genauen Blick standzuhalten und zu erklären, warum er Geld zurückschickt. Aber manche Leute schicken es einfach nicht zurück und dann werden ihre Renditen im Laufe der Zeit verwässert.

Michael: In meinen Büchern habe ich unter anderem die Stichhaltigkeit einer Handelsstrategie dadurch aufgezeigt, dass ich mir verschiedene Trader mit historischen Erfolgsbilanzen angeschaut und meinen Lesern gesagt habe: „Schaut einmal, welche Performance der über viele, viele Jahrzehnte geschafft hat."

Wenn man anfängt, über das verwaltete Vermögen und über die Anlagen zu sprechen, dann spielt manchmal das Money-Management in eines von beiden hinein. Ihr heutiges Leben führen Sie nach der Devise „ein Mann, keine Mitarbeiter und ein schönes Leben". Nehmen Sie zum Beispiel John W. Henry, der kürzlich seinen Laden dichtgemacht hat. Mir fällt es schwer, einen Mann zu kritisieren, der in diesem Bereich 30 Jahre lang sehr erfolgreich war.

Tom: Er hat überlebt.

Michael: Ja, er hat überlebt. Er hatte ein riesiges verwaltetes Vermögen, dann beschloss er, in ein ganz anderes Geschäft einzusteigen, das damit überhaupt nichts zu tun hat, und dort ein Vermögen zu machen. Ist es wirklich überraschend, dass er nicht jeden Ball der Welt in der Vielzahl der Fortune-500-Unternehmen aufspringen lassen kann? Bei derartigen Sachen muss man manchmal ein bisschen zurücktreten, um eine Perspektive zu bekommen.

Tom: Ja, das muss man. Das muss man wirklich. John Henry ist ein gutes Beispiel. Er ließ ein bisschen mehr Hebelwirkung laufen, als ich es getan hätte, daher hatte er ein kleines bisschen mehr Auf und Ab, aber es gelang ihm, weiterhin Aufmerksamkeit zu wecken, und er hatte genug Marketing- oder Vertriebskompetenz, mit der es ihm gelang, das Unternehmen über eine lange, lange Zeit zu führen. Dafür ziehe ich den Hut vor ihm. Am Ende sollte sich jeder überlegen: „Was will John Henry mit seinem Tag anfangen? Will er eine Firma managen, die Futures tradet und ihn gar nicht sonderlich interessiert?" Das ist schlicht und einfach eine große Bürde und er ist sehr reich dadurch geworden. Aber warum sollte man sich eine solche Bürde aufhalsen?

Michael: Ja, und wenn die Menschen darüber nachdenken, dann ist das nicht unbedingt überraschend. Genauso wie Sie diesen Übergang vollzogen haben. Ich erfuhr das vor Jahren, als John das Team kaufte. Man sagt sich: „Nun gut, offenbar interessiert er sich nicht nur für eine Sache und es ist schwer, sich während eines Lebens für zwei so große Sachen wie diese zu interessieren."

Tom: Wer weiß, vielleicht ist er auf etwas ganz anderes aus, von dem wir gar nichts wissen.

Michael: Man muss das bewundern. Der gegenwärtige Augenblick, und man passt sich an die Situation an. Das ist eine fantastische Story. Schauen Sie, Sie und ich, wir wissen beide, dass es viele Sessel-Quarterbacks gibt, die Budweiser trinkend dasitzen, 50 Pfund Übergewicht haben, sich das Footballspiel anschauen und mit Kritik um sich werfen. Aber man muss dem Mann auf dem Platz Respekt zollen, der schuftet sich ab und bewegt etwas. Ich betrachte das voller Bewunderung.

Tom: Sicherlich.

Michael: Es gibt da ein Münzwurf-Experiment zur Einstiegsmethode, das Sie gemacht haben, und Larry wollte, dass Sie das noch einmal wiederholen. Dadurch sind die Menschen weniger auf Einstiegskurse fixiert – die meisten Trading-Anfänger favorisieren Einstiegskurse. Man legt dadurch mehr Wert auf den Ausstieg und auf richtiges Money-Management.

Tom: Genau. Wenn Trading-Neulinge anfangen, ist es ihnen am wichtigsten, ein Buch über Trading zu lesen. Sie lesen das „Trend Following Manifesto" oder so etwas. Dort lernen sie viel darüber, was ein gleitender Durchschnitt ist, was ein exponentieller gleitender Durchschnitt ist, was ein Range-Breakout-System ist und was aus Charts hervorgeht. Sie lassen sich in Käufe und Verkäufe hineinziehen und nehmen oft nur einen Kontrakt, weil sich das leicht rechnen lässt. Man erstellt eine Tabelle und los geht's. Man probiert verschiedene Sachen aus, man findet etwas, von dem man meint, dass es funktioniert, dann legt man wie von Zauberhand los und hofft, dass man damit erfolgreich ist.

Natürlich habe ich unterwegs meine Lektionen über Money-Management gelernt. Ich erkannte, dass das Money-Management viel wichtiger ist als die Sache mit dem Kaufen und Verkaufen, aber alle, die mit mir als potenziellem Vermögensverwalter sprechen wollten, fragten mich nicht nach meinem Money-Management, sondern nach meiner Handelsstrategie. Die Kunden wollten mehr darüber wissen, was wir machten.

Und ich dachte mir, ich müsste dieses Gerede ein für alle Mal beenden – diesen Unsinn, es gehe nur um die Handelsstrategie und nicht um das Money-Management. Ich entwickelte eine Strategie, für die ich unsere bereinigten Datenbanken und fünf oder sechs Märkte verwendete, vielleicht auch sieben. Ein paar Österreicher haben das mit 20 oder 30 Märkten nachgemacht und kamen zum gleichen Schluss.

In meiner Studie schrieb ich: „Also gut, werfen wir gewissermaßen eine Münze, mit einem Zufallsgenerator. Wenn wir am Ende des Tages keine Position haben: Bei Kopf kaufen wir, bei Zahl verkaufen wir. Sobald die Position steht, nimmt man eine einfache Range-Breakout-Strategie, und wenn sie ein Verkauf ist, setze ich einen Buy-Stop. Ist sie ein Kauf, setze ich einen Sell-Stop." Ich gehe in die gleiche Richtung wie der Trade, also lasse ich den Trade wirklich so lange laufen, wie ich kann, bis er gestoppt werden muss, und dann werfe ich erneut die Münze.

Dabei fand ich heraus, dass die Strategie bei allen Durchläufen, die ich machte – und das waren wegen des Zufallsprinzips viele –, ein bisschen Gewinn brachte. Nicht viel, aber Gewinn. Und entscheidend dafür war, das Portfolio perfekt auszugleichen. Jede der sieben Positionen wirkte sich nennenswert auf das Portfolio aus. Keine war dominierend, keine war vorherrschend gut und keine vorherrschend schlecht. Sie waren nennenswert und unsere einzige Risikokontrolle war die Volatilitätskontrolle. Wir setzten Limits für das Risiko in Prozent des Kapitals und dadurch waren alle Kontraktmengen perfekt ausgewogen. Das ist es, was die Gewinne erzeugt. Das Kaufen und Verkaufen macht gar keinen so großen Unterschied. Man kann eine Münze werfen und trotzdem Geld verdienen.

Die Österreicher, die das mit 20 oder 30 Märkten laufen ließen, verdienten sogar noch mehr als ich mit dem Münzwurf, weil ich nur sieben Märkte genommen hatte. Vielleicht führten sie dem Portfolio am Ende ein bisschen mehr „Hitze" zu, aber auch sie hatten damit Gewinn erzielt.

Michael: Eine Frage von Guru Prasad. Er hat eine ganz einfache Frage im Rahmen einer größeren Frage. Er möchte konkret wissen, wie viel Prozent er einsetzen soll. Er schreibt, mit einem Prozent fühle er sich wohl, und ich glaube, er möchte wirklich Ihre Ansicht über den prozentualen Kapitaleinsatz pro Trade hören, und vielleicht auch, wie Sie diese Entscheidung für einen prozentualen Einsatz sehen.

Tom: Dabei ist es sehr wichtig, dass jeder Trader seine eigenen prozentualen Simulationen durchführt. Wir legten wie schon gesagt Grenzen für Dinge wie das Verhältnis zwischen Margin und Kapital, Volatilität und Kapital sowie Risiko und Kapital fest. Wir hatten konkrete Zahlen, auf die wir gekommen waren, indem wir simuliert hatten, wie sich verschiedene Schuldenhebel auf unsere Einnahmenströme und darauf auswirken, wie sehr das Portfolio an einem bestimmten Tag, in einer bestimmten Woche, einem Monat oder einem Jahr steigen oder fallen kann – welche maximalen Drawdowns man meistens bei verschiedenen Hitze- und Leverage-Niveaus im Portfolio erhält.

Daher ist er sehr scharfsinnig. Ein Prozent ist ein Bereich, in dem wir Trendstat recht oft laufen ließen. In manchen Fällen beziehungsweise Märkten lagen wir unter einem Prozent. Sehr selten lagen wir darüber. Und im Bereich um zwei Prozent hatten wir bei laufenden Trades ganz schöne Trade-Risiken, weil wir dann eine Position hatten, die in unsere Richtung lief. Dann waren unsere Stopps nachgezogen worden und wir kamen langsam an den Punkt, an dem wir vorhatten, den Trade so weit laufen zu lassen, wie wir konnten, und dabei geht ein bisschen mehr Risiko in Ordnung.

Ein überzogenes Risiko geht allerdings nicht in Ordnung. Ich finde, diese Frage muss jeder Trader für sich selbst beantworten. Eine wichtige Anmerkung ist hier, dass ich jetzt – wo ich im Ruhestand bin, meine Frau und ich meine einzigen beiden Kunden sind und sie mit dem, was ich tue, zufrieden ist – das Portfolio insbesondere im Futures-Bereich mit etwas mehr als einem Prozent betreiben kann und mich damit sehr wohl fühle. Ich weiß, was ich tue; ich weiß, dass es dadurch etwas mehr auf und ab gehen wird, aber ich weiß auch, dass ich den Betrag des Risikos, den ich eingehe, unter Kontrolle habe, und deshalb ist es für mich keine große Sache, wenn das Trading ein bisschen schneller wird.

Michael: Sie wollen, dass die Menschen sehen, was im Bereich des Möglichen liegt.

Tom: So ist es. Jeder Trader sollte versuchen, Trading-Ideen auf verschiedenen Niveaus auszuprobieren, und versuchen, sie etwas niedriger einzustellen, als man es der eigenen Meinung nach ertragen kann, denn im Eifer des Gefechts – wenn man in dem großen Drawdown steckt, den man noch nie hatte – ist ein bisschen weniger Drawdown besser als mehr Drawdown. Dabei sollte man sich bezüglich der Zahlen lieber in der konservativen Richtung irren. Wenn man Simulationen durchführt und es kommt heraus, dass man meint, man könne zwei Prozent nehmen, dann sollte man vielleicht eine Weile 1,5 Prozent nehmen und sehen, ob man das für in Ordnung hält. Man braucht nicht hektisch loszurennen und mit einer Position zehn Prozent seines Kapitals zu traden.

Michael: Giuseppe Liuzzo fragt: „Tom, wie diversifizieren Sie Ihr Portfolio?"

Tom: Eine schwierige Frage. Grundsätzlich ist es so, dass wir so viele elektronische Daten, so viele Trading-Computer, so viele verschiedene Märkte hatten, dass Trendstat problemlos 30 Währungspaare, circa 80 Futures-Märkte und rund 25 Investmentfonds managen konnte. Die konnten wir mit zehn Leuten managen. Vier davon arbeiteten an der Entwicklung und managten nichts. Nur zwei produzierten konkrete Orders und begleiteten die Trades. Also bewältigten zwei Personen Hunderte von Kunden mit Hunderten verschiedenen Positionen im Rahmen Dutzender verschiedener Strategien, und das ließ sich leicht jeden Tag machen. Ich glaube, die nachmittäglichen Durchgänge dauerten am Devisenmarkt etwa zehn Minuten und den Rest hatten wir nach etwa 15 Minuten durch. So lange dauerte das gar nicht.

Aber die Diversifizierung ist immer schwieriger zu schaffen, denn an einem Tag geht man zum Beispiel einen Sojabohnen-Kontrakt und einen Goldkontrakt ein und theoretisch sollten die beiden nicht allzu viel miteinander zu tun haben. Gold könnte steigen, Sojabohnen ebenfalls; Gold könnte steigen, Sojabohnen könnten fallen – und so weiter, es gibt die verschiedensten Möglichkeiten. Dann würde man hoffen, dass man mit einem Sojabohnen- und einem Goldkontrakt im Portfolio eine gewisse Diversifizierung hat.

Aber in der Vergangenheit passierte es immer häufiger – und zwar immer in Zeiten, in denen wichtige Nachrichten gemeldet wurden: dass ein Krieg ausgebrochen ist, dass etwas eingebrochen oder eine Blase geplatzt ist oder was auch immer –, dass es zu den von mir so genannten Gleichschrittperioden kam, in denen alle Märkte in eine Richtung gehen, die entweder zu 100 Prozent mit der eines anderen Marktes korreliert oder zu 100 Prozent invers mit der eines anderen Marktes korreliert ist; dazwischen gab es nichts. Die Märkte sind nicht mehr unabhängig voneinander. An einem Tag, an dem so etwas Großes passiert, schaut man auf sein Portfolio und plötzlich ist der ganze Bildschirm grün. Jede im Portfolio enthaltene Position ist grün. Man macht durch die Bank Gewinn.

Am nächsten Tag verschiebt sich etwas und alles wird rot. Man hat einen hundertprozentigen Gleichschritt und keine Diversifizierung. Man meint, man hätte sie, aber man hat sie nicht.

Die andere Situation, die ich mit Portfolios von Neulingen oft erlebe, ist, dass sie herkommen und sagen: „Ich möchte, dass du dir mein Portfolio ansiehst." Gut, in Ordnung. Es handelt sich um einen

Verwandten oder Bekannten und ich schaue mir das Portfolio an. Es wurde ihnen von ihrem Broker oder Finanzplaner angedreht und enthält zahlreiche allgemeine Aktien-Investmentfonds. Ich weiß noch, dass mir meine Schwester einmal ein Portfolio zeigte, das fünf verschiedene Investmentfonds enthielt, allerdings waren drei Stück davon einfach gute alte allgemeine Aktien-Investmentfonds. Ich sagte zu ihr: „Du hast überhaupt keine Diversifizierung, die steigen alle, wenn der Markt steigt, und sie fallen alle, wenn der Markt fällt. Du kaufst und hältst sie – das ist keine Diversifizierung." Sie erwiderte: „Aber ich habe doch drei verschiedene." Tatsächlich bringt einem dergleichen überhaupt keine Diversifizierung.

Die Lösung ist schwierig. Man versucht, all die verschiedenen Märkte durchzuarbeiten und zu sehen, wie sie sich in einem gewissen Zeitraum im Verhältnis zu anderen Märkten verhalten. Aber dabei versucht man sich im Hinterkopf ständig zu sagen: „Wenn es an diesen Märkten Krisenzeiten gibt, in denen der Gleichschritt einsetzt, dann sollte ich besser meine Risikokontrollmaßnahmen eingerichtet haben, um mein Risiko zu begrenzen, leider im Guten wie im Schlechten. Ich will den schlechten Teil nicht in meinem Portfolio liegen haben, wenn ich weiß, dass ich unabhängig von dem, was ich tue, kein bisschen Diversifizierung hineinbringe, einfach weil die Märkte heutzutage so stark korreliert sind."

Michael: Chris May fragt sarkastisch: „Wohin läuft der Goldpreis in den nächsten sechs Monaten?"

Tom: Das ist ja reizend!

Michael: Fred Penny stellt eine gute Frage: „Was würde Sie veranlassen, mit einem bestimmten System nicht mehr zu traden? Und was könnte Sie dann veranlassen, erneut nach diesem System zu traden?"

Tom: Was mich veranlassen würde, eine Handelsstrategie einzustellen, wäre der Tag, an dem mir klar würde, dass die in der jüngeren

Vergangenheit bestehenden Marktbedingungen und die Ergebnisse, die ich aus dieser Handelsstrategie bezogen habe, anders sind, als ich es angesichts der Art und Weise erwartet hätte, wie sich die Strategie in solchen Marktlagen geschlagen hatte. Es müsste etwas geschehen sein, mit dem ich nicht gerechnet hatte. Deshalb war es mir ja so wichtig, die Daten der Simulationen Tag für Tag mit dem Lineal durchzugehen. Ich würde alles verstehen wollen, was passiert ist. Wie die Strategie funktioniert hat, wie sie auf verschiedenartige Bewegungen reagiert hat, damit, während ich durch das Leben gehe, ich mir die letzten zwei, drei oder vier Wochen anschauen kann, und wenn ich dann sehe, dass ein Markt in eine Richtung geht, in der das System kein Geld bringt, mir die Frage stellen kann: „Warum bringt es kein Geld? Da ist etwas faul." *Das* würde mich veranlassen, den Handel mit einer Strategie einzustellen und sie mir genau anzuschauen.

Wenn ich dann herausfinden könnte, *warum* sie das gemacht hat und wo ich bei der Konstruktion der Strategie gewissermaßen einen Fehler gemacht habe – und mich damit wohlfühle, eine Veränderung vorzunehmen, die das Problem löst –, dann wäre ich sofort bereit, sie neu zu starten. Das heißt, ich würde sie dann erneut starten, wenn ich die Simulationen durchgegangen wäre, Zeile für Zeile, und mir gesagt hätte: „Jetzt ist sie reif fürs Abendprogramm. Steigen wir wieder ein."

Wenn ich nicht herausfinden könnte, was zu dieser Anomalie zwischen der Verhaltensweise geführt hat, die ich mir vorgestellt hatte, und der tatsächlichen Verhaltensweise, dann würde ich sie einfach verwerfen, sie würde auf den Müll wandern und ich würde zu etwas Neuem übergehen.

Michael: Fühlten Sie sich immer wohl mit der Unsicherheit, die jede Strategie beinhaltet? Viele Menschen wollen ja glauben, wenn sie sich an ihr Handelssystem halten, würden sie jeden Monat ein Prozent bekommen. Ich finde, jeder, der beginnt, die Welt und diese Denkweise zu verstehen, muss seinen Frieden mit der Ungewissheit machen.

Tom: Man macht das, indem man seine täglichen Erträge oder große Datenmengen anschaut. Ich hatte damals vielleicht bereinigte Daten für 20 oder 30 Jahre. Wir hatten riesige Datenbanken, die wir durchgehen konnten. Wenn man anfängt, sich tägliche oder auch Wochen- oder Monatsdaten anzuschauen, hat man sehr viele Datenpunkte. Wenn man die mit einer Glockenkurve oder etwas Ähnlichem vergleicht, sieht man eine große Vielfalt unterschiedlicher Bedingungen.

Ich sah meine Aufgabe als Vermögensverwalter eher darin, all die zufällig einlaufenden Daten zu managen und durch den Umgang mit all den Daten gutes Money-Management zu betreiben, als darin, mich emotional zu sehr in Dinge hineinziehen zu lassen wie: „Was ist heute am Goldmarkt passiert?“ Das kümmert mich nicht wirklich. Das war nur eine weitere Zahl, die ich verarbeiten musste. Es war vielleicht mein glückliches Geschick, dass meine Einstellung eher auf Datenverarbeitung und Statistik ausgerichtet ist – die Mentalität eines Ingenieurs.

Michael: Für Sie ist das ein Rätsel, das Sie lösen müssen.

Tom: Ja. Ich habe die Vermögensverwaltung und das Trading grundsätzlich immer als Rätsel betrachtet. Das ist nicht anders, als wenn man versucht, ein Sudoku, ein Kreuzworträtsel oder so etwas zu lösen. Trading ist eine Denksportaufgabe. Eine geistige Anstrengung. Es ist wie Golf. Eine perfekte Golfrunde schafft man nie. Hinterher sagt man sich immer: „Wenn ich es bloß geschafft hätte, bei Loch 17 zu putten, dann wäre mir dieses oder jenes gelungen.“ Und es gibt immer eine Möglichkeit, nach vorn zu blicken und zu sagen: „Das kann ich besser.“ Beim Trading ist es genauso. Man erreicht das Endziel niemals, man wird bloß irgendwie im Laufe seines Lebens immer besser und irgendwann auf diesem Weg stirbt man und kann nicht mehr besser werden. Aber man erreicht nie das Endziel. Man wird niemals zum perfekten Trader.

Michael: Howard Frazer möchte Ihre Ansichten über das anfänglich riskierte Kapital und nicht realisierte Buchgewinne hören.

Tom: Meine Sichtweise dazu ist allgemein die folgende: Als wir Studien über das Rendite-Risiko-Verhältnis an jedem Punkt eines Trendfolge-Trades machten, konnten wir jedes Kaufsignal nehmen, das wir bekamen, und sagen: „Okay, das ist Tag null. Ich bin jetzt zu diesem Preis in dieser Position. Mein Stoppkurs ist da und da." Dann macht man weiter, lässt den Trade weiterlaufen und ermittelt das Risiko und den Ertrag pro Kontrakt. Man rechnet voraus und verwendet seine historische Datenbank, um sich auszurechnen, wie das Endergebnis des Trades letztlich aussieht.

Aber dann geht man zurück, man geht jeden Tag des Trades durch und rechnet sich aus, wie hoch der potenzielle künftige Ertrag über den Rest des Trades im Vergleich zum Risiko zu diesem Zeitpunkt war. Nehmen wir an, der Trade soll 30 Tage dauern und man will zehn Prozent Gewinn erzielen. Am fünften Tag sind es nur noch 25 Tage bis zum Ausstieg und es kommt nur noch ein gewisser Ertrag herein. Vielleicht sind es keine zehn Prozent, sondern 7,5 Prozent, und wie hoch ist an diesem Punkt das Risiko? Deshalb ermittelten wir während des gesamten Trendfolge-Trades an jedem einzelnen Tag das Ertrags-Risiko-Verhältnis. Das machten wir bei Hunderten und Aberhunderten von Trades.

Dabei kamen wir zu dem eindeutigen Schluss, dass der Tag, an dem man in einen Trendfolge-Trade einsteigt, der Tag mit dem besten Chance-Risiko-Verhältnis ist. Das hat auch mit der Frage zum Pyramiding zu tun, die jemand gestellt hat. Pyramiding bedeutet, dass man später in den Trade einsteigt und damit rechnet, dass er weiter in die gewünschte Richtung läuft. Bei einem Pyramiding-Trader ist das Chance-Risiko-Verhältnis nicht so gut. Wir haben Pyramiding betrieben beziehungsweise Positionen aufgestockt, aber in sehr verringerter Menge und unter sehr strengen Niedrigrisiko-Bedingungen. Zum Beispiel konnten wir, wenn es einen Pullback oder so was gab, unseren Stopp bis knapp an den aktuellen Kurs nachziehen. Wir fühlten uns sehr wohl damit, dies zu tun und eine ganz kleine zusätzliche Position hinzuzunehmen.

Es ist eine ziemlich heikele Angelegenheit, seine Chance-Risiko-Verhältnisse hoch genug zu halten, um so etwas zu rechtfertigen. Um nun Howards Frage zu beantworten: Ich finde schon immer, dass man, wenn ein Markt in eine bestimmte Richtung gelaufen ist und dies für die eigene Position spricht, versuchen sollte, die Gewinne laufen zu lassen. Nehmen wir an, der erwähnte 10-Prozent-Trade läuft seit fünf Tagen und man steht schon drei Prozent im Plus. Daher sieht es sehr danach aus, dass der Trade profitabel sein wird. Man hat bereits einen hübschen Vorsprung und es geht in die gewünschte Richtung weiter. Man weiß nicht, ob es zehn Prozent werden, aber bislang läuft es gut. Jetzt stehen die Chancen, einen profitablen Trade zu haben, besser, als keinen profitablen Trade zu haben, wenn er in die gewünschte Richtung läuft. Auch diese Studie haben wir durchgeführt.

Aufgrund dessen lockerten wir unser Risiko und unsere Volatilitätskontrollen bei einem bestehenden Trade ein bisschen – wir nannten das „bestehende Kontrollen". Damals hatten wir anfängliche Limits für die anfängliche Position. Die Niveaus für bereits bestehende Trades waren immer ein bisschen höher als die anfänglichen Risiko- und Volatilitätsniveaus. Nehmen wir als Beispiel das eine Prozent. Nehmen wir an, man braucht in seinem Portfolio ein Prozent Risiko – dann beträgt das Risiko für bestehende Trades vielleicht zwei Prozent des Portfolios, wenn man ihnen ein bisschen Spielraum zum Wachsen verschafft.

Michael: Ich nehme an, auch hier würden Sie wieder sagen, bei dieser Frage sollten die Menschen nicht einfach Tom vertrauen, sondern es ausprobieren, um zu sehen, welches Spektrum an Möglichkeiten sich da entfaltet.

Tom: Ganz genau. Letztlich muss jeder Trader und jede Traderin mit seiner oder ihrer Entscheidung leben. Ich werde ihnen hier keinen Trost spenden und deshalb müssen sie ein Niveau finden, mit dem sie sich wohlfühlen. Nehmen wir zum Beispiel meine Mutter, die es nicht aushalten würde, wenn ihr Depot um einen Cent steigen oder fallen würde; sie müsste wohl mit einem Risiko von 0,1 Prozent traden. Jeder hat sein eigenes Komfortlevel und ich finde, man muss wissen, wo es liegt.

Nehmen wir zum Beispiel an, Warren Buffett will an 20 Rohstoffmärkten traden und dafür nur eine Million Dollar einsetzen, bei seinem Vermögen also bloß Kleingeld. Er könnte sich dann mit einem anderen Risikolevel wohlfühlen, weil es für ihn unerheblich ist, auch wenn er alles verliert. Sein Komfortlevel könnte aufgrund seiner Situation ganz anders aussehen. Auch Kompetenz kann das Komfortlevel erhöhen.

Michael: Für ihn hat Geld beim derzeitigen Spielstand sicherlich einen anderen Nutzwert.

Tom: Genau. Und auch die Kompetenz zählt. Wenn jemand voll in seinem System steckt und genau begreift, was er tut, und wenn er sich mit den Drawdowns wohlfühlt, die seine Strategien bewirken – nun ja, dann kann er seine Risikoniveaus vielleicht ein bisschen hochschrauben. Man hat dann ja im Vergleich zu einem Neuling mehr technische Sachkenntnis. Aber als blutiger Anfänger ohne Erfahrung sollte man sie niedrig halten. Einen Trade einzugehen und schon auf sehr niedrigem Niveau wieder auszusteigen mag vielleicht nicht unbedingt dazu beitragen, dass man viel Geld verdient, aber es trägt sehr wesentlich zur Erfahrung und Entwicklung als Trader bei.

Michael: Wenn ich etwas von Ihnen lese, denke ich, Sie vermitteln sehr gern Erkenntnisse, die Sie aus Ihren eigenen Erfahrungen gewonnen haben. Der Gedanke dahinter ist nach meinem Eindruck, dass die Menschen aus Ihrem Wissen weitere Schlüsse ziehen können und dadurch vielleicht einen kleinen Vorsprung gewinnen oder aus Ihren Erfahrungen lernen.

Ich glaube allerdings nicht, dass Sie versuchen, sich als Guru zu gebärden. Sie wollen ein Mensch sein, der sein Wissen und seine Erkenntnisse mit anderen teilt und sagt: „Hier sind meine Erfahrungen aus der Vergangenheit." Und ich glaube, die Zusammenstellung der Fragen war ganz gut. Aber es gibt auch Fragen, aus denen hervorgeht, dass die Menschen eine Antwort mit einer gewissen Magie erwarten, und wenn man ihnen eine solche gibt, dann werden sie in ihrer Erwartung bestätigt. Aber das ist eigentlich nicht das, was Sie den Menschen rüberbringen wollen. Ist das eine angemessene Einschätzung?

Tom: Ja, das ist eine angemessene Einschätzung. Der einzige Grund, warum ich die Richtung meiner Indikatoren und meiner Hedges täglich auf meiner Facebook-Seite poste, ist die Tatsache, dass ich einen Schwager und einen Stiefsohn habe, die versuchen, die Anfangsstadien des Tradings zu bewältigen. Ich finde es praktisch, auf diese Weise mit ihnen zu kommunizieren. So wissen sie konkret, zu welcher Seite ich neige, und können mir dann Fragen stellen, was sie gewöhnlich auch tun, und so mehr Wissen erwerben. Ich möchte meinem Stiefsohn dabei helfen, zu lernen, Trader zu werden und seine Altersvorsorge und dergleichen zu managen.

Deshalb habe ich nur wegen Bekannten und Verwandten, die mir Fragen stellen, angefangen, auf Facebook zu posten. Das hat sich inzwischen auf 300 Facebook-Freunde aus aller Welt ausgewachsen. Damit hatte ich damals nicht gerechnet, aber ich habe auch nichts dagegen, diese Tradition fortzuführen.

Michael: Hoffentlich bin ich dafür verantwortlich, ein bisschen Leerlauf aus Ihrem Leben beseitigt zu haben.

Tom: Mir scheint tatsächlich, bei vielen neuen Freundschaftsanfragen ist ein gemeinsamer Freund namens Michael Covel im Spiel.

Michael: Na so was. Also gut, kommen wir zu der letzten Frage, die ich heute für Sie habe. Jeremy Clifford fragt: „Erinnern Sie sich an

Fälle, wo das Signal sagte ‚long gehen' oder ‚short gehen' und Ihr Bauchgefühl sagte ‚auf keinen Fall, das ist Wahnsinn', Sie sich aber, da es Ihr System war, daran hielten, dem Signal folgten und es einen großen Gewinn brachte?"

Tom: Solche Fälle hatte ich. Ich glaube, einer davon war das Market-Timing-Signal zum Kauf von Investmentfonds nach der Bodenbildung im Gefolge des Crashs 1987. Damals ging ja sozusagen die Welt unter. Die Fed pumpte Liquidität in den Markt, der Dow Jones hatte innerhalb eines Tages um etwa 23 Prozent verloren. Und zum Glück saßen die Investmentfonds seit ein oder zwei Wochen auf Bargeld, als das Signal ausgelöst wurde. Aber das war schon eine Woche, bevor der Crash wirklich zuschlug.

Ich hatte alle Anlagen in Sicherheit gebracht und nun bekam ich ein Kaufsignal. Ich dachte mir: „Junge, Junge, das kann doch nicht wahr sein! Die Fed mischt sich ein, wir haben eine tolle Volatilität, die die Skala sprengt, aber es ist ein Kaufsignal, und wenn das Ding nach oben läuft, erwischt es uns ohne Position – so etwas machen wir nicht." Deshalb sagte ich mir: „Ich fühle mich damit zwar nicht wohl, aber ich mache es trotzdem." Dann stellte sich heraus, dass es ungefähr ein Jahr lang nur noch aufwärtsging, wenn man sich direkt nach dem Crash eingekauft hatte. Das war eine gute Zeit. In solchen Zeiten muss man einfach den Kopf schütteln und sich sagen: „Mann, das wird interessant werden!" Aber man muss seine Strategie befolgen.

Bei Trendstat waren die Rollen klar verteilt. Ich sagte zu meinen Leuten: „Solange Ihr exakt das tut, was diese Computer euch sagen, übernehme ich die Verantwortung dafür, dass die Computer es richtig umsetzen, und ich übernehme auch die Verantwortung dafür, dass die Strategie über einen gewissen Zeitraum Verluste bringt. Aber Ihr übernehmt die Verantwortung dafür, alles fehlerfrei auszuführen." Indem ich das trennte, befreite ich meine Leute von jeglichem Stress, sich bezüglich der Entwicklungsrichtung des Marktes oder sonst etwas zu irren, und so konnten sie die Orders ausführen.

Tatsächlich ist mir das im Laufe meines Lebens einige Male passiert: jene Zeitpunkte, zu denen man sich am unwohlsten fühlt und es auch fast allen anderen so geht – aber zu dem Zeitpunkt, zu dem sich alle wieder wohlfühlen, ist der Markt bereits ein gutes Stück in die betreffende Richtung gelaufen. Da muss man einfach mal sein Gehirn ein wenig abschalten und den Trade ausführen.

Ich möchte jeden ermutigen, seinen eigenen Weg zu finden. Schreiben Sie auf, welche Ressourcen Sie haben, welche Fähigkeiten Sie besitzen, Ihre geistigen Fähigkeiten, wie viele Dollar Sie hineinstecken wollen, an welchen Märkten Sie traden wollen, und machen Sie etwas daraus. Gestalten Sie etwas, das für Sie funktioniert. Denn was bei Ihnen funktioniert, funktioniert bei mir nicht, und was bei mir funktioniert, funktioniert bei Ihnen nicht.

DENKSPORT-
AUFGABEN

Folge 200: 10. Januar 2014

Michael: Sie sind sehr freundlich. Gibt es einen Grund, weshalb Tom Basso so freundlich ist? Unter viele Ihrer Postings schreiben Sie: „Genießt die Fahrt, meine Freunde." Das fällt in unserer heutigen Gesellschaft als ungewöhnlich auf.

Tom: Als ich auf der Highschool war, beobachtete ich oft mein Verhalten. Das war schon ziemlich schräg, fast als würde die zweite Hälfte meines Gehirns beobachten, was Tom Basso jeden Tag so machte. Es versetzte mich aber in die Lage, zu analysieren, wie ich auf die Welt um mich herum reagierte, und zwar Tag für Tag. Normalerweise machte ich das einmal täglich. Ich überdachte den Tag und fragte mich: „Habe ich auf diese Situation gut reagiert? War ich zu nervös, zu begeistert, zu deprimiert oder zu verängstigt?"

Später dann, auf dem College, wo ich viel Basketball spielte, merkte ich, dass ich gewissermaßen meinen Körper verlassen konnte. So konnte ich fast schon unsere komplette Verteidigung überblicken, daraus schließen, wo alle stehen sollten, und die Leute hinter mir sehen. Ich konnte im Kopf die fünf anderen verfolgen, begreifen, dass einer fehlte, sodass er sich hinter meinem Blickfeld befinden musste. Solche Sachen halt.

Als dann der Ernst des Lebens begann, wurde mir klar, dass ich dem ganzen Leben gegenüber diese Haltung einnahm. Das ist wie ein Film, von dem ich mich mitnehmen lasse, und das Trading ist nur ein Teil meines Lebens. Andere sind Golf, Kochen, Essen, Fernsehen, meiner Frau ein Ehemann sein und all die anderen Dinge, die im Leben passieren. Das Trading zu seiner ganzen Welt zu machen kommt mir etwas dürftig vor. Im Leben steckt noch so viel mehr und dabei ist es so kurz.

Wenn man älter wird, wird man daran erinnert. Ich bin jetzt 61. Man erlebt, dass manche Freunde sterben. Und man beginnt zu begreifen, dass es schön ist, sich Zeit zu nehmen, um nach Tahiti zu reisen. Heute Morgen habe ich tatsächlich entsprechende Vorkehrungen getroffen. Mir bleibt auf dieser Erde nur eine begrenzte Zeit, aber das Trading wird hoffentlich über meine Lebenszeit hinaus weitergehen, so sehe ich das, und es ist schön, die einfachen Dinge weiterzugeben, die ich gelernt habe und wahrlich keine Raketenwissenschaft sind. Ich weiß dank meiner Kenntnisse der Trendfolge, dass das gar nicht so schwer ist. Die Menschen machen es sich selbst schwer. Wenn man Menschen helfen kann, zu begreifen, wie einfach es ist und dass das Leben mehr beinhaltet als nur Trading, dann ist das, wie ich finde, eine gute Sache. Eine Welt mit mehr Ausgeglichenheit!

Michael: Mir ist eine Stelle aufgefallen, an der Sie darüber sprachen, sich Dinge vorzustellen. Sich den Schrecken vorzustellen, selbst wenn er nicht eintritt – sich vorzustellen, man würde ihn empfinden. Ich dachte mir: Das ist Stoizismus.

Tom: Ging es dabei um die Vorbereitung?

Michael: Genau. Man muss ja geistige Übungen machen und Sie sprachen über Vorstellungen. Ich dachte gleich an den Stoizismus, weil ich ihn mir immer so vorstelle: „Die Worst-Case-Szenarien durchdenken, sie im Geiste durchleben, und wenn dann einige der schlimmen Dinge eintreten, ist man davon weniger überrascht."

Tom: Stimmt genau. Ich möchte aber auch behaupten, dass man die guten Zeiten ebenfalls im Geist durchspielen sollte. Wenn man beim Eingehen einer Position sagen kann: „Wenn das Ding durchdreht, wenn zum Beispiel für die Aktie, die ich gerade gekauft habe, das Doppelte dessen geboten wird, was ich gerade hineingesteckt habe, was bedeutet das? Wie reagiere ich darauf? Bin ich dann übertrieben begeistert, verspüre ich einen Adrenalinstoß? Will ich dann den Gewinn mitnehmen oder folge ich einfach meiner Strategie und mache es wie immer?"

Man muss auf alle Möglichkeiten vorbereitet sein, nicht nur auf die schlechten, sondern auch auf die guten. Man muss vorausdenken, viele verschiedene Szenarien durchgehen und dann mental darauf vorbereitet sein, mit ihnen umzugehen.

Michael: Also Trendfolge auch auf emotionalem Gebiet.

Tom: Das ist es tatsächlich.

Michael: Da wir schon einmal angefangen haben, uns mit der psychologischen Seite zu befassen, erzählen Sie mir mehr über Ihre geistigen Übungen. Ich nehme an, dass sich Ihre geistigen Übungen, ob nun beim Autofahren oder zu anderen Zeiten, auf viel mehr als nur das Trading beziehen.

Tom: Ich habe im Laufe meines Lebens mit meinem Gehirn allerlei Spielchen gespielt und ich glaube, ich habe so manch gute Belohnung dafür kassiert. Das beobachtende Ich, das ich auf der Highschool und auf dem College hatte, habe ich ja bereits erwähnt. Wenn ich mich selbst bei dem beobachte, was ich tue, glaube ich, dass sich irgendwann – wahrscheinlich nach dem College – der beobachtende Teil meines Gehirns vornahm, jeden Tag zu beobachten, was ich tat, und sich direkt mit meinem Gehirn vernetzte. Für mich wurde es dermaßen natürlich, dass es da war, dass ich mittlerweile nicht einmal mehr darüber nachdenke. Ich betrachte es nicht als separate Einheit.

Man kann mit seinem Gehirn alle möglichen Übungen anstellen. Ich erinnere mich zum Beispiel daran, dass Van Tharp einmal sagte, jungen Männern, die sich darauf vorbereiten, zum ersten Mal gegen einen Tiger anzutreten oder ihren ersten Löwen zu jagen, werde beigebracht, ihren Blick zu defokussieren und zu spüren, was das mit dem Gehirn macht. Das hat die psychologische Wirkung, einem viel von seiner Angst zu nehmen.

Ich habe das auf dem Golfplatz mit einem gewissen Erfolg ausprobiert. Wenn ich über ein Fairway gehe und einen entfernten Gegenstand anschaue, versuche ich, nachdem ich die Schärfe auf den entfernten Gegenstand eingestellt habe, zum Beispiel den Flaggenstock, den Rand meines Gesichtsfelds genauso deutlich zu sehen, sodass mein Gehirn ein ungeheuer weites Blickfeld erfasst. Dabei fokussiert man nicht auf etwas Bestimmtes, etwa auf den See auf der rechten Seite, in den der Ball fliegen könnte, wenn man ihn schlecht trifft. Es gibt nur diesen einen großen Blick – und die Angst verschwindet.

Bei vielem geht es einfach ums Beobachten. Beim Autofahren spiele ich mit der einfachen Frage, wie sich die anderen in dem Dragster-Rennen schlagen, wenn die Ampel grün wird. Ich sitze da, schaue mir die Leute an, die SMS tippen und Radio hören. Natürlich stehe ich ganz vorn an einer Kreuzung und schaue gewissenhaft in beide Richtungen, ob kein anderes Auto kommt. Ich versuche, zu sehen, wie die kürzeste mögliche Reaktionszeit aussehen könnte, in der mein Körper es schafft, den Fuß von der Bremse zu nehmen und ihn aufs Gaspedal zu setzen. Nicht um schnell zu fahren, sondern nur, damit mein Auto zuerst auf die Kreuzung rollt, während sich die anderen noch fragen, was gerade vor sich geht. Solche Kleinigkeiten halt. Mich fasziniert es, zu lernen, wie der menschliche Körper funktioniert und wie das Gehirn funktioniert.

Michael: Wir können in diesem Gespräch zwar nicht im Einzelnen auf all diese verschiedenen Faktoren eingehen, aber vielleicht können Sie jüngere Menschen dazu anspornen, mehr über den mentalen Aspekt des Erfolgs nachzudenken.

Tom: Wenn man beim Trading keine geistigen Fähigkeiten und keine starke Psyche hat, wird alles andere, was man tut, zunichte. Ich könnte ein Programm automatisieren, es in eine Blackbox stecken, sie jemandem in die Hand drücken, der ein geistiges Nervenbündel ist, und der wird es dann verpatzen, weil er seinen Verstand nicht recht unter Kontrolle hat. Er wird sogar Schwierigkeiten haben, eine gut konstruierte Blackbox zu betreiben, ohne es zu vermasseln. Entweder übergeht er sie oder er macht einen Trade nicht, den er hätte machen sollen. Er nimmt die Gewinne zu schnell mit, weil er das Gefühl hat, es sei ja schon sehr viel Gewinn aufgelaufen, und so wartet er nicht ab, bis das Stoppsignal gegeben wird. Er wird nie Erfolg haben.

Sobald die Menschen begreifen, dass die mentale Seite des Tradings an erster und oberster Stelle steht und dass die Frage, was man kauft und verkauft oder wo man das tut, die letzte und am wenigsten wichtige ist, haben sie eine Erfolgschance.

Michael: Es gibt eine Menge supererfolgreiche Trader, die nicht unbedingt wissen, wie sie das geschafft haben – vielleicht hatten sie ein bisschen Glück. Sehr reiche Menschen können die von Ihnen erwähnten Fehler machen und dann ist ein im Laufe eines Lebens erworbenes Vermögen ganz schnell weg.

Tom: Auf jeden Fall. Wenn Sie in das erste Buch der Reihe *Magier der Märkte* hineinschauen und auch in das zweite, dann werden Sie darin einige Leute finden, die nicht mehr im Geschäft sind. Bis dahin hatten sie sich wohl gut geschlagen, aber dann den Bogen überspannt. Sie hatten ihre mentalen Prozesse nicht so fest verankert, wie sie es sich gewünscht hätten, und sind dann auf die schiefe Bahn geraten. Ich habe rund 30 Jahre Trading überlebt. Und wenn man bis heute rechnet, dann sind das weitere zehn Jahre Devisenhandel, ohne dass etwas in die Luft geflogen wäre. Ich mache das immer noch. Das ist ein Langstreckenlauf.

Es gibt viele Trader, die es nicht so lange schaffen. Das liegt zu einem großen Teil daran, wie sie den Prozess durchdenken, wie viel

Risiko sie eingehen wollen und wie lange sie an etwas festhalten können, Tag für Tag und Tag für Tag ... Ich stand der ganzen Sache immer schon recht gelassen gegenüber und das schlägt sich in meinem Trading nieder. Manche werfen mir vor, mein Trading sei eher ein bisschen langweilig. Ich war nie auf fantastische Gewinne oder so etwas aus. Aber ich versuche, die Verluste zu begrenzen und so weiterzumachen. Ich finde, das leistet einem auf lange Sicht gute Dienste. Viele Menschen könnten daraus vorteilhafte Lehren ziehen.

Michael: Sie sind einer meiner populärsten Gäste, wenn nicht gar der populärste. Also muss Ihre „Langweiligkeit" für viele Menschen ganz schön aufregend sein. Jedenfalls ist das mein Eindruck.

Tom: Jedes Mal, wenn wir ein Interview machen, bekomme ich so um die 15 E-Mails oder Facebook-Nachrichten.

Michael: Stürzen wir uns nun auf ein paar Trading-Themen. Ich habe da ein paar Punkte, die andere Menschen angesprochen haben, und darüber hinaus auch ein paar eigene. Ich bin auf eine Zeile gestoßen, die ich Ihnen vorlesen möchte, und dann sollen Sie mir sagen, was Sie davon halten: „Wenn man keine Angst davor hat, geringe Geldbeträge zu verlieren, ist man so gut wie unbesiegbar." Wie denken Sie darüber?

Tom: Das gefällt mir sehr gut. Wenn man das, was wir bei Trendstat über die Jahre gemacht haben, statistisch betrachtet, dann reichten manche unserer Kauf- und Verkaufsprogramme von vielleicht 28 Prozent Zuverlässigkeit bis vielleicht 40 Prozent, aber eine Zuverlässigkeit von 36 oder 37 Prozent ist wohl realistischer. Nehmen wir doch einfach einen Schnitt von 33 Prozent, also von einem Drittel. Das heißt, dass man bei jedem einzelnen Trade, den man eingeht, eine Verlustwahrscheinlichkeit von zwei Dritteln hat.

Wenn man sich dem geistig stellt, kann man sich sagen, dass man Tausende von Datenpunkten hat, die einem signalisieren, dass auf jeden Gewinn zwei Verluste kommen. Dann kann man sich die Einstellung zu eigen machen, dass man diese beiden Verluste begrenzen und damit zufrieden sein muss, denn das sind ja nur zwei von den dreien, um die man sich kümmern muss. Immer wenn ich drei Trades tätige, beziehe ich – statistisch gesehen – daraus einen Gewinn und dieser Gewinn wird größer sein als die Verluste. Somit verdiene ich auf lange Sicht Geld. So machen wir das und weshalb sollte ich mich da um die kleinen Verluste sorgen? Ich glaube, sobald man *das* begriffen und akzeptiert hat und wenn man verstanden hat, warum es diese beiden Verluste geben muss, dann ist man auf einem guten Weg dahin, recht ordentlich Geld zu verdienen.

Vor langer Zeit habe ich einmal jemanden sagen hören: „Trading ist gewissermaßen wie Atmen – jeder will einatmen, um Sauerstoff zu bekommen, aber man muss ja auch ausatmen.“ So ungefähr ist das auch mit den Verlusten. Beides ist Teil des Atemvorgangs, es muss hineinfließen und herausfließen.

Michael: Ich mache immer noch Yoga und habe gelernt, dass der Atem der Kern ist, der Kern von allem. Kommen wir zu einem anderen Thema. Ich habe heute ein Interview gegeben und da stellte mir jemand eine Frage, die ich an Sie weitergeben möchte. Der Fragesteller wollte wissen, warum die Trendfolge so gut funktioniert, wenn die Schwarzen Schwäne zuschlagen.

Tom: Die schiere Mathematik der Trendfolge besagt: „Lasse deine Gewinne so weit laufen, wie sie laufen wollen, und begrenze deine Verluste, wenn es nicht in die gewünschte Richtung läuft.“ Wenn ein Schwarzer Schwan auftritt – ein folgenschwerer Ausreißer, wie es ihn noch nie gegeben hat und der weit über die Bereiche hinausreicht, die jemals jemand erlebt hat –, greift ihn die Trendfolge ab einem gewissen Punkt auf oder bewegt sich in diese Richtung. Das kann beispielsweise ein großes Gap sein, in das man einsteigen möchte und das womöglich schon vor Monaten als quasi nichts begonnen hat und dann plötzlich zu einer riesigen Spekulationsblase geworden ist.

Jeder Schwarze Schwan beginnt anders. Ich habe in meinem Leben schon so einige gesehen.

Aber egal wo man einsteigt, auf jeden Fall steigt man ein und begleitet den Schwarzen Schwan ein Stück weit mit. Dieser eine Trade und vielleicht noch ein paar andere bedeuten womöglich den Unterschied, ob man in einem Jahr Gewinn oder Verlust macht, wenn man den ganzen Rest zusammenzählt. Die kleinen Gewinne gleichen einen Teil der kleinen Verluste aus, aber um richtiges Geld zu verdienen, braucht man solche echten Ausreißer. Zum Beispiel ein Ereignis, dass man eine Position in Japanischen Yen schon seit einem Jahr oder seit anderthalb Jahren besitzt und ihr Nennwert schon um 100 Prozent gestiegen ist. Die Position ist gehebelt und am Ende verdient man damit Hunderttausende Prozent. Das gleicht die Bürde einer großen Zahl von Verlusten aus, und deshalb bringt die Trendfolge Geld.

Michael: Sprechen wir über Ihre tägliche Routine. Kürzlich habe ich auf Ihrer Facebook-Seite einen Beitrag gesehen, in dem Sie über die Menge an Zeit schreiben, die Sie aufbringen, um Ihre tägliche Routine durchzuführen. Ich habe das Gefühl, Routinen sind in Ihrem Leben sehr wichtig und dass es seinen Grund hat, warum sie so wichtig sind. Ich bitte Sie, zu erklären, wie viel Zeit Sie jetzt brauchen, nachdem Sie Ihr System und Ihre täglichen Ausführungen bereits eingerichtet haben.

Tom: Sprechen wir über beides. Erstens die Zeit. Kürzlich habe ich etwas gepostet und ich glaube, ich brauchte nach Börsenschluss zwölf Minuten, um meinen gesamten Prozess abzuarbeiten. Ich weiß die genauen Zahlen nicht mehr, aber sagen wir, ich zog im Aktienbereich in vier Depots jeweils vier Stoppkurse nach. Ich glaube, das tat ich auch bei ein oder zwei Futures-Trades, genau weiß ich die Anzahl nicht mehr. Außerdem überprüfte ich ein paar Stopps bei meinen Hedge-Trades und für das Ganze brauchte ich zwölf Minuten. Das machte ich, weil ich Postings und Fragen von Tradern bekam, wie viel sie machen müssten und wie oft sie sich den Markt anschauen müssten. Ich bekam zu hören, dass manche dieser Leute den ganzen Tag lang auf den Bildschirm schauten. Da fragte ich mich: „Wie kann man nur so viel Zeit vergeuden?"

Ich stoppte also die Zeit, um diesen Punkt allen klarzumachen, wobei ich natürlich, wenn man darüber streiten möchte, 28 Jahre bei Trendstat und noch mal zehn Jahre im Ruhestand hatte, um meine Fähigkeiten zu verfeinern.

Michael: Moment, das sind ja noch keine 40 Jahre, sondern nur 38.

Tom: Es sind nur 38, aber ich bin ja auch erst 61. Doch wenn man erst einmal so viel Erfahrung auf dem Buckel hat, weiß man, was man jeden Tag zu tun hat. Man braucht es nur noch auszuführen. Wenn man jeden Tag und jeden Augenblick versucht, eine neue Art des Tradings zu entwerfen, wenn man auf den Bildschirm schaut und zuschaut, wie der Preis steigt und fällt, dann frisst das bloß Zeit und ist sehr unproduktiv. Wobei man sich ständig fragt: „Was sagt mir das? Sollte ich meine Strategie ändern? Sollte ich zu der Idee, von der ich gerade in einem Podcast gehört, in einem Börsenbrief gelesen oder von einem Freund erfahren habe, ein paar Recherchen anstellen?" Das kreist dann alles im Kopf herum.

Was mich betrifft, so weiß ich ganz genau, was ich tun muss, um meine Trendfolge-Modelle umzusetzen. Ich rufe meine Filter auf und klicke mich von oben nach unten durch. Natürlich bin ich mit Maus und Computer im Laufe der Jahre immer schneller geworden und weiß genau, was ich als Nächstes tun muss, sodass ich das ohne zu zögern in einem Rutsch erledige. Ich sage zu meiner Frau: „Ich mache mal Handelsschluss." Dann weiß sie, dass sie für eine kleine Weile nicht ins Arbeitszimmer kommen soll. Nach zwölf Minuten war ich fertig, drückte auf die Stoppuhr und postete das auf Facebook. So kam es zu der Sache mit der Zeit.

Aber wie Sie schon gesagt haben, Routinen sind wichtig. Was das angeht, stehe ich auf dem Standpunkt, dass die Märkte auf niemanden warten. Das gehört zu den Punkten, die ich meinen Mitarbeitern bei Trendstat immer wieder klarmachte. Deshalb hatten wir so viele Ersatzleute. Wenn jemand Urlaub hat, muss ein anderer seinen Platz einnehmen. Die Märkte machen ja nicht zu, nur weil man sich am Unabhängigkeitstag freinimmt. Denn wissen Sie – London feiert den 4. Juli nicht, wir haben ja damals einen Aufstand gegen die Briten gemacht. Auch die Devisenmärkte sind am 4. Juli offen. Also müssen wir da sein und dann auch unser Zeug machen. Wer hat frei, wer kommt zur Arbeit?

So wird die Routine zu etwas, das davon bestimmt wird, wie die Märkte funktionieren und eigentlich fast alles im Leben funktioniert. Man steht auf und wahrscheinlich ist es dann gut, zu frühstücken, weil das dem Körper für den Rest des Tages Energie liefert. Wahrscheinlich sind auch Leibesübungen gut. Ich sehe Sie in Ihren Umkehr- und Seitwärts-Yogahaltungen vor mir und Sie sind offensichtlich fit. Ich könnte das zwar nicht und würde es nicht einmal versuchen, aber auch ich trainiere. Ich glaube, für einen 61-Jährigen bin ich gut in Form und treffe den Golfball immer noch ziemlich gut. Solche Dinge machen mir Spaß.

Ich halte die Routine, sich zu bewegen, zu essen, seinen Körper mit Flüssigkeit zu versorgen und dafür zu sorgen, dass man an den Märkten präsent ist, für einfach unentbehrlich. Einmal am Tag muss ich Stopps setzen und nachziehen oder gewisse Dinge überprüfen. Was zum Beispiel die Kreuzfahrt nach Tahiti angeht, die ich vorhin erwähnt habe, so bin ich mit der Kreuzfahrtgesellschaft übereingekommen, dass ich im „Concierge Level", auf dem ich wohnen werde, unbegrenzten Internetzugang bekomme. Ich nehme meinen Computer mit und werde in Tahiti jeden Tag nach Handelsschluss zwölf Minuten lang an meinem Computer sitzen. Und danach werde ich mich wieder meinen sonstigen Vergnügungen widmen. Eine gewisse Routine muss einfach erledigt werden. Manche Menschen finden das zu streng, aber zwölf Minuten kann ich im Urlaub durchaus entbehren. Ich halte das für keine zu große Belastung.

Michael: Vor allem angesichts der Freiheiten im Leben, die einem die Entscheidungen bescheren, die man getroffen hat. Manche Menschen denken sich: „Ich fahre in Urlaub, davon will ich nicht abgelenkt werden." Aber die gleichen Menschen kommen heim und arbeiten ihr Leben lang acht Stunden für den Boss. Also ich bin da mit Ihnen völlig einer Meinung.

Tom: Oder sie kommen heim und stellen fest, dass sie alle möglichen Signale verpasst haben, die sie hätten mitnehmen müssen. Dazu fällt mir die Geschichte ein, die ich damals Jack Schwager erzählte, als er mich in dem Interview für *Magier der Märkte II* nach dem Silber-Trade fragte, und die ich auch hier bereits gelegentlich erwähnte. Meine Eltern waren zu Besuch, ich verpasste den Silber-Trade und es stellte sich heraus, dass er 100.000 Dollar gebracht hätte. Mein Depot stand damals bei 10.000 Dollar und ich hatte den Trade versäumt. Und zwar, weil ich nicht auf mein Zeug achtete, sondern für meine Eltern den Fremdenführer spielte. Meine Eltern trifft dabei keine Schuld, das lag in meiner Verantwortung. Ich hätte mir die zwölf Minuten (oder wie lange es damals dauerte) nehmen und meine Arbeit machen sollen. Ich war nachlässig, verpasste den Trade und verpasste diesen Gewinn. Anderenfalls würde ich heute ganz anders dastehen. Ich wäre in einem früheren Stadium schon viel weiter gewesen und mein Trading hätte früher im Plus gestanden.

Man muss sich wirklich anschauen, wie man jeden Tag verbringt, und sich fragen: „Wie schnell vergeht die Zeit?" Denn man wacht ja morgens auf und geht abends schlafen – dazwischen liegen sehr viele Minuten. Wenn man wirklich darüber nachdenkt, wofür man diese Minuten verwendet hat, staunt man, wie viele man vergeuden kann.

Michael: In der heutigen Zeit verschwenden wir eine Menge Zeit mit diesem ganzen elektronischen Schnickschnack.

Tom: Allerdings!

Michael: Hier kommt eine gute Frage von Fred Penny. Er schreibt: „Wenn Sie heute ein junger Mann oder eine junge Frau von 20 Jahren wären und wenig Geld hätten, würden Sie dann, wenn Sie auf Ihre Erfahrungen zurückblicken, auf die gleiche Weise an das Trading herangehen?"

Tom: Das glaube ich nicht. Wie die meisten wissen, wurde ich Vermögensverwalter, Futures-Händler und Devisenhändler. Mir gehörte bis zu ihrer Schließung im Jahr 2003 die Firma Trendstat.

Als ich anfing, konnte man schon mit 100.000 Euro sagen, man sei Trader, und wenn man das über einen Zeitraum von sagen wir einem, zwei oder drei Jahren erfolgreich machte und die 100.000 Dollar womöglich auf 500.000 Dollar mehrte, dann nahmen dich gewisse Leute ernsthaft unter die Lupe und sagten sich vielleicht: „Der Mann macht Fortschritte. Seine Erfolgsbilanz wirkt solide. Sein Ansatz gefällt mir. Er scheint vernünftig zu sein. Er scheint ein kluger Geschäftsmann zu sein. Er stellt Leute ein, die ihn unterstützen. Er hat eine Computerausstattung. Ja, dem geben wir eine Chance. Hier sind fünf Millionen Dollar." Und im Nu verwaltet man zehn Millionen Dollar, jemand gibt einem noch mal zehn, sodass man bei 20 Millionen steht, und schon ist man im Rennen und kann seine Firma ausbauen.

Heutzutage bin ich nicht mehr so dicht an der Branche, von der ich mich zurückgezogen habe, aber ich habe Geschichten gehört, dass manche Investoren, die Mittel verteilen, verlangen, dass man 20 oder 50 Millionen verwaltet, zehn Mitarbeiter hat, Computer, Ersatzräume, Vertriebsleute und so fort. Ich weiß nicht, ob ich bei alledem ins Geschäft gekommen wäre.

Ich würde dazu tendieren, weiterhin zu arbeiten, wie Sie gesagt haben, in einem 8-Stunden-Job. Vielleicht einem, der mir etwas Flexibilität bietet, damit ich neben der Arbeit ein bisschen traden könnte. Als ich Chemieingenieur war, konnte ich problemlos um 16:30 Uhr nach der Planung von Chemiefabriken heimkommen, eine halbe Stunde an meinem Rohstoffdepot arbeiten, meine Orders aufgeben und dann zu Abend essen. Das war keine große Sache.

Michael: Ihr eigentliches Thema ist, wenn ich Sie so höre, die Gegenüberstellung von Money-Management und Trading. Das ist ja nicht das Gleiche.

Tom: Nein, das ist es nicht. Denjenigen, die vorhaben, in die Vermögensverwaltungsbranche zu gehen, möchte ich sagen, dass ich in dem Jahr, bevor ich Trendstat dichtmachte, 100.000 Dollar für regulatorische CPA-Gebühren und rechtliche Gebühren bezahlte, die meinen Kunden keinen Nutzen brachten, soweit ich das sehe. Ich verbrachte wahrscheinlich 60 Prozent meiner Zeit entweder mit Personalangelegenheiten, Buchhaltung und Rechtsfragen und weniger als zehn Prozent mit sinnvollem Research und Trading – also mit dem, was die meisten Menschen für das Vergnügliche halten, das sie gern machen möchten. Wenn man erfolgreich sein will, verbringt man sehr wenig Zeit mit dem Trading und mehr Zeit damit, ein Unternehmen zu leiten.

Wenn ich jetzt noch einmal vor der Wahl stünde, würde ich wohl länger Ingenieur bleiben oder zur betriebswirtschaftlichen Seite des Unternehmens wechseln, bei dem ich beschäftigt war. Wahrscheinlich hätte ich mich dann ein bisschen mehr mit strategischer Planung und betriebswirtschaftlichen Maßnahmen befasst. Ich wurde von dem Unternehmen, bei dem ich war, sehr geschätzt. Einen Monat vor meiner Kündigung war ich noch befördert worden. Denen schien zu gefallen, was ich für sie erbrachte und was ich tat. Ich würde mir also weitere Gehaltserhöhungen verdienen, mich mit Aktienoptionen und dann mit anderen Sachen befassen und einen Großteil des damit verdienten Geldes sparen, es in Trading-Depots stecken, meine Fähigkeiten mit kleineren Geldbeträgen verbessern und dann mein Portfolio an den Punkt bringen, wo es ein zweites Einkommen darstellt.

Und wenn dieses zweite Einkommen dann so groß wird wie das berufliche Einkommen, dann kann man sich wahrscheinlich zur Ruhe setzen. Ich nehme an, wenn ich das so gemacht hätte, hätte ich mich früher als mit 51 zur Ruhe setzen können, denn das, was ich bei

Trendstat tat, war naturgemäß stark reguliert. Zum Beispiel konnte ich kein Frontrunning oder so etwas betreiben. Ich musste aufpassen, ob ich die gleichen Positionen wie meine Kunden hatte und dergleichen. Im Prinzip musste ich bei meinem eigenen Trading recht simpel vorgehen, damit es dem Trading im Kundenauftrag entsprach. Oder ich steckte tatsächlich mein Geld in die gleichen Fonds wie für meine Kunden, sodass ich im Prinzip exakt die gleichen Trades bekam wie sie und daher weder mich noch die Kunden begünstigte – das wäre nämlich verboten.

Nach zehn Jahren Ruhestand stelle ich fest, dass ich ohne diese Einschränkungen manches tun kann, was ich im Kundenauftrag niemals tun könnte. Ich handle mit Orangensaft-Futures, davon brauche ich für mein Portfolio nur einen oder zwei. Wenn ich wie bei Trendstat ein verwaltetes Vermögen von 600 Millionen Dollar hätte, wie sollte ich da Orangensaft-Futures kaufen? Vielleicht könnte ich 10 oder 20 Stück kaufen, aber das würde für meine Kunden nicht ins Gewicht fallen. Wenn man für sich selbst tradet, ist das eine ganz andere Welt.

Michael: Sie haben vom regulatorischen Umfeld gesprochen. Ich will nicht behaupten, ich sei Experte für Regulierungen, aber man muss doch sagen, dass es unterschiedliche regulatorische Klimata gibt. Ich will damit nicht sagen, dass die Vorschriften des einen Landes gut und die eines anderen schlecht wären. Ich will nur sagen, dass die Regulierung in manchen Ländern etwas straffer geworden ist als in anderen.

Tom: Es gibt Länder, in denen es lockerer ist als in den Vereinigten Staaten, und einige, in denen es tatsächlich noch schlimmer ist – ein sehr, sehr altmodisches Denken in Bezug auf gewisse Dinge. Und manche US-Bundesstaaten sind schlimmer als andere. Als Staat mit extrem strengen Beschränkungen für Investmentfonds und Ähnliches fällt mir Wisconsin ein. Dort scheint es stets schwerzufallen, die Leute von Wertpapierbetrug abzuhalten.

Michael: Ich würde nicht davon ausgehen, dass in jedem Klima alles gleich wäre oder dass alle Länder gleich wären.

Tom: Leider müssen einige meiner Facebook-Freunde, die rund um die Welt verteilt sind – Australien, Vietnam oder sonst wo –, ebenso wie ich feststellen, dass viele Anlageinstrumente, die man sich zwecks Verwaltung beschaffen kann, anscheinend in den Vereinigten Staaten liegen. Wir sind ein sehr reiches Land und es gibt viele Anlageinstrumente, viele Pensionspläne, die hier verwaltet werden müssen. Als ich ins Devisengeschäft einstieg, wurde es ein bisschen besser, weil der Devisenhandel weniger reguliert war. Da gab es Banken wie die Royal Bank of Canada, die Bank of Montreal, in Frankreich die Société Générale und andere Stellen, die Kunden von mir waren und bei denen ich diese Regulierung nicht hatte, und da sie sich nicht in den Vereinigten Staaten befanden, mussten sie sich auch nicht mit dem amerikanischen Zeug herumschlagen.

Zu meinen Kunden gehörten mehrere US-amerikanische Banken und ein paar ausländische Banken. Das war eine interessante Mischung. Man muss die verschiedenen Umfelder definitiv erkunden, denn wie man ein Unternehmen betreibt, hängt absolut davon ab, was einem erlaubt ist. Der Staat und die Kunden schränken den Vermögensverwalter und das ein, was er jeden Tag tun kann, um das Portfolio zu managen, und daher diktieren sie teilweise den Erfolg. Wenn die Kunden und die Regulierungen einen keine Orangensaft-Futures kaufen lassen, dann können sie kein Teil des Portfolios sein. Das ist eine simple Tatsache. Das wirkt sich auf die Rendite aus. Das muss man unbedingt bedenken.

Michael: Ich möchte Sie nun in eine andere Richtung lenken. Ich liebe es, Sie in eine andere Richtung zu lenken. Warum nicht, oder?

Tom: Warum nicht? Deshalb mag ich Ihre Interviews ja. Ich weiß nie, wohin sie führen.

Michael: Tüfteln Sie an Ihren derzeitigen Systemen herum? Und woran merken Sie, ob Sie es mit einem normalen Drawdown zu tun haben oder Ihr System „erledigt" ist?

Tom: Derzeit nutze ich bei meinem Futures-Trading die gleichen Kauf- und Verkaufsauslöser, die ich vermutlich etwa im Jahr 1984 erstellt habe und wahrscheinlich seither nutze.

Michael: Ganz schön altmodisch. Archaisch. Die können doch nicht mehr sinnvoll sein, Tom, die können doch nicht mehr gut sein. Die müssen Sie in den Ruhestand schicken!

Tom: Sie sind so gut wie gleich geblieben. Der einzige Unterschied ist, dass ich damals alles auf Millimeterpapier machte, jetzt hingegen auf dem Computer. Jetzt schaue ich mir schöne Farben und alle möglichen Daten an, die ich damals nicht hatte, darum ist es heute etwas leichter.

Michael: Also bräuchten Sie auf Millimeterpapier 30 statt zwölf Minuten?

Tom: Damals brauchte ich für mein Futures-Portfolio etwa eine Stunde. Tatsächlich war es mein Lebensziel, nicht mehr arbeiten zu müssen, um mehr Zeit zum Golfspielen und für andere Dinge zu haben.

Michael: Wir halten fest, dass Sie nicht daran herumtüfteln.

Tom: Nein, aber ich nehme Verbesserungen vor. Zum Beispiel gab es ja früher keine ETFs. Damals tradete ich mit Investmentfonds. Wir suchten nach Fonds ohne Ausgabe- und Rücknahmeaufschlag und die mussten wir dann am Ende des Tages kaufen und verkaufen, weil das bei einem Investmentfonds eben so ist.

Als die ETFs aufkamen und während des gesamten Handelstags kontinuierlich gehandelt wurden, konnte ich anfangen, über

Stopp-Orders und Intraday-Ausführungen nachzudenken. In meinen Augen senkte dies das Risiko von über Nacht entstehenden Gaps und war daher eine gute Sache, die ich in mein Portfolio aufnehmen konnte.

Ich würde die Suche nach neuen Produkten, die in mein Portfolio hineinkommen könnten, nicht unbedingt als Optimieren bezeichnen. Möglicherweise muss ich etwas ein bisschen anders machen, um damit tatsächlich konkret handeln zu können, aber an den Produkten, die ich schon früher hatte, ändere ich nicht viel.

Michael: Und die Drawdowns? Wenn ein Drawdown recht arg wird, woran merken Sie dann, dass es zu weit gegangen ist?

Tom: Das ist die Analyse von Szenarien, über die wir bereits gesprochen haben. Man sollte anhand seiner Strategie Folgendes durchdenken: „Wenn diese Anlage gut läuft und ich diese Arten von Marktbedingungen habe, passiert dieses. Dieses wird passieren, wenn es wirklich den Bach runtergeht, und jenes wird passieren, wenn wir einen erwarteten Monat oder ein erwartetes halbes Jahr haben."

Wenn man das wirklich bedacht hat und das richtig gemacht hat, dann sollte man sich bei einem Drawdown fragen: „An welchen Märkten wird gehandelt? Wie sieht mein Portfolio aus? Welches Marktgeschehen hat mir der Markt vorgesetzt?" Nichts davon hat man in der Hand. Das Universum hat einem Aufs und Abs beschert und treibt einen so umher.

Als Nächstes fragt man sich: „Hätte ich unter diesen Umständen etwas anderes erwartet als das, was ich sehe?" Ist dies zu bejahen, würde ich sagen, dass an der Strategie etwas faul ist und man daran etwas ändern muss. Man muss Nachforschungen anstellen, um herauszufinden, worin der Unterschied zwischen dem besteht, was man erwartet hätte, und dem, was tatsächlich passiert ist.

Möglicherweise beantwortet man diese Frage aber auch so: „Das ist eine außergewöhnlich unruhige Zeit und es sind heftige Störungen aufgetreten, in die ich mit dieser Strategie hineingezogen werde, sodass ich mit einem Drawdown rechnen muss." Dann ist die Strategie nicht „kaputt" und man darf sie nicht reparieren.

Michael: Klar und deutlich.

Tom: So sehe ich das.

Michael: Jim Byers hat eine Frage. Er ist neugierig, ob Sie nur ein System verwenden oder mehrere Systeme.

Tom: Mehrere. Als ich bei Trendstat war, betrieben wir unseren Flaggschiff-Fonds namens Market Math. Dieser beinhaltete sechs verschiedene Portfolios, darunter den Handel mit Rohstoffoptionen, zwei verschiedene Ansätze im Devisenhandel, zwei verschiedene Futures-Ansätze und eine Investmentfonds-Timing-Methode. Und dann bestand auch noch das Investmentfonds-Timing aus zwei Unterabteilungen. Alle Ansätze waren irgendwie Trendfolge-Ansätze, aber sie waren alle ganz unterschiedlich.

Michael: Letzten Endes folgten sie alle Trends, nur auf jeweils unterschiedliche Art und Weise.

Tom: Ja, und zwar je nach der Art des Marktes, je nachdem, was ich zu erreichen versuchte, und je nachdem, wie viel Risiko das spezielle Portfolio anstrebte. Bei manchen unserer Strategien – besonders bei solchen, die beispielsweise zu 28 Prozent zuverlässig waren – fallen prozentual mehr Verluste an, die man mitnehmen muss. Da sie eine Trefferquote von nur 28 Prozent haben, geht aus der Berechnung hervor, dass man im Falle eines Gewinns einen größeren Gewinn haben muss und dass auch die Verluste größer ausfallen können.

Andere Strategien waren eher nach dem Motto: „Nehmen wir einfach alle mittelfristigen Auf- und Abwärtsbewegungen mit und sorgen uns nicht um die ganz große Bewegung; wenn sie kommt, sind wir ja da. Wenn wir mit einem Mal doppelt geschlagen werden, kratzt uns das etwa? Der große Bruder nebenan nimmt den großen Gewinn mit und gerät nicht in solch eine Situation." Unsere Handelsstrategien verkörperten unterschiedliche Persönlichkeiten. Manche Kunden pickten sich bestimmte heraus und sagten: „Die da gefällt mir, die da nicht."

Beim Market Math war die Allokation der Strategien meine Entscheidung. Wir betrieben dafür eine Menge Research, welches Exposure wir bei jeder Strategie haben wollten, und dann nahmen wir ein monatliches Rebalancing zum festgelegten Punkt hin vor – nach der Robin-Hood-Methode, der reichen Strategie etwas wegzunehmen und es der armen Strategie zu geben. Wer sich in einem Drawdown befand, wurde gefüttert, und wer sich in einer explosionsartigen Aufwärtsbewegung befand, sodass wie verrückt Mittel hereinflossen, dem wurde Geld abgezogen. Das stabilisierte das Ganze und bescherte uns eine schöne, stetige Performance.

Michael: Wir haben gerade ein interessantes Wirtschaftsklima. Jeder kann die politischen Debatten hören, egal auf welcher Seite er steht. Manche Leute wollen mehr Staat, andere wollen weniger Staat. Ich weiß, wo Sie in diesem Spektrum stehen, und wahrscheinlich haben wir sehr, sehr ähnliche Ansichten.

Können Sie für Menschen, die nicht Ihren Blick über einen breiten Zeithorizont haben, ein Bild zeichnen – aus Ihrer Sicht der Beobachtung der Entwicklung von Märkten und insbesondere der Eingriffe der Fed? Wie sehen Sie das derzeitige Geschehen, was die Maßnahmen der Fed anbelangt? Mir scheint, wir befinden uns auf schwierigem Neuland. Ist das so? Oder ist es im Grunde das Gleiche, was wir seit Jahrzehnten erleben?

Tom: Hm, ich würde da weiter ausholen, nicht nur die Fed betrachten, sondern das ein kleines bisschen größere Phänomen, dass derzeit die Gesellschaft insgesamt nach unten zu sacken scheint. Und natürlich tut die Fed das Gleiche, insofern sie keine Verantwortung für sich selbst übernimmt. Sie haben beispielsweise die Verantwortung übernommen, nach Vietnam und nach Asien zu gehen und

Vorträge zu halten, und Sie haben auf Basis Ihrer Podcasts ein erfolgreiches Unternehmen aufgebaut.

Ich nehme an, das hat viel Arbeit und viel Mut erfordert. Doch der Durchschnittsbürger sitzt jeden Abend vor dem Fernseher, er bekommt vielleicht irgendeine staatliche Beihilfe oder Arbeitslosengeld, sodass er morgen nicht das Haus verlassen und sich einen Job suchen muss, oder er sagt sich: „Morgen wird es ziemlich kalt, da bleibe ich wohl zu Hause." Ich glaube, es besteht Sekunde um Sekunde und Minute um Minute die Tendenz, zu glauben, der Staat und die großen Institutionen würden sich um all diese kleinen Leute kümmern.

Und die Leute erlauben es ihnen seltsamerweise, das zu tun, weil das der leichte Weg ist. Anders als der schwierige Weg, den Sie und ich gegangen sind. Es ist eben leicht, keine Verantwortung zu übernehmen. Es ist leicht, zu sagen: „Es ist der Fehler von jemand anderem, dass mein kleines Leben jetzt so aussieht." Ich glaube, die Fed sitzt da und sagt: „Unsere Wirtschaft wird von einem Staat überlastet, der mehr ausgibt, als er einnimmt. Wir haben 17 Billionen Dollar konkrete Schulden und 100 Billionen ungedeckte Lasten. Das ergibt circa 117 Billionen Dollar. Das BIP unseres Landes beträgt nur etwa 15 oder 16 Billionen Dollar im Jahr, daher bräuchte man über viele Jahre das gesamte BIP, um überhaupt an diese hohe Verschuldung heranzukommen." Das ist kein gutes Erfolgsrezept. Ich kann mir nicht vorstellen, dass irgendein Volkswirt dem etwas abgewinnen kann, auch wenn es die Keynesianer offensichtlich versuchen.

In Wahrheit sagt die Fed: „Haben wir denn eine andere Wahl?" Wenn es zu einem Börsencrash kommt, wenn die Rohstoffpreise durch die Decke gehen, wenn die Inflation galoppiert, wenn es zu einer Depression kommt oder was auch immer, dann wird das auf die ganze Welt übergreifen, und das könnte ganz schön hart werden. Dann gibt es Unruhen in den Straßen und allerlei andere Probleme. Ich bin nur sehr ungern negativ, also versucht man, das Positive daran zu sehen, man versucht zu sagen: „Also gut, schauen wir, ob wir weiterhin genug Geld in das System hineinpumpen können, damit es sich weiterhin irgendwie durchwurschtelt."

Vielleicht findet irgendwann im Laufe der Zeit jemand einen genialen Ausweg aus diesem Chaos, aber da sieht es ganz schön schlecht aus. Die Fed hat bis jetzt schon dermaßen viele verschiedene Instrumente eingesetzt, und ich glaube, sie hat kaum noch Pfeile im Köcher. Ich weiß nicht, was sie in Zukunft noch tun kann, wenn es hart auf hart kommt. Ich wäre beim Trading weiterhin sehr vorsichtig. Auch würde ich, wie Sie es tun, auf andere Länder schauen und nach Möglichkeit international diversifizieren. Man sollte tun, was man kann, um sich selbst zu schützen, denn ich glaube, es könnten ziemlich interessante Zeiten vor uns liegen.

Michael: So mancher sagt jetzt vielleicht: „Warum ist Tom Basso dieser Meinung?“ Oder: „Warum hat Mike Covel diese Meinung über die Märkte? Wen interessiert das?“ So ungewöhnlich ist das geworden. Wenn jemand keine politische Meinung hat, unabhängig davon, wie er tradet, frage ich mich schon, was mit ihm nicht stimmt. Aber das ist inzwischen allgemein so ungewöhnlich geworden, dass es mir Angst macht, wenn jemand keine Meinung hat.

Tom: Eines der tiefgreifendsten Dinge, die mir auf meinem Weg passiert sind, war die Fähigkeit, jemandem beim Reden zuzuhören, die Fakten von den Meinungen zu trennen und in meinem Gehirn getrennt abzuspeichern. Wenn man im *Wall Street Journal* einen Artikel liest, in dem ein Diskussionsteilnehmer sagt: „Ich denke dieses, und der Markt wird dorthin gehen, das ist meine Vorhersage.“, dann speichert man sich das dementsprechend ab und sagt sich: „Okay, sehr interessant, aber eben nur eine Meinung.“ Und wenn Tom etwas sagt oder Michael etwas sagt, dann ist das nur ihre Meinung.

Wenn ich aber sage, dass die Börse heute bei 183,76 oder wo auch immer geschlossen hat, dann ist das ein konkreter Datenpunkt. Ein Faktum, eine Tatsache. Das ist nicht meine Meinung, sondern einfach eine Zahl. Ich finde, wenn man anfängt, Fakten und Daten von den Meinungen der Menschen zu trennen, wird die gesamte Welt des Tradings klarer. Auch wenn ich der Meinung bin, dass die Welt untergeht, dass sie nächstes Jahr zum Teufel gehen wird, dann kann ich trotzdem am Markt eine Long-Position haben. Ich habe ja gar keine andere Wahl.

Denn wo sonst soll man sein Geld anlegen und wo sonst kann man versuchen, etwas von seinem Vermögen zu bewahren, wenn die Fed den Dollar abwertet, indem sie derart viel Geld in das System pumpt? Wahrscheinlich muss man irgendwann Renditen von 10 oder 20 Prozent erzielen, bloß um seine Kaufkraft auf dem gleichen Stand zu halten – eine ganz schön beängstigende Aufgabe.

Michael: Wirklich merkwürdige Zeiten. Aber ich höre Ihre Erkenntnisse gern und weiß, dass es anderen auch so geht.

REISEN, POLITIK **UND KATASTOPHEN**

Folge 306: 1. Januar 2015

Michael: Wie geht es Ihnen?

Tom: Fantastisch! Ich komme gerade nach zwei Wochen aus Französisch-Polynesien zurück und bin sehr entspannt. Außerdem verteile ich in meinem Hof gerade fünf Tonnen Kies. Für das Gespräch mit Ihnen mache ich eine Pause, und wenn wir fertig sind, mache ich damit weiter.

Michael: Fünf Tonnen Kies klingen zumindest nach einem guten Training.

Tom: So sehe ich das auch.

Michael: Französisch-Polynesien? Da war ich noch nicht, allerdings ungefähr im gleichen Teil der Welt. Das dürfte vielleicht zehn Stunden von dort entfernt sein, wo ich in Südostasien war.

Tom: So etwa. Es liegt auf der Südhalbkugel, nicht sehr weit von Neuseeland entfernt. Ziemlich weit südlich. Daher ist dort gerade

Sommer, also um die 27 Grad und feucht, wahrscheinlich ähnlich wie in Vietnam und manch anderen Ländern im Sommer.

Michael: Könnten Sie an einem solchen Ort leben?

Tom: Ich würde mich nicht dafür entscheiden, aber wenn ich müsste, könnte ich dort leben. Aber mir gefällt Arizona einfach sehr gut. Es hat von allem das Beste – die Berge, den Frieden und die stillen, schönen Wälder. Und dann gibt es noch die Wüste unten im Tal, die Gegend um Phoenix, wo sehr viel los ist – Konzerte, Theater, Restaurants und anderes, was man machen kann. Das ist alles nur 90 Minuten voneinander entfernt, also habe ich tatsächlich das Beste aus beiden Welten.

Michael: Kommen wir zum Trading. Ich habe die Schlagzeilen gelesen, dass einige Hedgefonds in diesem Jahr nicht die besten Renditen hatten. Viele Menschen klagen über den Ölpreis. Das ist schon komisch, man würde ja meinen, alle müssten sich freuen, wenn der Ölpreis fällt. Offenbar sind jedoch rund um die Welt derart viele Budgets und soziale Programme an einen hohen Ölpreis gebunden, dass viele Menschen damit nicht glücklich sind. Aber das ist auch ein Nullsummenspiel, sodass manch einer in unserer kleinen Welt froh darüber ist, dass der Ölpreis gefallen ist.

Interessant daran ist, wie viele Menschen vor fünf, sechs oder sieben Monaten von einem Einbruch des Ölpreises um 50 Prozent sprachen. Niemand hatte das vorhergesehen, aber es gibt ja eine Handelsstrategie, die während dieses unvorhersehbaren Verlaufs außerordentlich erfolgreich war.

Tom: Ja, die Trendfolge. Dabei brauchte man bloß irgendwo um die 100 oder um die 90 zu shorten und die Fahrt zu genießen.

Michael: Bei Ihnen hört sich das so einfach an. Ich hörte den OPEC-Chef sagen: „Das liegt an den ganzen Spekulanten." Da fragte ich mich: „Wie jetzt, zu welchem Preis sind denn die Spekulanten nicht in Öl engagiert?"

Tom: Sie sind bei jedem einzelnen Preis engagiert. Der Grund, dass die Spekulanten hier investiert sind, ist die Tatsache, dass sie zur Preisbildung beitragen. Ohne die Spekulanten und die ständige Kauf- und Verkaufstätigkeit wüssten wir nicht jede Sekunde, wo der Ölpreis steht. Dann wüsste man vielleicht, wo er an einem bestimmten Tag steht oder auch in einer bestimmten Stunde, wenn Großunternehmen und große Hedger eine Transaktion durchführen, aber der Markt wäre dann sehr ineffizient. Er würde ständig hin- und herspringen.

Dank der Spekulanten laufen in jeder Sekunde Handelsgeschäfte ab und so weiß man in jeder Sekunde genau, wo der Ölpreis steht.

Michael: Ich weiß, dass Sie über so etwas nicht besonders viel nachdenken, weil Sie es schon erlebt haben, gemacht haben und es aus dem Bauch heraus verstehen. Aber wenn Sie hören, dass der Chef der OPEC sagt, der Preis stehe an einem Punkt, an dem er nicht sein sollte, die fundamentalen Gegebenheiten trügen diesen Preis nicht und die Spekulanten hätten Schuld an dieser besonderen Preisentwicklung, dann erklären Sie den Hörern bitte, wie unredlich das ist.

Tom: Das ist deshalb unredlich, weil der Preis einer Sache davon abhängt, ob jemand zum Kauf und zum Verkauf bereit ist. Wenn ein Spekulant verkauft und den Preis drückt, muss ja jemand kaufen, damit die Transaktion zustande kommt. Der Käufer kann ebenfalls ein Spekulant sein. Wie kann es sein, dass die Spekulanten den Preis drücken, wo doch auf beiden Seiten des Geschäfts ein Spekulant steht? Der Käufer könnte aber auch ein Hedger sein – nehmen wir an, Southwest Airlines hat in der Vergangenheit Benzin gekauft, weil es den Preis für günstig hielt. Vielleicht denkt es das jetzt auch, also verkauft der Spekulant möglicherweise an Southwest und das Unternehmen hedgt dadurch seine künftigen Treibstoffkosten.

Gut und schön. Dann sinkt der Preis. Southwest kann noch mehr zukünftig günstiges Öl kaufen. Niemand – vor allem nicht die OPEC – beschwert sich, wenn der Preis auf 100 Dollar in die Höhe schnellt, aber an diesem Punkt sind die gleichen Spekulanten im Spiel wie jetzt. Spekulanten shorten den Markt nicht ausschließlich, sie agieren in beiden Richtungen. Versuchte Schuldzuweisungen sind Werbung. Die wollen ihre Bevölkerung beschwichtigen, weil Saudi-Arabien so sehr vom Öl abhängig ist – wie auch Norwegen. Ich glaube, Norwegen hat einige staatlich gesteuerte Programme in Ländern laufen, die vom Öl abhängig sind. Brasilien in gewissem Maße auch, ebenso Venezuela.

Alle Länder, die zu sozialliberalen Programmen neigen und versuchen, sie zum Teil mit ihren Öleinnahmen zu finanzieren, haben diese Einnahmen jetzt nicht mehr in der gewohnten Höhe und probieren es deshalb mit Schuldzuweisungen. Sie versuchen, nicht mit dem Finger auf sich selbst zu zeigen, weil sie eine Religion auf dem Fundament eines Kartenhauses eingeführt haben, aber so scheint nun mal die Welt heutzutage zu funktionieren.

Michael: Ich war übers Wochenende in Dubai. Sie haben gesagt, niemand beschwere sich, wenn der Ölpreis hoch ist, und ich weiß, warum die sich nicht beschweren. Ich habe gesehen, was die da drüben mit dem Geld aus dem Öl gebaut haben. Die haben beim Bau der Stadt Fabelhaftes geleistet. Ich weiß nicht, ob ich dort wohnen möchte, aber die haben eine wahnsinnige Leistung vollbracht.

Tom: Ich habe die Fotos auf Ihrer Facebook-Seite gesehen. Sehr beeindruckend.

Michael: Reden wir kurz über Ihre Magenschleimhaut. Ich glaube, es ist eine gute Mahnung für jeden – ob Profi, Trading-Anfänger oder Anleger-Neuling –, über Tom Bassos Magenschleimhaut zu reden. Und wenn Sie nichts dagegen haben, auch über „himmelhoch jauchzend und zu Tode betrübt".

Man kann ja in einen emotionalen Rausch geraten und sich sagen: „Ach du liebe Güte, ich verdiene ja so viel Geld!" Und ein andermal: „Ich mache Verlust und bin am Boden zerstört."

Tom: Zunächst einmal geht es meiner Magenschleimhaut sehr gut, soweit ich weiß. Ich hatte noch nie ein Magengeschwür oder so was und sollte wohl auf Holz klopfen. In meinen ersten Trading-Jahren gab es ein paar Silber-Trades, die wie wild aus dem Ruder liefen. Und sie beanspruchten meine Aufmerksamkeit fast stündlich.

So etwas öffnet einem gründlich die Augen. Dadurch wurde mir klar, dass es kein Argument dafür gibt, warum es nicht möglich sein sollte, seiner Trendfolge treu zu bleiben und an seiner Position festzuhalten. Man braucht bloß die Größe der Position zu managen. Ich überlegte mir lediglich Möglichkeiten, meine Positionen im Laufe eines Trades bezüglich der Volatilität und des Risikos anzupassen. Dadurch wurde das Geschehen verhältnismäßig harmlos und meine Magenschleimhaut blieb intakt. Es gab keinen Grund, sich aufzuregen, denn ein Tag war ungefähr so wie jeder andere.

Das habe ich aus meinen anfänglichen Fehlern beim Trading und aus Situationen gelernt, die im Laufe meines Lebens wirklich meine Magenschleimhaut angegriffen hätten. Aber als ich Trendstat hatte, automatisierten wir vieles so weit, dass es einfach automatisch ablief. Das Einzige, was damals meine Magenschleimhaut angreifen konnte, waren Stromausfälle, der Zusammenbruch von Internetverbindungen oder dass ein Programm nicht richtig funktionierte. Aber die Märkte waren es sicherlich nicht mehr.

Michael: Sie haben darüber gesprochen, dass Sie katastrophale Ereignisse im Geiste durchspielen, oder auch über den Fall, dass Sie eine laufende Position haben und es die falsche ist. Wenn Sie long stehen, keine Anpassung vornehmen und der Ölpreis um 50 Prozent fällt, dann ist das eine Katastrophe. Ich habe einen tollen Kommentar von Van Tharp gelesen, wo davon die Rede war, dass Sie ihn einmal anriefen und ihm sagten, Ihnen sei am Tag davor ein Unglück widerfahren und Sie hätten nicht ans Telefon gekonnt. Sie hätten nicht mit Van sprechen können. Aber er schrieb, im Grunde sei es ein planbares Unglück gewesen.

Schon als junger Mann dachten Sie sich: „Wie plane ich katastrophale Ereignisse ein? Wie plane ich für das Unerwartete voraus?" Denn passieren wird es.

Tom: Stimmt. Ich war erstaunt, wie viele CTAs und andere professionelle Trader keine Katastrophen einplanen. Wir hielten mindestens einmal im Jahr einen von mir so bezeichneten Katastrophentag ab, den ich allen im Voraus ankündigte. Jeder im Unternehmen wusste, womit zu rechnen war und dass ich dann jedem noch ein bisschen mehr abverlangte. Wir verlegten einen Teil des Unternehmens an einen anderen Ort, damit wir es in einem alternativen Modus betreiben konnten. Wir versuchten, das Unternehmen vom Zweitstandort aus zu betreiben, während ein paar Mitarbeiter am Hauptstandort blieben, um Kundenanrufe entgegenzunehmen und Dinge zu erledigen, die zum regelmäßigen Geschäftsablauf gehören. Wir wollten ja nicht, dass unsere Katastrophenübung die Erreichbarkeit für unsere Kunden, Terminabsprachen für persönliche Gespräche und dergleichen beeinträchtigte.

Die Besprechung mit Van war nicht absolut notwendig, deshalb drückte ich ihn weg. Ich wollte sicherstellen, dass wir diese Übung durchzogen, und das erforderte eine ganze Menge Aufmerksamkeit, vor allem weil die Arbeit mit Ersatzgeräten ein bisschen umständlicher ist als mit der normalen Ausrüstung.

Den ganzen Tag lang verschoben wir Daten in die Ersatzanlage, und dann platzierten wir die Orders von dort aus. Wir versuchten, unser Trading Desk vom Ersatzbüro aus anzurufen, wir versuchten, uns Abläufe anzuschauen, und wir sorgten dafür, dass wir alle Word-Dateien und Excel-Tabellen hatten, die wir für den Betrieb brauchten.

Das Ergebnis solcher Übungen ist stets eine lange Liste mit Dingen, die einem entgangen waren oder die sich seit der letzten Katastrophenprobe geändert haben. Daraufhin kann man seine Betriebsabläufe verbessern und straffen. Ich finde es höchst erstaunlich, dass manche CTAs nur eine einzige Betriebsstätte haben und dass sie keine Ahnung haben, was sie tun würden, wenn beispielsweise das Mobilfunknetz oder das Internet zusammenbrechen würde.

Es gibt ja dermaßen viele verschiedene Szenarien. Wenn wir ein paar davon konkret durchgespielt und versucht hatten, unseren Handelspartnern zu erklären, was wir da machten, stellte ich jedes Mal fest, dass sie hocherfreut mit mir zusammen Mittel und Wege erarbeiteten, bei einem Notfall den Betrieb aufrechtzuerhalten, denn sie haben ja auf ihrer Seite das gleiche Problem. Sie wollen wissen, dass ich das, was mir zustößt, bewältigen kann, und in manchen Fällen gaben sie uns Geld, um damit zu traden – darum versuchten wir, gute Partner zu sein.

So etwas kann man mit vielen Aspekten des Lebens machen. Es ist erstaunlich, wie viele Menschen sich das vom Leben einfach aufdrängen lassen. Und dann haben sie den Stress, es zu bewältigen, anstatt zu versuchen, sich zu sagen: „Also gut, ich könnte in diese Richtung gehen, dann könnten daraus folgend diese zwei oder drei Dinge passieren oder vielleicht auch nicht, sondern es könnte so kommen, und nehme ich in diesem Fall stattdessen Plan B oder versuche ich, das betreffende Problem zu lösen?“

Man kann vieles tun, wenn man ein bisschen vorausdenkt, ein bisschen plant, ein bisschen übt – dann bedeutet es weniger Stress, wenn wirklich etwas passiert.

Michael: Aber diese katastrophalen Ereignisse – das ist ja nicht unbedingt nur das, was Sie gerade erklärt haben. Da geht es ja auch um das Portfolio, um die Handelsstrategie.

Tom: Natürlich. Und in gewisser Weise war der wohl katastrophalste Schachzug, den ich je erlebt habe, unsere Invasion des Iraks unter George H. W. Bush, als wir von Kuwait aus in den Irak einmarschierten. Als ich damals den Handelstag beschloss, stand der Ölpreis, glaube ich, bei 32 Dollar je Barrel und wir standen long. An jenem Abend hatten wir bei Trendstat gegen 20 Uhr ein Computerproblem und ich war noch im Büro. Ich ging, nachdem ich das Problem gelöst hatte, kurz nach acht, also mindestens sechs Stunden nach Handelsschluss. Der Ölpreis war inzwischen auf 40 Dollar gestiegen und wir marschierten in den Irak ein. Da dachte ich mir: „Das wird bestimmt ganz nett." Ich ging zu Bett und als ich am nächsten Morgen ins Büro kam, war der Ölpreis auf 22 Dollar gefallen, wir waren ausgestoppt worden und hatten einen enormen Verlust mitgenommen. Ich glaube, an jenem Tag verloren wir fünf bis sechs Prozent des gesamten Portfolios – das war und ist bis zum heutigen Tag der größte Tagesverlust, den ich beim Handel an den Futures-Märkten erlebt habe.

Wir holten das wieder herein und standen zwei oder drei Monate danach auf neuen Hochs. Das war also nicht schlimm, aber wow! Sechs Prozent an einem Tag, das ist schon interessant. Eigentlich war das nichts Ungewöhnliches, denn wir sahen ja, was an den Märkten vor sich ging. Es war ein schlechter Tag, aber von sechs Prozent Verlust konnten wir uns erholen. Das tat nicht weh und wir hatten die Position ordnungsgemäß gemanagt. Sie hatte stark zu schwanken begonnen und deshalb hatten wir sie auf die Mindestgröße zurechtgestutzt. Als der Ölpreis auf 22 Dollar gefallen war, konnten viele Depots keine Position mehr halten, weil die Volatilität zu hoch war. Mit denen hielten wir uns vollkommen aus der Position heraus. Das Leben war schön und wir stiegen wie schon erwähnt kurz danach auf neue Höchststände.

Michael: Das hört sich ganz einfach an, aber ich glaube, den meisten Menschen kann diese einfache Geschichte durchaus über den Kopf wachsen. Allgemein ausgedrückt sagen Sie damit: „Schaut mal her, um das Spiel zu spielen, brauchen wir Chips. Unsere Egos sind nicht so groß, dass wir zu wissen meinen, was als Nächstes passiert. Deshalb nehmen wir, wenn der Markt nicht in unsere Richtung läuft, unsere Verluste mit, steigen aus und machen an einem anderen Tag mit dem Spiel weiter."

Tom: Genau so ist es. Und mehr auch nicht. Es geht darum, wie man an seine nächsten 1.000, 2.000 oder 10.000 Trades kommt. Alles eine Frage der Statistik. Jeder Trade kann Gewinn oder Verlust bringen.

Michael: In sämtlichen Medienbeiträgen – und natürlich sind Medien für das Trendfolge-Trading nicht von Belang – geht es nur um den Trade des Tages, egal ob Print, Radio, Onlinemedien oder Fernsehen. Aber bei der Trendfolge muss man eher das große Ganze sehen und sich ruhig und mit kühlem Kopf sagen: „Halt, stopp, ein einzelner Trade kümmert mich nicht, mich kümmern 1.000 Trades in der Zukunft. Auf die will ich mich konzentrieren."

Tom: Van Tharp hat vor langer Zeit einmal etwas gesagt, an das ich mich sehr gut erinnere: „Für einen Trader ist ein guter Tag einer, an dem er sich an seine Strategie hält." Anders gesagt einer, an dem er versucht, die nächsten 1.000 Trades zu schaffen, und das immer und immer wieder. Es geht nicht darum, ob man heute Geld verdient oder verloren hat, sondern darum, ob man sich heute an seine Strategie gehalten hat und die nächsten Trades eingegangen ist, die man gemäß seiner Strategie eingehen sollte. Wenn man sich in diesen Modus begibt, wird das Trading ein bisschen entspannter. Dem Magen geht es sehr viel besser und man wird erfolgreicher.

Michael: Sie sind auf Twitter und Facebook und Sie geben viele Interviews. Sie bleiben mit Menschen in Verbindung, was Ihnen offenbar richtig Spaß macht. Aus Ihren Interview geht klar hervor, dass Sie eine bestimmte politische Meinung haben. Ich bin auf diese Meinung nicht besonders neugierig, denn ich kenne sie ja und teile eine Menge Ihrer Überzeugungen. Aber ich glaube, manche Menschen verwirrt es, wenn sie Ihre politischen Meinungen sehen.

Diese Menschen sagen sich vielleicht: „Tom hat eine klare Meinung." Und sie könnten annehmen, Ihr Trading lebe und atme im Einklang mit Ihrer politischen Meinung, aber dem ist nicht so.

Tom: Oh nein, überhaupt nicht. Meine politische Meinung stimmt mit meiner Sicht auf das Trading überein, wonach Trader für sich selbst Verantwortung übernehmen müssen, um erfolgreich zu sein. Wenn man den Typen auf dem Parkett die Schuld in die Schuhe schiebt, sie hätten einem den Trade verdorben, oder wenn man seinen Broker beschuldigt, er habe einem den falschen Ratschlag gegeben, dann scheitert man. Man muss für sich selbst und dafür die Verantwortung übernehmen, dass man irgendwann auf den Knopf drückt. Und das vermisse ich auch im politischen Leben sehr häufig. Da wird ständig ganz viel mit dem Finger gezeigt. Etwas passiert, jemand beschuldigt den Kongress, der Kongress beschuldigt den Präsidenten und alle beschuldigen einander gegenseitig.

Sie blicken nicht auf sich selbst und sagen sich: „Was hätte ich da tun können?" Viele meiner politischen Ansichten ergeben sich aus dieser Tendenz, aber sie müssen nicht unbedingt etwas mit meinem Trading zu tun haben. Mein Trading ist rein mathematisch. Geht es nach oben, will ich long stehen, geht es nach unten, will ich short stehen. Komplizierter als das ist es nicht.

Michael: Ich habe in diesem Herbst einige Trader interviewt, CTAs, die milliardenschwere Fonds betreiben und die zu mir in die Sendung kommen und sagen: „Wir sind preisorientiert und wir sind zu 100 Prozent systemorientiert. Das ist unser Job." Und dann bekomme ich E-Mails von Menschen, die schreiben: „Nein, Covel, Sie begreifen es einfach nicht – das Ganze wird insgeheim von etwas Grundlegendem überlagert; im Hinterzimmer geht etwas Verschwiegenes vor sich!" Ich finde es nach wie vor sehr komisch, dass so viele Trendfolge-Trader wie Sie zu mir kommen und sagen: „Das ist genau das, was wir tun, da gibt es keinen grundlegenden Einfluss." Und dass die Menschen trotzdem meinen: „Nein, da gibt es im Verborgenen geheime menschliche Entscheidungen, von denen Sie nichts wissen, Mike, Ihnen entgeht das Wesentliche, und Sie merken nicht, dass Basso in Wirklichkeit einen Großteil seines wesentlichen Personals im Hinterzimmer sitzen hat."

Tom: Ich habe keine Zeit für so etwas, ich muss heute Nachmittag noch fünf Tonnen Kies bewegen. Das, was Sie gerade ansprachen, liegt wohl darin begründet, dass die Menschen komplizierte Dinge lieben. Was machen viele Trader, wenn sie anfangen? Sie kaufen ein Buch von Covel, ein Buch von Schwager, und sie lesen, lesen und lesen. Man bekommt zahlreiche Meinungen über alle möglichen verschiedenen Arten des Tradings zu hören – fundamentale und technische. Und dann gibt es noch die Dinge, die sich auf das Universum beziehen, zum Beispiel Elliott-Wellen und Fibonacci-Zahlen. Der angehende Trader schaut sich das alles an und kann sich nicht entscheiden, was er als Nächstes tun soll. Der menschliche Verstand will etwas so Wichtiges wie das Geldverdienen an Märkten möglichst kompliziert machen. Es ist fast schon so, als müssten die Menschen sich denken: „Tom macht das schon seit vielen Jahren, deshalb hat er viel Erfahrung und deshalb ist er so erfolgreich."

Die Wahrheit ist jedoch, dass einfache Dinge am besten funktionieren. Schwager formulierte das gern so: „Es geht um Freiheitsgrade." Anders ausgedrückt geht man von einem einfachen gleitenden Durchschnitt aus und sagt sich: „Ich nehme das Kaufsignal eines gleitenden Durchschnitts nur dann, wenn sich die Bewegung in der richtigen Phase befindet." Dann ergänzt man noch, dass man nur zu Handelsbeginn und zu keiner anderen Tageszeit tradet – diese Kriterien müssen erfüllt sein. Man fügt einen Filter nach dem anderen hinzu, noch einen und noch einen, und schon bald macht man keinen einzigen Trade mehr. Man sitzt da, schaut sich das ganze Zeug an und wird davon vor allem verwirrt, denn man ist auf keinen Fall in der Lage, alle diese Informationen mit seinem Gehirn zu verarbeiten. Dann verpasst man Trades, weil man einfach so nicht arbeiten kann. Das ist von Grund auf zu kompliziert.

Man sitzt da und beobachtet die Märkte in dem Wunsch, man könnte traden und ein bisschen Geld verdienen. Es ist wirklich so, dass einfache Dinge sehr robust sind. Bei ihnen kann sehr wenig schiefgehen, eben weil sie so einfach sind. Außer dem Preis gibt es nichts. Der Preis speist die Gewinne und die Verluste und somit gründet man, wenn man sich bei all seinen Strategien am Preis orientiert, seine Strategie auf diejenige Variable, die unmittelbar, eins zu eins, in die Gewinne und Verluste einfließt. Dann gerät man niemals außer Tritt.

Wenn man da drüben sitzt, sich Zinssätze anschaut und versucht, Aktienindizes vorherzusagen, hat man zwei Variablen. Die Zinsen können mit dem Aktienmarkt übereinstimmen oder auch nicht und irgendwo kann man auf dem falschen Fuß erwischt werden. Wenn man sich hingegen die Preise von Aktienindizes anschaut und Aktienindizes kauft und verkauft, dann ist das eins zu eins. Man verdient oder verliert aufgrund der Entwicklung der Aktienindizes Geld und gerät daher niemals aus dem Gleichgewicht. Dann steht man stets mit dem Markt im Einklang und braucht sich von ihm nicht stressen zu lassen.

Michael: Sie haben davon gesprochen, dass Trader überwältigende Informationsmengen vor sich haben und sich von den vielen verschiedenen Strategien verwirren lassen, und Sie haben die Elliott-Wellen und die Fibonacci-Zahlen erwähnt. Eines der Dinge, die ich nützlich fand, als ich noch ein Anfänger war, all das verstehen wollte und mir Strategien aneignen wollte, bestand darin, dass ich nicht unbedingt auf das vertraute, was Tom Basso zu sagen hatte, sondern mir die Performance-Zahlen anschaute. Unter allen Strategien im technischen Bereich fand ich keine einzige mit derart vielen Teilnehmern, die jeden Monat ihre Performance-Zahlen bekannt gaben, sodass man sie vergleichen und eine gewisse Korrelation erkennen konnte. Irgendwann stießt ich auf die Trendfolge und sagte mir: „Wow, bei der Trendfolge gibt es so viele Teilnehmer, die offenbar etwas Ähnliches machen. Damit fühle ich mich wohl. Das ist eine Information, die mir etwas bringt." Hingegen konnte ich zu keiner anderen technischen Strategie eine derart überwältigende Menge an Zahlen finden. Das gibt es nur bei der Trendfolge.

Tom: So ist es. Man stellt auch fest, dass die Trendfolger häufig zur gleichen Zeit Verluste machen. Ich habe Studien durchgeführt, bei denen ich die durchschnittlichen Volatilitäten sowie die Spannen zwischen Hochs und Tiefs an diversen Rohstoffmärkten über einen Monat nahm und mir dann die allgemeine Performance der CTAs im gleichen Monat anschaute. Und ich stieß auf eine direkte Korrelation. Sehr volatile Monate bescherten den CTAs größere Gewinne und Monate mit geringerer Volatilität führten zu niedrigeren Gewinnen oder gar zu Verlusten.

Mir leuchtete es sehr ein, dass sich echte Trendfolger weite Marktbewegungen wünschen. Wenn der Markt auf der Stelle tritt und sich die Preise nicht bewegen, kann man kein Geld verdienen. Das war eine einfache Studie mit einem einfachen Ergebnis und sie deutete exakt in die von mir erwartete Richtung.

Klingt einleuchtend, oder? Wenn sich der Preis bewegt, können Trendfolger Geld verdienen.

Michael: Es erstaunt mich, dass sehr viele Trader von einer bestimmten Art von Strategie überzeugt sind, aber keine anderen Marktteilnehmer finden, die sie wirklich einsetzen. Einsam beschließen sie: „Ich habe da eine neuartige Strategie." Und sie müssen mit ihrem eigenen Verstand denken: „Sie hat für mich einen besonderen Wert, weil ich der Einzige bin, der nach ihr handelt." Ich hingegen denke mir: „Augenblick! Ich möchte sehen, dass das vor mir schon andere kluge Leute gemacht haben."

Tom: Das wäre schön. Ich kann nicht sagen, die Trendfolge sei die einzige Art, auf die man an den Märkten möglicherweise Geld verdienen kann, aber auf jeden Fall ist sie eine, die im Laufe der Jahre von vielen verschiedenen Köpfen erprobt und geprüft wurde. Sicherlich ist sie eine solide Art, an die Dinge heranzugehen und sich selbst vor allzu häufigen Schädigungen zu bewahren.

Michael: Ein paar Fragen habe ich noch, dann lasse ich Sie Kies schaufeln. Und während Sie das tun, mache ich ein bisschen Yoga. Mal sehen, wer mehr ins Schwitzen kommt!

Die Menschen wollen häufig Geld bei einem Manager anlegen, nachdem dieser einen großartigen Lauf hinter sich hat. Das liegt in der Natur des Menschen. Wobei ich glaube, dass Sie in einer Studie nachgewiesen haben, dass die Wirklichkeit ein bisschen anders aussieht als das, was die Menschen glauben.

Tom: Ich habe festgestellt, dass Preise sich bewegen und dass Trendfolger deswegen Geld verdienen. Wenn Trendfolger Geld verdienen, bedeutet das, dass sich ihre Kapitalkurve immer weiter verbessert und sich Trends vielleicht mehrere Monate halten. Dann kann es sein, dass die Trendfolger alle Rekorde brechen und ihnen auf einmal alles Geld der Welt zufließt. Wenn der Markt dann nach den Trends ins Stocken gerät, laufen die Trendfolger seitwärts oder in einen Drawdown, und am Boden eines Drawdowns, am tiefsten Punkt der Grube, in die die Kapitalkurve gefallen ist, laufen die Märkte seitwärts und sind bereit, nach oben oder unten oder wohin auch immer auszubrechen. Sie bauen schlicht Druck auf und warten auf die Explosion und genau dann ziehen die Menschen ihr Geld ab, kurz vor dem nächsten großen Anstieg.

Ich habe die zeitgewichtete Rendite und die dollargewichtete Rendite von CTAs miteinander verglichen. Die zeitgewichtete Rendite ist das, was die CTAs bringen, wenn man ihnen einfach sein Geld gibt und es in Ruhe lässt. Das ist die Rendite der CTA-Strategie. Die dollargewichtete Rendite berücksichtigt, dass die Kunden den CTAs zu gewissen Zeiten Geld geben und es zu anderen Zeiten abziehen.

Die zeitgewichteten Renditen waren stets höher als die dollargewichteten. Die Kunden schadeten also quer durch die Branche ihrer Performance.

Michael: Ich finde es sehr interessant, dass so viele Aspekte des erfolgreichen Trendfolge-Tradings ein Verständnis der Verhaltensökonomik, der Behavioral Finance, des Umgangs mit Fehlern und Neigungen sowie der Nutzung von methodischen Anleitungen beinhalten. Schon lange bevor das ein beliebtes Thema wurde, lange bevor dafür Nobelpreise vergeben wurden, gab es eine Gruppe von Tradern, die auf eine Art und Weise tradeten, aus der klar hervorging, dass sie die ganzen wissenschaftlichen Forschungen verstanden hatten, die in den Jahrzehnten danach folgten.

Tom: Die Turtles.

Michael: Viele Ihrer Kollegen. Das ist faszinierend.

Tom: Ich sage, wenn der Rohölpreis fällt, dann ist es nicht an Tom, herauszufinden, wie oder warum er fällt, sondern er fällt einfach. Wo möchte man heute positioniert sein, wenn man die Wahl hätte? Vielleicht würde man lieber den Rückgang genießen oder versuchen einzusteigen und sagen: „Tief ist tief, und vielleicht geht es von hier aus aufwärts." Ich möchte, wenn der Trend nach unten zeigt, einfach short stehen, und wenn er wendet und in die andere Richtung geht, long stehen. Ich will darüber wirklich nicht zu viel nachdenken. Es gibt andere Dinge, über die ich lieber nachdenke.

Ich glaube, so reagiert man auf das Verhalten eines ganzen Marktes voller Trader, die für ihre Entscheidungen Fundamentaldaten oder Hedging-Methoden verwenden oder auch nicht. Die Gesamtheit fließt in diesen bestimmten Preis ein und lässt ihn steigen oder fallen. Daher ist er eine vom Gesamtverhalten und von den Entscheidungsfindungen am Markt abhängige Variable. Ich lese das einfach aus dem Preis ab und gehe mit ihm. Und viel mehr Gedanken mache ich mir darüber nicht.

Michael: Das Leben ist kurz und man muss Möglichkeiten finden, die Zeit zu genießen und Spaß zu haben, anstatt herumzusitzen, auf einen Bildschirm zu starren und die ganze Zeit über Trading zu sprechen. Trading ist ein nützliches Nebenprodukt eines Prozesses einer Maschine, aber ich merke, dass Ihnen das nicht wirklich wichtig ist. Trading ist nicht das, was Sie sind, sondern etwas, von dem Sie wissen, wie man es macht. Es definiert Sie nicht.

Tom: Ich weiß, wie man Golf spielt, aber ich betrachte mich nicht unbedingt eindimensional als Golfspieler und mein Leben hängt nicht davon ab, ob ich auf den Golfplatz gehen kann. Dank der Kreuzfahrt nach Tahiti habe ich meine Golfschläger seit etwa dreieinhalb Wochen nicht angerührt und genieße das Leben trotzdem. Es ist nicht so, dass ich gleich, nachdem ich das Telefon weggelegt habe, dort hingehen und Bälle schlagen müsste.

Ich glaube, viele Menschen fangen an zu traden und werden nach dem Glücksspielcharakter des Tradings süchtig. Mir geht es nur darum, mein Portfolio zu managen, und je weniger Zeit ich mir dafür zu nehmen brauche, umso mehr Zeit habe ich, um Kies zu schaufeln, mit Ihnen zu reden, meine Bäume zu schneiden, Golfbälle zu schlagen oder auf einem Kreuzfahrtschiff nach Tahiti zu fahren. Viele Menschen fahren nicht in Urlaub, weil sie fürchten, sie würden an den Märkten etwas verpassen. Ich hingegen nehme meinen Computer mit, nutze 10 oder 20 Minuten am Tag das Satelliten-Internet des Schiffes und bin dann fertig. Das ist keine zu große Belastung.

Michael: Sehr viele Menschen befürchten ständig, sie könnten etwas verpassen. Ich glaube, dazu ist es in der modernen Gesellschaft gekommen, vor allem durch das Medienangebot. Alles ist auf einer wirklich intensiven Angst aufgebaut.

Tom: Ich glaube, ihnen entgeht etwas, wenn sie ihre Entscheidungen etwa auf die Frage gründen: „Was hat die Fed heute beschlossen?" Sie kleben an ihren Bildschirmen und warten darauf, dass die Entscheidung der Fed im Fernsehen bekannt gegeben wird. Man muss aufhören, dazusitzen. Wenn die Entscheidung der Fed dazu führt, dass der Markt durch meinen Stoppkurs läuft, dann kann ich das umsetzen. Ich merke das schon, wenn ich am Nachmittag meinen Marktabschluss mache, was ich übrigens wahrscheinlich nach unserem Telefonat tun werde. Es ist nicht so, dass ich mich hinsetze und darauf warte, dass sich die Fed entscheidet, ihren dämlichen Bericht zu veröffentlichen. Wenn das bedeutet, dass ich den ganzen Tag vor einem Computer sitze, dann ist das keine Lebensqualität.

Michael: Aber Tom, könnten Sie nicht auf die Fed hören und dank des zusätzlichen Verschwiegenheitsaspekts Ihre Trendfolge-Performance steigern?

Tom: Nein, das kann ich nicht. Ich kann es nicht und deshalb tue ich es nicht. Ich habe in meinen Anfangsjahren genug Studien durchgeführt, die besagten, dass es nicht gelingt, die Trendfolge um eine Entscheidungsfindung zu ergänzen, die auf Verschwiegenheit beruht. Ich gelangte zu der klaren Überzeugung, dass mir das keinen zusätzlichen Nutzen bringt, warum also sollte ich es tun? Im Grunde habe ich mich selbst entlassen.

Michael: Das gefällt mir. Es macht mir großen Spaß, mit Ihnen zu reden, weil Sie so klar, akkurat und präzise über Ihre Denkweise, Ihre Abläufe, Ihr System und Ihre Strukturen sprechen. Ich weiß allerdings, dass es Leute gibt, die – nachdem sie Sie gehört haben – sagen werden: „Ach, Tom weiß nicht, dass man das, was er macht, noch verbessern könnte. Das geht noch besser." Wir könnten ähnlich wie der 6-Millionen-Dollar-Mann immer besser werden.

Tom: Das kann ja sogar sein. Aber man muss bedenken, dass ich 62 Jahre alt bin, im Ruhestand, und das Leben genieße – deshalb will ich daraus keinen Job mehr machen. Sicher gibt es Dinge, die ich probieren kann, um das, was ich mache, zu verbessern. Ich bin sicher, wenn ich ein Team aus Computerprogrammierern hätte, wie damals, in den alten Zeiten bei Trendstat, dann hätte ich wahrscheinlich einige Ideen, die ich ausarbeiten könnte. Aber es lohnt sich schlicht nicht, so viel Geld und Mühe aufzubringen, nur um hier und da ein paar Prozent mehr mitzunehmen. Das mache ich heute nicht mehr.

Ich halte meine Abläufe einfach und meine Fixkosten niedrig und zahle keine Regulierungsgebühren. Die Wahrscheinlichkeit, dass mich jemand wie in den alten Zeiten verklagt, ist sehr gering bis nicht vorhanden. Ich bin bei einer leicht zu betreibenden Anlagestrategie mit geringer Belastung angelangt, die sich für den Ruhestand eignet und die zu meiner Situation, zu meinem Vermögen und zu meinem Kenntnisstand passt. Jeder Trader sollte stets versuchen, dorthin zu gelangen – sich selbst, sein Kapital und seine Kompetenz prüfen. Aufgrund dieser Dinge sollte er eine Strategie erstellen, nicht aufgrund dessen, was Tom Basso, Michael Covel oder irgendjemand anders macht. Jeder muss das tun, was er für sich selbst tun muss. Daraus erwächst der Erfolg, denn dann kann man es mit Leichtigkeit immer wieder wiederholen.

Wenn man versucht, jemanden nachzuahmen, wird man sich damit niemals so recht wohlfühlen. Man versucht dann ständig, sich mit der betreffenden Person zu vergleichen, oder man versucht, Dinge zu tun, die außerhalb des eigenen Kompetenzbereichs liegen, oder man hat dafür vielleicht nicht genug Kapital. Aber wenn man das, was man macht, selbst gestaltet, liegt darin der Erfolg.

Michael: Ich bekomme dauernd E-Mails von jungen Menschen, die einen Rat haben wollen, wie sie eine Stelle im CTA-Bereich – im Trendfolge-Bereich – bekommen können. Sie fragen: „Wer stellt mich ein? Welche Erkenntnisse können Sie mir liefern?“ Und ich glaube, dass Storys wie zum Beispiel die Geschichte der Turtles tatsächlich zu der Idee geführt haben, das lasse sich nachbilden. Die Menschen denken sich: „Ich kann das nachmachen, wenn ich erst einmal den Fuß in der Tür habe.“ Ich hingegen denke, dass es im Bereich der Vermögensverwaltung heute einige andere Perspektiven gibt.

Vielleicht möchten Sie dazu etwas sagen und einer jungen Person, die traden möchte, einen Rat geben. Vielleicht eine alternative Ansicht über Herangehensweisen, andere als diejenigen, die die Menschen in den letzten 20, 30 oder 40 Jahren erlebt haben. Vielleicht können Sie so argumentieren, dass sich aus Ihrer Sicht die Dinge geändert haben und dass man an die Sache auch anders herangehen könnte.

Tom: Wenn ich mir die Welt von heute anschaue, ist mir klar, dass ich das, was ich in den 1970er- und 1980er-Jahren nach der Gründung von Trendstat gemacht habe, heute nicht mehr machen könnte. Ich glaube nicht, dass das in der heutigen Welt ein vernünftiger Weg zum Erfolg wäre. Es gibt zu viele Vermögensverwalter, die mit reichlicher Personalausstattung Milliarden Dollar managen. Ich habe keine Ahnung, wie deren Einstellungskriterien aussehen, aber ich getraue mich zu sagen, dass es bei einigen dieser Leute schwierig sein dürfte, unterzukommen.

Und da die Regulierung zunimmt, steigen die laufenden Kosten im CTA-Bereich. Eine leichtere Möglichkeit, zu lernen, wie man tradet, besteht wahrscheinlich darin, sein eigener Trader zu werden und sich weiterhin bei dem sehr anzustrengen, was man gemacht hat, bevor man tradete – im Hauptberuf. Spare so viel Geld, wie du kannst. Baue dein Portfolio stets aus, damit es größer und größer wird, und baue deine Trading-Kompetenz stets aus, damit sie immer größer und größer wird. Irgendwann kommt der Punkt, an dem du mit dem Trading so viel Geld verdienst, dass du auf den Trading-Erfolg blicken und sagen kannst: „Ich verdiene mit dem Trading genauso viel Geld wie beispielsweise als Chemieingenieur. Vielleicht brauche ich ja gar nicht mehr als Chemieingenieur zu arbeiten." Dann vollziehst du den Wechsel und stehst genau da, wo ich jetzt stehe, und bist Vollzeit-Trader.

Es ist sehr schwierig geworden, in die CTA-Szene hineinzukommen. Diesbezüglich bin ich wirklich überfragt – teils, weil ich seit elf Jahren aus dem Geschäft draußen bin, aber auch, weil ich mir nicht so recht vorstellen kann, wie man das angehen sollte. Man bräuchte definitiv Kapitalspritzen oder Partner, die ein beträchtliches Vermögen beisteuern, mit dem man traden und mindestens fünf bis zehn Mitarbeiter finanzieren kann. Man denke auch an die ganzen Telefonanlagen, Computer, Vorschriften und Prognosen – manchmal bläst man mit so einer Prognose einschließlich der Rechtskosten ganz schnell 50.000 oder 100.000 Dollar in die Luft. Für den kleinen Mann, der in seiner Garage werkelt, wird es ganz schön hart werden, in diese Branche vorzustoßen.

Michael: Das ändert aber nichts an der Tatsache, dass man, wenn man einfach traden möchte, mit eigenem Geld oder mit dem Geld von Verwandten und Bekannten – dass diese Möglichkeit weit offen steht. Sie wollen doch nicht sagen, dass es härter geworden ist, ins Trading hineinzukommen, sondern nur, dass es härter geworden ist, in die Vermögensverwaltung hineinzukommen.

Tom: Heutzutage ist die Vermögensverwaltung sehr hart und es ist ein hartes Geschäft, CTA zu sein. Trading mit eigenem Geld ist frei von Regulierungen und die laufenden Kosten sind gering. In früheren Zeiten konnte man als Vermögensverwalter seine Gebühren aushandeln, während die Privatanleger höhere Brokergebühren bezahlen mussten. Heute bezahlen alle Brokergebühren und dadurch kostet Trading heutzutage fast überhaupt nichts mehr. Tatsächlich kann man als Kleinanleger Dinge tun, die für die Großen so gut wie unmöglich sind. Ich bin in Dollar gerechnet viel kleiner als früher und brauche mir darum keine Sorgen zu machen. Ich kann an Märkte gehen, an denen ich früher kaum war.

Ich finde, man muss sich als privater Trader die Frage stellen: „Will ich als CTA arbeiten, weil ich versuche, Kompetenz zu erwerben?" Und was ist, wenn die Kompetenz der Firma schlecht ist? Nehmen wir an, man hätte damals eine Stelle bei John Henry bekommen. Bei ihm ging es rauf und runter, mit Drawdowns von 40 Prozent. Es stimmt schon, dass er mit Milliarden Dollar tradete, aber ich kann nicht sagen, dass ich das, was er tat, für sehr sinnvoll hielt. Ich vermutete, dass er immer so große Drawdowns und Anstiege hatte, weil er größere Hebel einsetzte. Ich nehme an, wenn man für so jemanden arbeitet und er einem diese Art des Tradings beibringt, kann man sich schlechte Gewohnheiten aneignen.

Für jemand anders zu arbeiten und zu lernen, was derjenige tut, ist kein Wundermittel. Ich glaube, es ist besser, das auf eigene Faust zu lernen und erfolgreich im eigenen Stil zu traden. Dann gelangt man vielleicht genau dorthin, wo man hinwill. Man muss versuchen, Wege zu finden, mehr Kapital zu bekommen, mit dem man traden kann, und das bedeutet, noch härter zu arbeiten, einen Nebenjob anzunehmen, vielleicht einen Abschluss zu machen, damit man befördert wird, oder in einem Unternehmen die Karriereleiter emporzuklettern, damit man mehr Geld auf die Seite legen kann.

Michael: Ich glaube, viele Menschen träumen von einem Wundermittel und fantasieren sich eines zusammen, aber es gibt keins.

Tom: Nein, es gibt keins. Trader zu werden, um dorthin zu gelangen, wo ich jetzt bin – ich lebe davon, dass ich mein eigenes Depot trade –, das ist sehr schwer zu erreichen, egal an welchem Punkt man anfängt. Außer wenn man mit einer großen Erbschaft anfängt und alles Geld der Welt hat – dann fällt der Übergang natürlich leichter. Aber wenn man dort anfängt, wo ich angefangen habe, als junger Mann frisch vom College, mit 4.000 Dollar Studiendarlehen, einem Job als Chemieingenieur und keinerlei Vermögen beziehungsweise in Wirklichkeit mit einem negativen Vermögen – dann muss man sich klarmachen, dass das ein dorniger Weg wird, egal in welche Richtung man auch geht.

WERKZEUGE, **DIE LEBEN RETTEN ODER TÖTEN**

Folge 700: 8. Oktober 2018

Michael: Zum Thema Technologie haben Sie gesagt: „Mann, aus der einen Million Dollar Eigenkapital, die man früher brauchte, um computerisierte Handelssysteme zu entwickeln, sind inzwischen ein paar Tausend Dollar geworden." Das bringt uns zum wichtigsten Punkt – zum Individuum, zur Person.

Was ist im Hinblick auf den einzelnen Menschen so wichtig? Ich weiß, dass es mit Überzeugung anfängt. Man braucht eine Überzeugung davon, wie etwas funktioniert. Können Sie mir Ihre Gedanken über Überzeugungen mitteilen und mir sagen, wie einige Ihrer wichtigsten Überzeugungen zustande kamen?

Tom: Ich würde sagen, Überzeugungen bahnen sich insofern ihren Weg in die Welt des Tradings und auch ins eigene Leben, als etwas, woran man glaubt oder wovon man überzeugt ist, zur persönlichen Wirklichkeit wird. Wenn man die Märkte für getürkt hält, findet man allerlei Ausreden für die Überzeugung, sie seien getürkt. Wenn man glaubt, sie seien bloß ein Haufen von Käufern und Verkäufern, die aufeinandertreffen, und dass sich die Preise hin- und herbewegen, dann erstellt man einfach ein paar Trendfolge-Modelle und folgt den Preisen. Mehr Sorgen macht man sich dann nicht.

Ich spiele ja Golf, und wenn ich fest davon überzeugt bin, dass ich den nächsten Schlag nicht gut hinkriege, dann kriege ich ihn nicht gut hin. Wenn ich mir Handelsstrategien anschaue und jeden Tag versuche, meine Kosten zu senken, dann bin ich der Überzeugung, dass der technische Fortschritt weitergehen wird. Und bald kostet eine Technologie, die früher eine Million gekostet hat, nur noch 200 Dollar. Alles wird immer billiger, immer schneller, und die Festplatten werden immer größer. Alles findet in der Cloud statt. Wir leben in einer fantastischen Welt und sie fasziniert mich, während ich versuche, all das in mich aufzunehmen. Das macht mir großen Spaß.

Michael: Die Preise für Technologien fallen weiterhin immer tiefer. Aber das ist ja nicht alles. Ich stelle mir gerade vor, ich würde in einen Baumarkt gehen: „Also gut, ich kann mir einen Hammer kaufen, aber wenn ich ihn kaufe und in die Hand nehme, dann baut er mir kein Haus." *Das* muss mir klar sein. Ich brauche eine Überzeugung, was ich mit dem Hammer tun kann, um daraus einen Wert zu beziehen.

Tom: Das ist vollkommen richtig. Viele Studien, die ich vor Jahren durchgeführt habe, waren eher wissenschaftliche Ansätze; ich probierte Hypothesen aus, ließ eine Menge Daten durchlaufen, versuchte verschiedene Möglichkeiten zu simulieren und dann die Frage zu beantworten: „Was habe ich daraus gelernt?" Das wurde dann zu einem weiteren Schritt im Rahmen einer ausgedehnten Handelsstrategie, die alles Mögliche beinhaltete – Kauf- und Verkaufs-Engines, Positionsmanagement, Management des Gesamtportfolios, Diversifizierung, Portfolioselektion und die mentale Seite des Tradings sowie am Ende den Versuch, all das so zusammenzuführen, dass es den Sieg davonträgt.

Ich finde, das ist mit der Herangehensweise eines Olympiasportlers vergleichbar, der versucht, auf alle Aspekte der Ernährung, des Übungsprogramms und des mentalen Trainings zu achten, damit er so gut wie möglich wird. Wenn man sich die Überzeugung zu eigen macht, dass man besser werden kann, als man es heute ist, dann wird man auch besser. Man erreicht das durch Training und Ernährung.

Ich weiß, dass Sie ein großer Yoga-Fan sind und viel Sport treiben, sich fit halten. Sie beherrschen den Kopfstand, ich nicht. Ich glaube, dass die Menschen in der Welt des Tradings solche Sachen manchmal aus dem Blick verlieren. Sie sind durch das System, die Zahlen, die Kauf- und Verkaufs-Engines derart blockiert, dass sie die ganzen anderen geheimen Dinge aus dem Blick verlieren, von denen die Kauf- und Verkaufs-Engines umgeben sind und die daraus eine wirklich gute Handelsstrategie machen.

Michael: Wenn ich Sie so reden höre, denke ich mir: „Mensch, dieser Mann hat ein System nicht nur für Trading, sondern auch für Selbsterkenntnis entwickelt.“ Sie scheinen sehr gut darin zu sein, im Spiegel sich selbst zu sehen und sich nicht von ihm belügen zu lassen.

Ich möchte nicht, dass Sie sich etwas darauf einbilden, denn keiner von uns ist vollkommen, aber wie haben Sie dieses persönliche System der Selbsterkenntnis so weit entwickelt, dass es keine Ausreden gibt, dass alles an Ihnen liegt und dass Sie, wenn Sie Tom im Spiegel sehen, mit ihm ehrlich sind?

Tom: Das ist eine großartige Frage. Ich kann mich noch lebhaft daran erinnern, dass ich in der Abschlussklasse der Highschool ein Buch vorstellen sollte. Ich war ein schüchterner Junge. Komplett am Boden zerstört. Ich besaß nicht das Selbstbewusstsein, um mich vor eine 20-köpfige Schulklasse zu stellen, in der ich viele gute Freunde hatte, und eine blöde kleine Buchvorstellung zu machen. Ich hatte gehört, dass manche Menschen Vorträge vorm Spiegel üben. Also schloss ich die Badezimmertür, stellte mich vor den Spiegel und begann, meinen Vortrag zu halten. Ich versuchte, besser auszusehen, und es klappte. Das half mir dabei, durch diesen Vortrag zu kommen und ihn zu überleben.

Daraus wurde ein kleines beobachtendes Ich. Und später, während meines Ingenieurstudiums, versuchte ich meine Wahrnehmung zu verbessern. Ich las Geschichten über das beobachtende Ich, in denen es hieß, ein Teil des Gehirns tue, was man an diesem Tag eben tue – Buchhaltung, ein Computerprogramm schreiben oder was auch immer. Das ist der eine Teil des Gehirns.

Der andere Teil des Gehirns kann dasitzen und einen bei der betreffenden Tätigkeit beobachten. Als ich merkte, dass ich das konnte, begann ich es zu praktizieren, indem ich eine Haftnotiz an meinen Computer klebte. Darauf stand beispielsweise ein Spruch über Achtsamkeit und jedes Mal, wenn ich diese Notiz sah, hörte ich mit meiner Tätigkeit auf und überprüfte, ob mein beobachtendes Ich das, was ich gerade hinter mich gebracht hatte, erneut abspielen konnte. War ich schnell? War ich zu langsam? Machte ich mir selbst nicht genug Druck? Ließ ich mich ablenken? Die verschiedensten Sachen. Und dann machte ich mich wieder an die Arbeit.

Wieder fiel mein Blick auf die Klebenotiz, und ich kehrte in mein beobachtendes Ich zurück. Das ist eine Übung und wie bei allen Übungen baut man die Gewohnheit auf, sie immer öfter und öfter zu praktizieren, und irgendwann ist das beobachtende Ich die ganze Zeit über anwesend. Keine Haftnotiz mehr.

Irgendwann kam ich an einen Punkt, an dem ich das Gefühl hatte, mir jederzeit meines Tuns bewusst zu sein, 24 Stunden am Tag. Die einzigen Zeiten, zu denen ich nicht wahrnehme, was vor sich geht, sind dann, wenn mich ein Film emotional berührt oder eine Tätigkeit emotional berührt, bei der ich entschieden habe, von dem rationalen, logischen Ich abzurücken, zu dem ich beim Traden eher neige, und mich einem emotionalen Ich zuzuwenden, in welchem ich Freude empfinde. Ich lache gern, habe viel Spaß, schaue mir Horror- oder Science-Fiction-Streifen an und versuche sie zu genießen.

So sahen meine Fortschritte aus, vom Proben vor dem Spiegel über die Klebezettel bis dahin, ständig ein beobachtendes Ich zu haben und dann zu mehr Achtsamkeit zu gelangen.

Michael: Sie beschreiben eine Ausgewogenheit zwischen den beiden Polen in Ihrem Leben – der rationalen und der emotionalen Seite. Sie sind jetzt schon seit vielen Jahren in den sozialen Medien aktiv, und ich weiß, dass Sie dafür nicht wirklich bezahlt werden, aber Sie sind vielen Menschen ein großartiger Lehrer und viele Menschen hören Ihnen gern zu und beobachten Sie. Aber Sie müssen ja aufgrund der natürlichen Beobachtung Ihrer selbst letztlich auch andere Menschen beobachten. Wie behalten Sie heute die Ausgewogenheit bei, wenn Sie in die sozialen Medien schauen? Wie nehmen Sie die Menschen wahr? Nehmen Sie wahr, dass es ein gewisser Teil der Bevölkerung begriffen hat? Dass sich ein gewisser Teil bemüht? Dass es ein gewisser Teil nicht begriffen hat?

Wie beobachten Sie auf dieser neuen Plattform, über die Sie in den letzten fünf, sechs, sieben Jahren mit völlig fremden Menschen in Kontakt getreten sind, so viele Menschen?

Tom: Mich fasziniert es, dass ich mich jetzt seit rund 15 Jahren aus der Branche zurückgezogen habe und immer noch täglich vier oder fünf E-Mails aus aller Welt bekomme. Ich bekomme auch Facebook-Nachrichten. Ich habe alle möglichen Facebook-Freunde. Ich habe mehr als 8.000 Twitter-Follower. Ich verwalte seit 15 Jahren kein Geld mehr außer meinem eigenen, aber ich versuche, allen zu helfen, die Fragen stellen.

Ich finde es interessant, dass in den sozialen Medien so viele Menschen derart emotional werden, vor allem wenn sie nicht einmal Freunde sind – also keine echten Freunde. Sie und ich, wir kennen uns schon seit einer Weile, sodass wir einen gemeinsamen Hintergrund haben. Aber gestern erhielt ich zu etwas, das ich geschrieben hatte, kritische Äußerungen von einem neuen Follower, der erst gestern dazukam. Er äußert seine eigene Meinung und das geht für mich in Ordnung. Ich finde, jeder sollte seine Meinung äußern dürfen, so wahnsinnig sie auch zu sein scheint. Was ich jedoch in den sozialen Medien zunehmend erlebe, sind emotionale Reaktionen darauf, wie die Welt oder der Staat nach Meinung der betreffenden Person funktioniert. Sie sind zu 100 Prozent überzeugt und gegenüber anderen in dieser Situation denkbaren Möglichkeiten sehr verschlossen. Das hat dazu geführt, dass es zu allem eine echte Spaltung gibt, von der Ernährung über den Sport bis hin zur Politik. Zu allen Themen, suchen Sie es sich heraus.

Ich habe gerade einen Airfryer ausgegraben, den ich herumstehen hatte. Das ist ein kleines Gerät, mit dem man frittieren kann, ohne das Gargut in Öl zu legen, und das wollte ich mal ausprobieren. Ich registrierte mich bei einer Airfryer-Seite auf Facebook und sah dort einen Haufen Leute, die den Airfryer schlechtmachen, und andere, die ihn gar nicht genug lieben können. Es geht um das gleiche Gerät; wieso können die Menschen da so weit auseinanderliegen? Sie sind mit ihren Ansichten völlig festgefahren. Oh Mann, es ist unfassbar. Das Traurige an den sozialen Medien ist die Spaltung, die sie offenbar hervorbringen.

Wären die Menschen unvoreingenommen, würden sie Diskussionen führen, über gewisse Themen reflektiert sprechen, eher die Philosophie der Fragen ihres Gesprächspartners analysieren und beide Seiten betrachten, dann würden solche Spaltungen nicht entstehen. Vielleicht sollte man einmal versuchen, für beide Seiten zu argumentieren, nur um zu sehen, wie man das anstellen könnte.

Michael: Anscheinend fällt es den Menschen schwer, zu sagen: „Diese bestimmte Seite ist tatsächlich mit hoher Wahrscheinlichkeit wahr. Ich kann sie akzeptieren, ich kann sie nutzen, ich kann mich mit etwas anderem befassen." Anscheinend bewegen sich viele Menschen in dieser Grauzone, wegen des Nebelschleiers der Betroffenheit vieler Menschen, die gleicher oder verschiedener Meinung sind, und anscheinend fällt es den Menschen immer schwerer, solide Entscheidungen zu treffen.

Ich glaube, wir beide haben ein bisschen Glück, dass wir schon vor dem Internet angefangen haben, sodass wir immer noch einen sehr bewussten Denkprozess für die Interaktion mit anderen Menschen haben. Echte Interaktionen mit anderen Menschen. Hingegen kennen viele jüngere Menschen heutzutage nur die sozialen Medien – eine gesichtslose Vorstellung von Menschen. Sie könnten mit einem echten Menschen sprechen oder aber auch nicht. Das ist ihr Leben. Ich weiß nicht, ob sie auf dem gleichen Boden stehen wie wahrscheinlich Sie und ich.

Tom: Da haben Sie absolut recht. Wenn ich meinen beiden Kindern keine Nachrichten per Handy schicke, bekomme ich keine Reaktion. Wenn ich sie anrufe, antwortet die Mailbox. Wenn ich ihnen eine E-Mail schicke, lesen sie sie tagelang nicht einmal. Aber über die sozialen Medien, wenn ich ihnen eine Nachricht auf Facebook schicke oder wenn ich ihnen eine SMS schreibe, bekomme ich manchmal schon innerhalb von 60 Sekunden als Antwort einen getippten Text. Unglaublich.

Ich habe meiner 20-jährigen Großnichte, die an der Arizona State University studiert, zugesehen, wie sie trotz ihrer Fingernägel auf ihrem Handy dreimal so schnell tippt wie ich und dabei keinen Buchstaben verfehlt. Das ist unglaublich.

Michael: Ich hatte in meinem Podcast schon häufig die professionelle Pokerspielerin Annie Duke zu Gast. Beim professionellen Poker gibt es etwas, das man als Tilt bezeichnet, was bedeutet, dass der Spieler in einen negativen emotionalen Zustand gerät. Dann hat er sein System nicht mehr im Griff und trifft schlechte Entscheidungen.

Können Sie sich konkret an einen Augenblick erinnern, an dem Sie sich wirklich in einem extremen Tilt-Zustand befanden und wo Sie sich beim Blick in den Spiegel sagen mussten: „Mensch, ich merke, dass alles, was ich im Moment tue, falsch ist. Ich muss die Sache überdenken. Ich muss aufhören. Ich brauche genau jetzt einen Stop-Loss. Ich muss etwas anders machen."

Tom: Ich erinnere mich an ein konkretes Beispiel, als ich St. Louis verließ, wo unser Unternehmen anfänglich seinen Sitz hatte. Es war eine Geschäftsreise nach Phoenix im Bundesstaat Arizona, wo ich jetzt wohne. Ich flog am Nachmittag mit TWA in St. Louis ab und ich weiß noch, dass ich damals in dem Waldgebiet südwestlich von St. Louis wohnte. Ich machte mich für die Fahrt zum Flughafen fertig und trank noch schnell ein paar Tassen Kaffee. Ich packte die letzten Sachen ein, sah nach, ob mein Aktenkoffer griffbereit war, und stieg ins Auto.

Ich fuhr auf dem Highway 44 in Richtung Stadt und dann auf dem Highway 270 in Richtung Flughafen. Als ich gerade über einen Hügel fuhr und im Begriff war, bergab zu fahren, merkte ich, dass ich die Autos um mich herum beobachtete und nach möglichen Radarfallen Ausschau hielt. Ich sah, dass meine Fingerknöchel weiß waren, weil ich das Lenkrad so krampfhaft festhielt. Und ich merkte, dass ich 15 oder 20 Meilen pro Stunde zu schnell fuhr.

Ich merkte, dass mich das Koffein zu sehr aufgeputscht hatte und dass ich vor dem Abflug noch anderthalb Stunden am Flughafen würde totschlagen müssen – das war noch vor den Zeiten der [2001 gegründeten, Anm. d. Ü.] Transportsicherheitsbehörde und dergleichen. Ich hatte mich ohne jeglichen Grund in einen gestressten Zustand versetzt und begriff, dass das Koffein mein Urteilsvermögen sowie meine Wahrnehmung des Geschehens um mich herum trübte. Auf ebendieser Reise nach Phoenix hörte ich auf, Kaffee zu trinken, und seither – ich war damals zwischen 20 und 30 – lebe ich koffeinfrei. Manchmal trinke ich einen Eistee oder etwas Ähnliches, aber grundsätzlich lebe ich koffeinfrei.

Das Ganze war im Hinblick auf die bewusste Wahrnehmung wirklich wichtig. Mir wurde klar, dass mir diese Wahrnehmung fehlte, weil ich eine chemische Substanz in meinem Körper hatte, die mich veranlasste, schneller zu fahren, und die mein Herz ab und zu etwas schneller schlagen ließ. Es war ein Tag von tiefgreifender Bedeutung. Als ich von der Reise zurückkehrte, bewohnte ich jene friedliche Welt, die nicht mehr verschwand und in der ich bis heute lebe.

Michael: Es würde mich sehr freuen, wenn Sie mir helfen könnten, Ihre Routine zu verstehen. Sie haben Routinen. Sie hatten schon früh im Leben Routinen, die Routinen eines Fondsmanagers. Auch jetzt haben Sie bestimmte Routinen. Findet bei diesen Routinen eine Entwicklung statt oder nicht? Vielleicht sind Sie ja bei gewissen Routinen überaus konsequent. Welche sind das? Eine Routine haben Sie uns gerade gesagt – das Weglassen des Kaffees. Aber welche Routinen funktionieren bei Ihnen seit Jahrzehnten sehr gut?

Tom: Ein Trader muss sich selbst als Sportler betrachten. Man kann nicht erwarten, dass man bis Mitternacht oder bis zwei Uhr morgens mit den Jungs einen trinken geht, ein kleines Schläfchen einlegt und dann plötzlich einen ganzen Tag in stressfreier Umgebung verbringt – wie es beim Trading ja sein könnte, wenn man es zuließe. Oder auch als ich Trendstat leitete: Ich hatte zehn Angestellte und alle hatten Fragen. Sie wollten die Antwort auf dieses oder jenes wissen oder auf die Frage, was wir hier und da tun sollten.

Meine Entscheidungen sollten dazu führen, dass Projekte pünktlicher und erfolgreicher durchgeführt wurden; und wenn ich es verpatzte, konnte das Gegenteil passieren. Daher herrschte ständig Leistungsdruck. Ich glaube, wenn man versucht, sportlich eingestellt zu sein, und darauf achtet, dass man seinen Körper fit hält, trägt das auch zu einem scharfen Verstand bei. Das ist eine Routine, die ich mein Leben lang durchgezogen habe.

Ich wohnte unterwegs immer in Hotels, die Fitnesseinrichtungen hatten. Das war eine Routine und ich glaube, das ist schon etwas. Auch Schlaf ist äußerst wichtig. Ich bin etwas über 1,90 Meter groß und als mein Bruder, der über 1,95 Meter groß ist, und ich wie Unkraut in die Höhe schossen, entzog das Wachstum unseren Körpern vermutlich Energie. Das lehrte uns, den Körper zu schonen, um uns vom schnellen Wachstum zu erholen.

Das setzte sich beim Basketball im College fort. Wenn man ein Spiel mit vielen Kontern hinter sich hat und das Adrenalin nachlässt, ist man ganz schön kaputt. Da braucht man wirklich kein Schlaflied und schläft richtig gut.

Und dann lernte ich als Chemieingenieur den Ernst des Lebens kennen, gründete eine Vermögensverwaltung, machte meinen MBA, entwarf ein Traumhaus, besuchte Kurse in Gartengestaltung und vieles mehr. Ich hatte keine Zeit, zu schlafen, aber wenn ich einmal die

Zeit hatte, schlief ich sieben bis acht Stunden lang und war für den Rest der Welt gestorben. Das ging so, bis wir das Unternehmen aufbauten. Ich hörte mit dem Chemieingenieurwesen auf. Heute reise ich durch die Welt, habe ab und zu einen Jetlag und kann nachts immer noch gut schlafen.

Ich glaube, ich war mein ganzes Leben lang mit Bedingungen gesegnet, dank deren ich mir volle acht Stunden Schlaf gönnen konnte, manchmal schlafe ich sogar neun Stunden. Ich glaube, das Gehirn muss die abgestorbenen Gehirnzellen wegräumen und sie durch neue ersetzen.

Ich habe ein Buch über Neurogenese gelesen, also über die Bildung von Nervenzellen. Da steht drin, dass das Gehirn im Tiefschlaf gewissermaßen die alten Zellen entsorgt und neue bildet.

Michael: Sprechen wir über das Verlieren. Es ist in Ordnung, zu verlieren, oder?

Tom: Ja, ich glaube, dass Verlieren besonders viele Erkenntnisse bringt. Wenn man beispielsweise ein Golfturnier gewinnt, dann weiß man ja eigentlich nicht, wie viel besser man noch hätte spielen können. Aber wenn man verliert, kann man sich hinterher die beiden Putts ins Gedächtnis rufen, die man vergeigt hat, oder vielleicht den einen Schlag, der ein bisschen danebenging. Verlieren ist sehr lehrreich.

Ich erinnere mich gern an folgende berühmte Aussage, die von Ed Seykota stammen könnte: „Wenn man in dem Bemühen tradet, jedes Mal zu gewinnen, dann ist das so, als würde man versuchen, nur einzuatmen. Ausatmen gehört ebenso zur Gleichung wie Einatmen, und dass man bei manchen Trades verliert, damit man bei anderen gewinnen kann, ist ebenso Teil des Prozesses." Ich fand das genial.

Michael: Aber es ist schwer, das zu verinnerlichen, was Sie gerade gesagt haben, oder? Wenn man wirklich noch keine Erfahrung hat oder wenn man keinen Mentor hat, der einen zu dieser Erkenntnis bewegt, kann einem das entgehen – die Erkenntnis entgeht einem.

Tom: Völlig richtig. Wenn man als Trading-Anfänger das Verlieren nur ganz oberflächlich betrachtet, weist man sich häufig die Schuld daran zu und redet sich ein: „Ich habe etwas falsch gemacht, ich bin nicht gut genug.“ Bei einem Trade mit Gewinn klopft man sich auf die Schulter, aber wenn man verliert, zieht man sich selbst runter und fühlt sich unwohl – man hat dann einfach weniger Selbstvertrauen. In Wirklichkeit sollte der erfahrene Trader meines Erachtens den nächsten Trade so ähnlich betrachten wie seinen nächsten Atemzug.

Es ist ja nicht irgendetwas, sondern das, was man jeden Tag tut. Der nächste Trade von den nächsten 1.000 Trades. Man baut sich eine riesige Datenbank aus Trades auf. Man weiß, dass 35 Prozent davon profitabel und 65 Prozent unprofitabel sein werden, und der durchschnittliche Gewinn wird soundso groß sein, der durchschnittliche Verlust soundso groß. Ein einzelner Trade ist ein derart geringfügiger Teil dieser Datenbank, dass man darüber nicht mehr nachdenkt als über das Atmen. Man macht es einfach.

Das ist der Unterschied zwischen einem Trading-Neuling und einem erfahrenen Trader. Man beginnt, von dem emotionalen Charakter jedes Trades Abstand zu nehmen, und vermeidet es, sich im Schlechten selbst die Schuld zu geben oder sich im Guten selbst zu loben.

Michael: Kürzlich stieß ich auf einen Tweet, der für einen Teil meiner Arbeit von entscheidender Bedeutung war. Darin hieß es: „Wenn dieser Mann weiß, was er tut, warum schreibt er dann Bücher?“ Und am Ende dieses Tweets: „Trendfolge und Momentum, das ist doch alles nur Kartenlegen und Kaffeesatzleserei.“

Da dachte ich mir: „Ich bin hier der Jüngere, der einen Teil seiner Karriere damit verbracht hat, den Menschen nachzueifern, die lange vor mir da waren.“ Und dann dachte ich mir: „Okay, nehmen wir Michael Covel aus der Gleichung heraus. Und das muss ja bedeuten, dass sich auch Tom Basso mit Kartenlegen und Kaffeesatzleserei befasst.“

Tom: Für mich war das damals Richard Donchian. Er tradete Ausbrüche aus Handelsspannen, lange bevor ich überhaupt in die Branche eintrat. Ich glaube, dass das, was er machte, auch heute noch funktionieren würde.

Michael: Diese Einfachheit ist für die Menschen sehr, sehr schwer zu akzeptieren. Ich möchte Ihnen ein Stichwort liefern, das ich liebe, und ich glaube, auch Ihnen sagt es viel: „Die Trennung von Selbstwert und Vermögen".

Tom: Ja, das ist sehr gut. Mit Geld kann man sich gewisse Möglichkeiten und Alternativen kaufen. Es erlaubt einem, in Vietnam zu leben, wenn man das will, oder für ein paar Monate in die Vereinigten Staaten umzuziehen, wenn einem danach ist. Das kann man nicht kostenlos tun; es kostet einen Geld.

Ein Vermögen ist nützlich. Aber der Selbstwert, wer man als Person ist, wie man seiner Familie oder seinen Freunden oder seinem Land hilft, das ist eine vollkommen andere Angelegenheit. Die beiden haben wirklich sehr wenig miteinander zu tun. Man muss das wirklich trennen und sagen: „Ein Vermögen ist interessant. Ich arbeite gern daran und beklage mich selbstverständlich nicht, dass ich heute ein überdurchschnittliches Vermögen habe. Aber ich sehe nicht, dass das irgendetwas mit meinem Selbstwertgefühl zu tun hätte."

Mit größerer Wahrscheinlichkeit sehe ich meinen Selbstwert darin, dass ich kürzlich einem Golfer, dem ich beim Putten begegnete, geholfen habe. Er meldete sich bei mir und gestern Abend traf ich ihn bei einem geselligen Beisammensein in seinem Haus. Er freute sich überschwänglich, wie sehr ich ihm geholfen hätte und wie viel das für seine Spielweise bewirkt habe. Es freut mich sehr, dass ich jemandem derart helfen konnte. Ich finde, das fällt eher in den Bereich des Selbstwertgefühls.

Michael: Wir kennen beide Menschen, die ein immenses Vermögen verdient haben, vielleicht Milliarden Dollar. Und wir kennen auch

Menschen, die nicht viel Geld verdient haben. Was diese Spanne der Möglichkeiten betrifft, so kenne ich Menschen, die mit einem Vermögen von unter 100.000 Dollar mehr Selbstwertgefühl haben. Sie haben mehr Selbstwertgefühl als manche Leute, die ich im Laufe der Jahre kennengelernt habe und die Hunderte Millionen Dollar besitzen. Den Menschen fällt es sehr, sehr schwer, zu akzeptieren, dass dies der Wahrheit entsprechen könnte.

Tom: Das ist völlig richtig. Bei mir ist es mit den Menschen, die ich kenne, genauso. Manchmal, wenn die 100 Millionen Dollar unter Abwesenheit jeglicher anderer Aktivitäten zustande kommen, die der Gesellschaft, anderen Menschen oder der Familie zugutekommen, sind die Menschen derart davon getrieben, ein Vermögen anzuhäufen, dass sie nicht mehr an den Selbstwert denken. Letztlich betrügen sie sich selbst und alle in ihrem Umfeld, weil sie nichts tun, um der Welt um sie herum zu helfen. Sie sind nur auf Geld aus.

Solche Menschen sind sehr oberflächlich. Häufig versuchen sie, ihren Mangel an Selbstwertgefühl oder Selbstbewusstsein dadurch zu kompensieren, dass sie sich alle möglichen tollen und teuren Spielzeuge zulegen, sieben Häuser kaufen und dergleichen mehr. Ihr Leben ist trist, weil sie nicht einmal ihre sieben Häuser besuchen können. Und die 20 Autos, die sie haben, können sie nicht fahren.

Das ist schlicht Zeit- und Geldverschwendung. Sie wären besser dran und wüssten ihr Leben wohl mehr zu schätzen, wenn sie ein paar von den Dollar an eine gemeinnützige Organisation gespendet hätten, eine Stiftung gegründet hätten, die Stipendien an junge Menschen vergibt, die ein Ingenieurstudium aufnehmen wollen, oder so etwas. Es gibt vieles, was man mit seinem überschüssigen Geld anfangen kann.

Irgendwann in meiner Anfangszeit hatte einer meiner Kunden, ein Gentleman, gerade für 29 Millionen Dollar ein Richtfunknetz verkauft. Ich war ein junger Mann und sagte: „Dann haben Sie ja wohl ausgesorgt." Er erwiderte: „Junger Mann, von der ersten Million, die man verdient, kauft man sich einen Cadillac und ein Haus, und man hat für den Rest seines Lebens genug Geld. Alles, was danach kommt, sind nur noch Punkte in dem Spiel, das man spielt."

Ich fand diese Formulierung irgendwie sehr vernünftig, denn was tat er wohl, nachdem er sein Richtfunknetz verkauft hatte? Vielleicht erwarb er erneut ein Richtfunknetz. Das tat er nicht, weil er vom Geld besessen gewesen wäre, sondern weil ihn die Rätselaufgabe fasziniert, alles zusammenbringen, um Menschen miteinander zu verbinden. Für ihn war das einfach eine Denksportaufgabe und daher stand er mit beiden Füßen fest auf dem Boden.

Er war ein ausgesprochener Familienmensch. Seine Frau saß neben ihm. Man sah ihnen an, dass sie einander liebten. Er bewohnte eine Ranch auf einem Hügel in Kalifornien, wirklich wunderschön. Man sah, dass er entspannt war, dass er das Leben genoss und dass es ihm egal war, ob er 29 Millionen Dollar oder eine Million Dollar oder 100 Millionen Dollar besaß. Ich bin überzeugt, in allen Fällen wäre er der gleiche zuversichtliche Gentleman gewesen.

Michael: Wenn ich das Glück habe, 100 Jahre alt zu werden, noch recht gesund bin und mir noch alles Mögliche leisten kann, dann habe ich dazu eine bestimmte Vorstellung. Ich wünsche mir, dass man mir, wenn ich im Alter von 100 Jahren mit jemandem telefoniere, mein Alter nicht anmerkt. Ich glaube, Sie sind einer der Menschen, der das schafft, und ich glaube, Sie wissen, was ich meine.

Es geht um die Einstellung, oder? Wie man sich energetisch jung hält.

Tom: Das stellt mich ständig vor Herausforderungen. Das bringt mich wieder zum Thema Golf. Kürzlich habe ich an der Seniorenmeisterschaft teilgenommen. Ich bin 66 Jahre alt und wahrscheinlich einer der Fitteren unter den Herren meiner Altersklasse, weil ich so viel übe und an meinem Schlag arbeite. Nach dem zweiten Spieltag lag ich in Führung und letztlich kam es zu einer Sudden-Death-Endausscheidung. Die verlor ich – der andere vier, ich fünf Schläge und einer meiner Putts lief ganz knapp an der Lochkante entlang.

Aufgrund dessen habe ich mir für nächstes Jahr das Ziel gesetzt, mit drei, vier oder fünf Schlägen Vorsprung zu gewinnen. Nächstes Jahr werde ich versuchen, dass es nicht einmal knapp wird. Dadurch habe ich ein erstrebenswertes Ziel und das baut Energie auf. Das packe ich ganz unterschiedlich an, indem ich mir sage: „Also gut, schaue ich mir an, wie ich putte; schaue ich mir an, wie ich schlage. Was kann ich daran verbessern? Die mentale Seite? Gibt es etwas, das ich dafür tun kann, meine mentale Seite auf dem Platz ins Gleichgewicht zu bringen?"

Solche Sachen halten einen jung. Beim Trading ist es genauso. Ich stelle bezüglich des Tradings immer noch Forschungen an. Nach wie vor helfe ich Menschen, die mir per E-Mail oder Facebook schreiben. Sie schreiben mir aus der ganzen Welt. Manche Fragen musste ich aus dem Chinesischen oder Japanischen ins Englische übersetzen lassen, damit ich Antworten schreiben und dann ins Chinesische oder Japanische übersetzen lassen konnte, aber auf einmal kommuniziere ich mit jemandem.

Das ist dermaßen befriedigend und führt dazu, dass man jeden Morgen aufstehen will und sich sagt: „Welche neuen tollen Dinge werden wohl heute passieren?"

Michael: Ich spiele kein Golf, aber manchmal schaue ich mir Majors-Turniere an. Ich habe die letzten neun Löcher der PGA-Meisterschaft 2018 gesehen. Was würden Sie zur mentalen Verfassung von Brooks Koepka sagen, der es schaffte, obwohl Tiger Woods hinter ihm her war? Das war ganz schön erstaunlich, oder?

Tom: Ja, das war es. Aber es heißt, der Mann habe am Morgen des letzten Tages des Turniers beim Bankdrücken 210 Pfund (95 Kilogramm) aufgelegt. Ich weiß ja nicht, wie stark Sie sind, aber 210 Pfund drücke ich nicht einmal an meinem besten Tag aller Zeiten.

Wenn man eine solche Kraft besitzt und weiß, dass man diese Kraft besitzt, und wenn man weiß, dass man einen Ball auf Kommando einfach 320 oder 340 Yards weit schlagen kann, und sich stark fühlt, hat man das Gefühl, in der Spitzengruppe einen Vorsprung zu haben. Dann wirft man einen Blick auf Tiger Woods und sagt sich: „Er war einmal gut, aber er drückt keine 210 Pfund. Ich habe alles, was ich brauche, um zu gewinnen, und das werde ich auch tun." Man ignoriert den Mann, der ein Comeback versucht und seine besten Zeiten vielleicht hinter sich hat; auf jeden Fall hat sein Rücken seine besten Zeiten hinter sich.

Ich meine, Tiger ist stark, und er trainiert viel. Ich bin bloß nicht sicher, ob die Art, wie er trainiert – und übrigens auch die von Brooks Koepka –, bewirkt, dass er besser Golf spielt. Jedoch verleiht es einem mentale Stärke, denn ich glaube, dass jemand, der seinem Körper so etwas zumutet und merkt, dass er das kann, auch seiner eigenen Einstellung Auftrieb verleiht. Auf dieser sportlichen Ebene braucht das Training auch eine mentale Seite, und um die beizubehalten, muss man diszipliniert sein und sich anstrengen. Brooks macht das auf jeden Fall. Und Tiger auch.

Es verblüfft mich, dass Tiger nach seinen ganzen Rückenoperationen überhaupt noch Golf spielt, er zählt sogar zu den 50 besten Golfspielern der Welt. Das freut mich für ihn.

Michael: Ich erinnere mich noch an die Leistungsmessung beim NFL Draft Combine, als ich 19 war. Die wollten wissen, wie oft hintereinander man auf der Bank 225 Pfund drücken konnte. Zu einer ziemlich wilden Zeit in meinem Leben, in der ich viel mit Gewichten trainierte, schaffte ich das 12-mal hintereinander. Ich habe gelesen, dass Brooks Koepka das an einem Morgen 14-mal geschafft hat – und das in seinem Alter. Vor der Finalrunde eines Majors 14-mal 225 Pfund. Jeder hat seine eigene Art, zu mentaler Stärke zu gelangen, aber *das* ist wirklich bemerkenswert. Ich bin sicher, das hat es beim Golf noch nie gegeben.

Tom: Auch mich würde das sehr überraschen. Das ist eine Menge Gewicht, mehr, als ich wiege. Das bedeutet ja, Tom Basso über seinen Kopf zu heben oder von der Bank zu drücken, wirklich ein erstaunliches Gewicht. Da ist es kein Wunder, dass sich der Schaft seines Schlägers wie verrückt biegt, wenn er auf den Ball trifft, und ihn so weit abschlägt.

Auf jeder Stufe des Trainings fließt viel Mentales ein. Das mündet in mentaler Stärke, von der man beispielsweise zehrt, wenn einem auf dem Platz ein Missgeschick unterläuft und man sich sagt: „Nein, ich habe es drauf. Ich bin stark und beim nächsten Mal kann ich den Ball richtig treffen. Das mache ich und dann wird es schon gut gehen."

Michael: Eine Assoziation für Sie: „Das Leben ist der Tänzer und du bist der Tanz."

Tom: Das ist interessant. Das heißt, das Leben hat die Leitung und zwingt einem seine Launen auf – und das muss man beim Tanzen bedenken. Das würde ich damit assoziieren. Oder auch einfach so: „Man kann die Windrichtung nicht ändern, aber man kann die Segel trimmen."

Michael: Das Einmaleins der Trendfolge.

Tom: Genau, das Einmaleins der Trendfolge. Wenn der Markt vom jetzigen Punkt ab 50 Prozent fallen will, dann wird er das tun. Man kann nichts anderes tun, als darauf zu reagieren und sich entsprechend zu positionieren. Eben die Segel trimmen.

Michael: Das ist eines der Dinge an der Trendfolge, die zu verstehen den Menschen schwerfällt. Sie haben soeben gesagt, der Markt könnte jetzt um 50 Prozent fallen. Das bedeutet ja nicht, dass man morgens aufwacht und aufgrund seiner Überzeugung etwas unternimmt, dass der Markt um 50 Prozent fallen wird, sondern nur, dass man auf alles vorbereitet ist, was auch geschehen mag.

Tom: Ja, er kann ab morgen im Laufe eines Jahres um 100 Prozent steigen. Oder um 50 Prozent fallen. Ich bin auf beides vorbereitet.

Wahrscheinlich geht es mir finanziell besser, wenn er steigt, aber ich bin vollständig darauf vorbereitet, Hedges einzusetzen, mich auf etwas gefasst zu machen, ein paar Aktien zu verkaufen und mich mit dem Futures-Handel zu befassen. Ich habe Systeme und Strategien eingerichtet, um das mögliche Geschehen zu bewältigen, in welche Richtung es auch geht.

Wenn man seine Anlagestrategie ordentlich geplant hat, dann sollte man sich meiner Überzeugung nach mit steigenden Märkten, fallenden Märkten sowie Seitwärtsmärkten befasst haben und wissen, was in allen Fällen passiert, und darauf vorbereitet sein.

Michael: Man sollte also wissen, was je nach Marktgeschehen mit den eigenen Aktionen und der Entscheidungsfindung passiert?

Tom: Genau. Wenn man Trendfolger ist, beispielsweise mit Gold handelt, und der Goldpreis zu steigen beginnt, dann löst das früher oder später Indikatoren aus, die besagen, dass der Trend derzeit nach oben zeigt, und deshalb kauft man. Man setzt darunter einen Stoppkurs, lässt es weiterlaufen und folgt dem Trend.

Wenn dem Goldpreis der Dampf ausgeht, wenn er wendet und die Richtung nach unten einschlägt, unternimmt man den nächsten Schritt und nimmt seine Gewinne mit – hoffentlich. Oder man nimmt – wenn man keinen Gewinn hat – einen Verlust mit; dann ist man draußen und geht vielleicht in die andere Richtung. Dabei sagt man nichts voraus, sondern reagiert lediglich auf das Marktgeschehen.

Michael: Wenn ich mit Ihnen rede, stelle ich nicht unbedingt Fragen. Ich sage etwas und mag es sehr, dass Sie einfach darauf reagieren. Es gibt da noch eine andere eigenständige Lehre, die man aus dem Leben beziehen kann: Was auch immer einem zugeworfen wird, sollte man erwägen, darüber nachdenken und darauf reagieren, und zwar gut reagieren. Das ist schon für sich genommen eine großartige Lektion, die Sie den Menschen erteilen. Wie bewältigt man ein Gespräch, wie bewältigt man Interaktionen mit Menschen? Ich finde, das machen Sie außerordentlich gut.

Tom: Vielleicht. Ich nehme an, zu dieser Fähigkeit gehört natürlich auch, dass man ein Leben rund um die Welt führt, wie wir beide es tun, und sich über viele Jahre hinweg mit einem breiten Spektrum von Märkten beschäftigt – steigend, fallend und seitwärts. Dass man täglich damit zu tun hat, drei bis fünf E-Mails oder Nachrichten von diversen Tradern zu beantworten, die Fragen stellen, was einen dahin bringt, sein Material gut zu beherrschen. Ich weiß, wie mein Leben verlaufen ist. Ich habe sehr in mich hineingehorcht, um zu begreifen, wie ich mein Leben im Allgemeinen bewältigen musste, sei es Ernährung, Sport, Familie oder was auch immer.

Wenn ich eine Frage höre, besteht bei mir, der ich in einem fortgeschritteneren Alter bin als Sie, die Wahrscheinlichkeit, dass ich bereits über sie nachgedacht habe oder dass sie mir bereits gestellt wurde. Wissen Sie, was ich meine? Es ist, als spräche ich aus einem großen Fundus an Erfahrungen heraus. Daher fällt es mir, wenn Sie mir eine Assoziationsfrage stellen, ziemlich leicht, ganz kurz mein Leben zu durchdenken und im Kopf eine Antwort parat zu haben, weil ich das Thema schon kenne.

Michael: Ich habe dem früheren CME-Chef Leo Melamed bei einem Interview einmal eine Frage gestellt, die er zunächst mit der Gegenfrage erwiderte: „Woher wussten Sie, dass Sie mir diese Frage stellen sollten?“ Ich sagte: „Ich habe Ihr Buch gelesen.“

Das ist der vergnügliche Aspekt, wenn man ein Interview macht: Zu versuchen, Orte zu finden, an die Sie, Tom, sich noch nicht gewagt haben. Darin besteht beim Führen eines Interviews die Herausforderung.

Tom: Das stimmt. Sie sind auf die Interviews immer besser vorbereitet als andere Interviewer, mit denen ich es schon zu tun hatte. Ich finde, wenn Sie eine Frage stellen, die Persönliches, meinen Verstand sowie meinen Umgang mit bestimmten Herausforderungen berührt, sind das Themen, die viele Menschen am meisten faszinieren. Sie werden in vielen Momenten ihres Lebens mit den gleichen Themen konfrontiert sein, und vielleicht ist ihnen nicht einmal bewusst, dass sie mit diesen Themen zu tun haben. Vielleicht bewegen wir sie dazu, dass sie sich fragen: „Wie gehe ich an den Märkten eigentlich mit Stress um?"

Meine Vorstellung von Stress ist, dass mehrere potenzielle Stressfaktoren vorhanden sind, und wenn man sie in sein Leben hineinlässt und zulässt, dass sie einen verändern, dann werden sie zu Stress. Also für mich heißt Stress, dass man die Entstehung von Stress zulässt.

Denken Sie an jemanden, der Bomben entschärft. Ihm bleiben nur noch zehn Minuten, in denen er herausfinden muss, welchen Draht er durchschneiden muss. Das ist großer potenzieller Stress, aber wenn man auf magische Weise irgendwie einen kühlen Kopf bewahren, sich sammeln, die Drähte verfolgen und so herausfinden kann, welchen man durchtrennen muss, dann entschärft man die Bombe und es passiert einem nichts.

Da sind viele mentale Dinge im Spiel. Manche Menschen – unter ihnen auch die sozialen Medien, von denen Sie gesprochen haben – denken nur sehr oberflächlich darüber nach, wie ihr Leben beschaffen ist. Sie schauen sich nicht in aller Ruhe an, wie sie auf andere Menschen in ihrer Umgebung wirken oder wie sie über einen längeren Zeitraum hinweg auf sich selbst wirken. Sie erzeugen zusätzlichen unnötigen Stress für sich selbst und dabei eine Menge Illusionen über sich selbst, sodass ihr Leben nicht sonderlich real ist. Es ist traurig, dass wir so weit gekommen sind. Ich sehe das wie Sie; ich setze mich einfach gern hin und rede mit jemandem. Das ist sehr erfrischend.

Michael: Wie findet man einen Sinn? Mir ist zum Beispiel aufgefallen, dass junge Männer und Frauen aller Altersklassen – von 20 bis 50 – die sozialen Medien als Mittel verwenden, um ein Bild ihrer selbst zu vermitteln. Und davon ist vieles nicht echt beziehungsweise nicht real.

Ich habe eine 13-jährige Nichte und frage mich wirklich, wie man als junger Mensch einen Sinn findet, wenn man in den sozialen Medien mit so vielen belanglosen Dingen bombardiert wird.

Ich weiß nicht, ob Sie es wissen, aber die Jüngste der Kardashians – sie ist 21 Jahre alt – steht im Begriff, die jüngste Selfmade-Milliardärin Amerikas zu werden und damit Zuckerberg zu übertreffen, da sie eine Kosmetiklinie aufgelegt hat. Das heißt, Sie und ich können uns über einige negative Seiten der sozialen Medien beklagen, aber dann können die jungen Leute sagen: „Und was ist mit der kleinen Kardashian? Sie hat mit ihrem Kosmetik-Imperium eine Milliarde Dollar verdient, und das basiert alles auf Instagram-Fotos." Eine wirklich interessante Herausforderung, finden Sie nicht?

Tom: In der Tat. Ich bin sehr dafür, dass die Menschen unternehmerisch denken und alles tun, was sie können. Wenn sie die sozialen Medien als Plattform nutzt, um ihre Produkte zu verkaufen, und wenn sie dadurch mit ihrem Unternehmen dahin gekommen ist, wohin sie wollte, bin ich ein großer Fan.

Wenn eine meiner jungen Verwandten probieren würde, sich ein Image zu basteln, um damit weitere 1.000 Follower zu bekommen, dann würde ich sie fragen: „Welches Ziel verfolgst du damit? Was soll das am Ende bringen? Du wirst also 2.000 Freunde haben und dazu noch viele, die dich beobachten. Wohin führt das? Was ist die Logik dahinter und was soll es am Ende bringen?" Die meisten Menschen denken anscheinend nicht langfristig.

Dagegen ist auch die Welt des Tradings nicht gefeit. Ich sehe neue Trader, die gerade anfangen und davon träumen, irgendwann vielleicht Vermögensverwalter zu werden, aber ihre Erfolgsbilanz reicht für Verkäufe und eine eigene Registrierung noch nicht aus. Man sieht, wie sie versuchen, die Idee anzupreisen, sie hätten Kryptowährungen zum richtigen Zeitpunkt erwischt beziehungsweise dieses oder jenes gemacht. Sie versuchen, sich eine Anhängerschaft aufzubauen, mehr Freunde zu gewinnen, sie zeigen ihre Charts und schreiben über ihre Erfolge. Und was bringt das am Ende? Das führt nirgendwo hin.

Die Zahl der Follower hängt von der übertriebenen Selbstdarstellung ab, aber wenn man dann wirklich ins Geschäft einsteigt und dahinter keine Substanz steht, dann erlebt man einen harten Absturz. Ich glaube nicht, dass die Menschen ihr Leben durchdenken. Snapchat-Nachrichten verschwinden zum Beispiel nach wie vielen Minuten oder Sekunden wieder? Das ist doch verrückt. Es zwingt einen, sich mit dem zu befassen, was die andere an der Konversation beteiligte Person jetzt im Moment schreibt.

Man muss alles andere stehen und liegen lassen, sein Telefon nehmen und nachsehen, was die andere Person schreibt. Tut man das nicht, ist es bald weg. Es ist unglaublich, wie dies die Lebensrealität verzerrt und das Leben sehr oberflächlich macht.

Michael: Ich sehe diese Dinge so ähnlich wie Trading-Software oder einen Hammer. Es sind einfach Werkzeuge. Wenn wir uns merken, dass es Werkzeuge sind, mit denen wir manches in unserem Leben positiv voranbringen können, dann ist das großartig. Aber wenn uns das Werkzeug in Besitz nimmt, haben wir ein Problem.

Tom: Stimmt genau.

TEIL 2

GESAMMELTES FORSCHUNGSMATERIAL UND VERÖFFENTLICHUNGEN

In den nun folgenden Kapiteln werden eine Reihe von Forschungsberichten und sonstigen Publikationen von Tom Basso sowie Toms Podcast-Interview mit Aaron Fifield auf *Chat With Traders* vorgestellt.

DIE HINZUNAHME VON **INVESTMENTS MIT NIEDRIGEM SHARPE RATIO KANN DAS SHARPE RATIO ERHÖHEN**

Viele Fondsmanager richten ihre Aufmerksamkeit auf Manager mit höheren Sharpe Ratios, die so wenig wie möglich miteinander korreliert sind. Dahinter steht die Logik, dass man durch die Hinzunahme vieler Manager mit hohem Sharpe Ratio ein Portfolio mit noch höherem Sharpe Ratio erhält.

Im Gegensatz dazu hatten Hedgefonds-Manager, die im CTA-Stil handelten, niedrigere Sharpe Ratios als traditionell gehedgte Manager.

Manche Dachfonds ignorieren diesen Bereich wegen ihrer niedrigeren Sharpe Ratios. Die vorliegende Studie zeigt, dass sie damit einen Fehler begehen, denn durch die Hinzunahme niedrigerer Sharpe Ratios steigt das Sharpe Ratio des Gesamtfonds.

Der Hintergrund der Studie

Um sowohl für die Dachfonds als auch für die CTAs Näherungswerte zu erhalten, verwendete ich den Dachfonds-Median (FOF = Fund Of Funds) von MAR und den Trader Advisor Qualified Index (CTA) ab Januar 1990. Für die FOF-Gruppe verwendete ich die monatlichen Mediane, für die CTA-Gruppe die monatlichen Mittelwerte.

Dann bildete ich aus den Renditen unterschiedliche Kombinationen, die von null Prozent CTAs bis 100 Prozent CTAs reichten. Das 0-Prozent-Level ist die derzeitige CTA-Allokation mancher Dachfonds. Auf dem 100-Prozent-Level betreiben manche Betreiber von Rohstoffpools ihre Pools, die keine Hedgefonds im Portfolio haben. Ich testete auch mehrere Kombinationen, die zwischen diesen beiden Extremen liegen.

Für die Berechnung eines angemessenen Sharpe Ratios verwendete ich als risikolosen Zinssatz für diesen Zeitraum vier Prozent. Ich verwendete also die annualisierten Renditen der Portfolios abzüglich vier Prozent, geteilt durch die monatliche Standardabweichung der Renditen.

Abbildung A: Sharpe Ratios bei Aufnahme verschiedener prozentualer Anteile von CTAs in einen Dachfonds

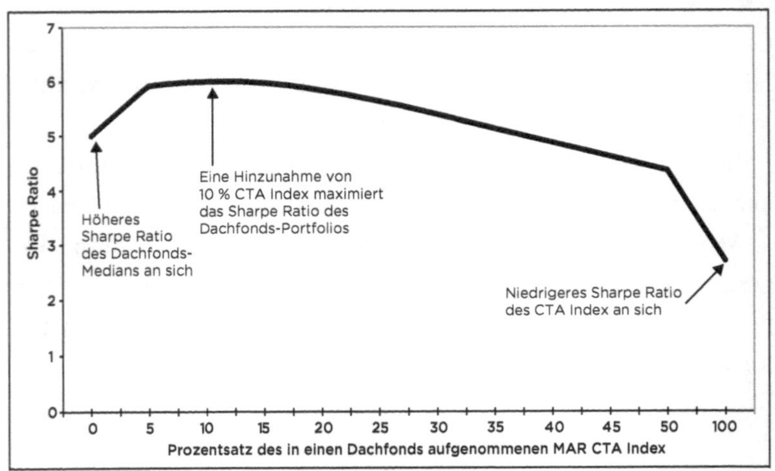

Ergebnisse der Studie

In Abbildung A habe ich den Anteil der CTA-Investments im Dachfonds-Index gegen das Sharpe Ratio jeder Kombination abgetragen. Bei Hinzunahme eines gewissen Anteils CTA Index in den FOF Index waren die Sharpe Ratios höher. Höhere Sharpe Ratios ergaben sich bei fünf bis 15 Prozent des Gesamtportfolios. Das höchste Sharpe Ratio wurde durch Hinzunahme von zehn Prozent CTAs in das FOF-Portfolio erzielt.

Anwendung der Forschung

Ich verwendete für die Studie Indizes für Dachfonds und CTAs. Aus diesem Grund sind meine Zahlen bereits geglättet und die Sharpe Ratios höher, als sie im Durchschnitt für einzelne Manager sein könnten. Dachfonds, die versuchen, CTAs hinzuzunehmen, können nach extrem diversifizierten CTAs Ausschau halten, die gut mit dem CTA Index von MAR korreliert sind, mehrere CTAs mit unterschiedlichen Strategien beauftragen oder einen Indexansatz verfolgen, um eine Chance-Risiko-Komponente im CTA-Stil in ihre Portfolios aufzunehmen.

DAS ALGORITHMISCHE **TRADING GERÄT IN VERRUF**

Wir hören es jedes Mal, wenn der Aktienmarkt einen schweren Schlag einstecken muss: „Schon wieder die Algos!" Oder: „Algos sind schlecht, weil sie die Volatilität des Marktes erhöhen."

Jeder, der eine Strategie in Excel, mit Trading Blox oder auf einer ähnlichen Plattform erstellt, wird dadurch zum Algo. Man macht einfach bei sich selbst eine Bestandsaufnahme (Kapital, Fähigkeiten, Ressourcen, zur Verfügung stehende Zeit) und erstellt etwas, von dem man hofft, dass es zu dem führt, was man für Erfolg hält. Ich habe über 50 Jahre Trading-Erfahrung, Computerkenntnisse sowie mathematische Kenntnisse und befinde mich im Ruhestand. Meine Messlatte für den Erfolg ist, dass ich mein Kapital erhalte und dabei den Wert meiner Anlagen steigere. Mir ist es wichtig, dass ich nachts ruhig schlafen kann.

Andere entscheiden sich vielleicht für größere Hebelwirkungen und mehr „Action" mit insgesamt mehr Gewinn. Wieder andere streben vielleicht mehr Zuverlässigkeit an und möchten öfter richtig- als falschliegen. Andere möchten womöglich mit dem Trend traden, andere ihn nachlassen sehen. Die Welt des Tradings bietet für jeden Geschmack und für jeden Stil etwas.

Algorithmen sind nichts anderes als die mathematische Darstellung der Meinungen und Wünsche der Person, die den Algorithmus erstellt. Ich stimme zu, dass Algos dazu beigetragen haben, dass sich der Markt schneller bewegt, aber ich glaube, das liegt weniger am Algorithmus selbst als an der effizienteren Umsetzung der Meinungen und Neigungen der Konstrukteure des Algorithmus.

Als ich in meiner Zeit bei Trendstat begann, meine Strategien zu automatisieren, war ich stolz, einen ganz neuen PC von IBM zu haben, der im Jahr 1980 leistungsfähiger war als alles, was ich je zuvor in die Finger bekommen konnte. Heute hat mein Handy mehr RAM und mehr Rechenleistung. Jetzt habe ich einen Laptop, der auf Reisen in meinen Rucksack passt, mit 64 Gigabyte RAM, einem Quad-Prozessor und 2 Terabyte Festplattenkapazität für 2.800 Dollar!

Reisen wir mit der Zeitmaschine in die Vergangenheit und sehen uns an, was geschah, als ich im 1974 an der Clarkson University meinen Abschluss als Chemieingenieur machte. Gerade endete eine zweijährige Baisse. Die Aktien waren von ihren Hochs aus um rund 50 Prozent gefallen. Das *Wall Street Journal* druckte Meinungen darüber ab, wie tief der Markt noch fallen müsse, bis er den Boden erreichen würde. Als an der New York Stock Exchange täglich mehr als zehn Millionen Aktien gehandelt wurden, knallten die Sektkorken. Spulen wir zum Jahr 2018 vor: Von dem börsennotierten Fonds (ETF = Exchange-Traded Fund) auf den Standard & Poor's 500 Index (S&P 500) mit dem Tickersymbol SPY werden regelmäßig mehr als 200 Millionen Anteile pro Tag gehandelt! Allein dieses Instrument wird heute locker in der 20-fachen Menge des gesamten Handelsaufkommens der NYSE im Jahr 1974 gehandelt!

Liegt es also am Algorithmus oder daran, dass Computer und schnelle Kommunikationsmittel in allen Aspekten unseres Lebens eine schnellere Welt ermöglicht haben? Im Jahr 1974 dauerte es zwei Jahre, bis die Anleger durch eine Baisse so niedergeschlagen waren, dass sie sich folgende Haltung zu eigen machten: „Aktien sind riskant und ich werde nie wieder welche kaufen.“ Heutzutage ermöglichen es Computer dem Markt, sich so schnell zu bewegen, dass das gleiche

Maß an Leid schneller bewirkt werden kann, sodass diejenigen, die ihre Risiken nicht gut gemanagt haben, eine ähnliche Haltung einnehmen. Und die andere Seite, über die man nie öffentliche Beschwerden hört, ist, dass die Algos auch bei Anstiegen zu einem schnelleren Marktgeschehen führen. Werden die Algos in Bullenmärkten gelobt?

An der Psychologie der Situation hat sich nichts geändert. Trader sind immer noch Trader. Übertriebenen Optimismus bei Börsenhochs und übertriebene Ängstlichkeit bei Börsentiefs wird es immer geben und der Handel wird weitergehen. Die Algorithmen und die Trader, die sie erstellen, sind lediglich in Verruf geraten.

ANLAGE IN DEVISEN – **DEN WOHLSTAND MEHREN UND GLEICHZEITIG SCHÜTZEN**

Jeder ist in Devisen investiert, aber viele wissen es nicht.

Wenn ich durch die Welt reise – zu Konferenzen, Kundenterminen oder im Urlaub –, begegne ich ständig Menschen, die sich auf die eine oder andere Art für Geldanlage interessieren. Dabei ist es egal, ob die Person viel oder wenig Geld hat, sich in Europa oder in den Vereinigten Staaten befindet, ob sie im Auftrag eines Unternehmens oder für sich selbst investiert. Wenn sie erfährt, dass ich Vermögensverwalter bin, wechselt das Gesprächsthema zur Geldanlage.

Unweigerlich erwähne ich dann irgendwann, dass ich mit einer ganzen Reihe von Währungen handele. Die übliche Reaktion: „Wow! Ganz schön riskant, oder?“ Meine Antwort: „Das kommt darauf an, wie man investiert und wie sehr man hebelt – und übrigens, auch Sie sind bereits in Währungen investiert.“

Jeder Anleger an jedem Ort ist in Währungen investiert, mag er wollen oder nicht. Sein Portfolio mag aus Aktien, Anleihen, Futures oder Immobilien bestehen – doch was immer er besitzt, ist in irgendeiner Währung notiert, und ob es einem gefällt oder nicht, diese Währung schwankt im Laufe der Zeit. Man könnte sagen, dass jedes Investment aus mindestens zwei Komponenten besteht: aus dem konkreten Investment an sich und aus der Währung, in der das Investment notiert. Die meisten Anleger konzentrieren sich auf Ersteres und ignorieren Letzteres (oder wissen nichts davon).

Vermögen und Wohlstand

Ich stelle mir das gern als Aufgabenstellung des Unterschieds zwischen Vermögen und Wohlstand vor. Das Vermögen eines Anlegers sind seine Vermögenswerte abzüglich seiner Verbindlichkeiten. Es wird gewöhnlich in der Landeswährung angegeben. Der Wohlstand eines Anlegers besteht hingegen in der Menge an Waren und Dienstleistungen, die er sich auf der ganzen Welt von seinem Vermögen kaufen kann. Wenn ein Aktienportfolio wächst, während die Heimatwährung des Anlegers um den gleichen Betrag fällt, steigt zwar das Vermögen, aber der Wohlstand bleibt gleich. Das verbessert die finanzielle Verfassung des Anlegers kaum.

Meine größte Sorge als Anleger in den Vereinigten Staaten ist die Möglichkeit, dass die Aktien- und Anleihemärkte der Welt gleichzeitig mit dem US-Dollar fallen. Die meisten US-amerikanischen Anleger hätten dann wenige Zufluchtsorte und müssten zusehen, wie sowohl ihr Vermögen als auch ihr Wohlstand abstürzen. Ihr Lebensstandard würde ernstlich sinken. Der Schwerpunkt liegt hier nicht auf dem Schutz von Aktien- und Anleiheportfolios, aber der Schutz des Geldwerts des Portfolios ist etwas, das Trader regelmäßig anstreben.

In der Branche gibt es um die 60 Programme für den spekulativen Devisenhandel in allen Größenordnungen und es gibt allerlei Programme, mit denen man das Wechselkurs-Exposure von Anlegerportfolios managen kann. Eine Möglichkeit, sich einen gewissen Schutz gegen größere Wechselkursausschläge zu verschaffen, wäre es, einen Teil eines diversifizierten Portfolios in ein spekulatives Devisenportfolio zu investieren. Vermutlich würde eine größere Abwärtsbewegung der Heimatwährung potenziell profitable Trading-Chancen für das Devisenhandelsprogramm erzeugen, die einen Teil des Kaufkraftverlustes im Portfolio kompensieren könnten.

Eine andere Möglichkeit, gegen dieses Risiko anzugehen, wäre die Verwendung eines Devisen-Hedging-Programms. Dabei wird ein Teil des Portfolios als Margin eingesetzt, um Positionen an Devisenmärkten abzusichern, die das Risiko von Wechselkursschwankungen senken sollen. Das kann passiv, aktiv oder spekulativ erfolgen. Die ersten beiden Möglichkeiten sind gängig und gehen auf Kosten der Rendite des Portfolios. Bei beiden nimmt man Positionen gegen eine negative Kursbewegung der Heimatwährung des Anlegers ein. Mein Lieblingsansatz ist der spekulative, der gleichzeitig die Absicherung des Portfolios und im Laufe der Zeit eine leichte positive Rendite anstrebt. Dabei wird die Größe eines spekulativen Trendfolge-Programms so gestaltet, dass es grob dem Risiko des Portfolios entspricht, das gehedgt werden soll. Dadurch kommt ein spekulatives Programm zustande, das einen Gewinn anstrebt, jedoch dann invers zum Währungsrisiko des zugrunde liegenden Portfolios korreliert ist, wenn dies nötig ist.

Ein vernünftiges Ziel könnte sein, dass man etwa fünf Prozent oder weniger eines Portfolios bindet und dadurch die langfristige Jahresrendite des Portfolios um null bis sechs Prozent steigert, wobei das Portfolio potenzielle Drawdowns von höchstens zwei bis vier Prozent riskiert. Bei Portfolios unter 25 Millionen Dollar ist es aufgrund der üblichen Handelsmengen schwierig, die Interbankenmärkte zu nutzen. Unterhalb dieser Größe sollte man wohl ein auf den Futures-Märkten basierendes Devisenprogramm erwägen.

Der Geldwert – Bewertungsskala für das Spiel, das wir alle spielen

Genau genommen besitzt die Währung eines Landes keinen echten ihr innewohnenden Wert. Sie ist lediglich die Bewertungsskala für das Spiel, das jedes Land spielt und in dem es das beste Land sein will, das es gibt. Fundamental ausgerichtete Trader führen die Wachstumsrate des Bruttoinlandsprodukts, die Zinsen und die konjunkturellen Bedingungen als bestimmende Faktoren des Geldwerts an. Opportunistische Trader könnten sagen, dass politische Ereignisse und Meldungen den Wert einer Währung gegenüber einer anderen bestimmen. Technisch orientierte Trader könnten einfach die Ausreißer kaufen oder das Momentum der Märkte ermitteln.

Letztlich gelten alle drei. Es geht um die Wertung bei einem der kompliziertesten Spiele der Welt. Wie gut es einem Land gelingt, den Wert seiner Währung zu steigern, hängt von den Faktoren Politik, Konjunktur und Zinsen sowie davon ab, für wie attraktiv im Vergleich zu anderen Ländern die Devisenhändlerkreise ein Land als Ort halten, an dem man seine Anlagen parken kann. Vielleicht sollten wir die führenden Politiker unserer Länder so bezahlen wie die meisten Devisenhändler: ein Teil Verwaltungsgebühr und ein Teil Erfolgsbeteiligung, je nachdem, wie gut sich die Heimatwährung des Politikers im Verhältnis zu einem Fremdwährungskorb schlägt. Das würde die wirtschaftlichen Anreize unserer Staatslenker wahrlich an das volkswirtschaftliche Wohlergehen der Bürger binden.

GUTES TRADING **IST KEINE RAKETENWISSENSCHAFT**

Sind erfolgreiche Trader klüger, weil sie in der Lage zu sein scheinen, Gewinne zu produzieren, während andere daran scheitern? Sind klügere Trader besser in der Lage, die geheimen Schlüssel zum erfolgreichen Trading zu finden? Viele Trader, die zu kämpfen haben, mögen erfolgreiche Trader für klüger halten, aber ich kenne keine Indizien, die diese Theorie stützen.

Tatsächlich hat es in der jüngeren Vergangenheit mehrere Beispiele für das genaue Gegenteil gegeben, denn sehr kluge Menschen haben riesige Verluste produziert. Eleanor Laise schrieb in *SmartMoney* (Juni 2001) in einem Artikel mit der Überschrift „If We're So Smart, Why Aren't We Rich?" über einen MENSA-Anlegerklub, dessen Mitglieder alle einen hohen Intelligenzquotienten hatten, jedoch in den 15 Jahren davor mit ihren Aktienanlagen eine extrem niedrige Rendite von 2,5 Prozent erzielt hatten. Im gleichen Zeitraum vollzogen die Aktien auf der ganzen Welt Rekordbewegungen.

Zu den Leitern von Long-Term Capital Management gehörten zwei Nobelpreisträger, als sich die Kapitalanlagegesellschaft durch Verschuldung in ein Finanzdebakel stürzte, das im August 1998 die Aktien- und Anleihemärkte erschütterte. Die Verluste waren so groß, dass zahlreiche führende Brokerhäuser einschreiten mussten, indem sie die Positionen der Firma auflösten und einen Teil der Verluste deckten, um die Unversehrtheit der Finanzmärkte zu bewahren.

Michael Berger, eine zentrale Figur beim Debakel des Manhattan Investment Fund – bei dem die Anleger aufgrund misslungener Leerverkaufsstrategien während einer Hausse mehr als 400 Millionen Dollar verloren –, wurde als äußerst kenntnisreich und fähig sowie als sehr glaubwürdig beschrieben. Um diese massiven Verluste so lange vor den Anlegern zu verheimlichen, wie er es tat, war eine Menge brillantes Denken nötig.

Und weshalb machen so viele intelligente Trader an den Märkten Verlust? In meinen 25 Jahren im Trading-Geschäft habe ich viele sehr kluge Menschen erlebt, denen es schwerfiel, einen Gewinn zu erzielen. Hier einige Fehler, die solche Trader häufig machen:

1. **Nicht diversifizieren, weil sie wissen, dass sie richtigliegen.** Kluge Menschen wissen, dass sie klug sind. Sie haben ihr Leben lang gute Noten bekommen, vielleicht auch ein paar Stipendien. Sie haben mehrere Studienabschlüsse. Sie haben sich obskure Informationen zu vielen Themen gemerkt. Wenn sie nicht aufpassen, kann ihnen das zu Kopf steigen. Und dann wird ihnen irgendwann die Lektion erteilt, dass sie den Markt nicht überlisten können.
2. **Kein Einsatz einer Verkaufsstrategie.** Kluge Menschen wissen, dass sie die Wahrscheinlichkeiten auf ihre Seite gebracht und ihre Hausaufgaben gemacht haben. Sie glauben nicht daran, dass sie scheitern könnten. Vielleicht sind sie zuvor in ihrem Leben noch nie mit etwas Bedeutendem gescheitert. Und wer braucht schon eine Verkaufsstrategie, wenn er weiß, dass er richtigliegt? Der Markt hat jedoch Mittel und Wege, solchen Menschen eine Lektion zu erteilen.
3. **Durchschnittskostenmethode bei Verlustpositionen.** Wenn die Investmentidee zuvor gut war, dann ist sie jetzt ein noch besseres Geschäft, weil man billiger kaufen kann. Der Markt kann aber immer tiefer fallen, einem schwere Schläge versetzen und einen manchmal auch aus dem Spiel werfen.

4. **Der Glaube, ausführliche langfristige Studien könnten die Zukunft vorhersagen.** Wie es im Haftungsausschluss immer so schön heißt, sind historische Ergebnisse kein Hinweis auf künftige Gewinne. Das stimmt tatsächlich und wird durch zahlreiche Studien von Tradern an zahlreichen Märkten, mit zahlreichen Strategien und über zahlreiche Zeiträume gestützt. Kluge Menschen meinen manchmal, indem sie immense Datenmengen hernehmen und zu Tode analysieren, könnten sie sich bei der Vorhersage des künftigen Marktgeschehens einen Vorteil verschaffen. Doch Donnerwetter kann und wird es immer wieder geben, wenn der Markt etwas tut, das er noch nie getan hat.
5. **Die Überoptimierung einer Strategie anhand historischer Daten.** Da kluge Trader die geistige Fähigkeit besitzen, alle möglichen Arten des Tradings zu durchdenken, können sie zahllose Zusammenstellungen von Parametern finden, anhand deren sie mit ihren Strategien und historischen Datenbanken „traden" und damit wundervolle Ergebnisse erzielen können. Das führt im Allgemeinen zu dem Problem, dass sie die letzte Schlacht an den Märkten in ihren Simulationen ausfechten – und nicht mit der nächsten Marktsituation, auf die sie sich eigentlich konzentrieren sollten. Sie erstellen keine Was-wenn-Szenarien des möglichen Geschehens und bereiten sich daher nicht angemessen darauf vor.
6. **Das Streben nach Perfektion.** Intelligente Trader können sich derart viele bessere potenzielle Trading-Möglichkeiten ausdenken, dass sie manchmal den größten Teil ihres Lebens mit der Suche nach Perfektion verbringen, anstatt mit der besten Strategie zu traden, die sie im Moment haben, und anstatt dabei zu merken, dass sie sich auf lange Sicht mit deren Verbesserung beschäftigen können. Man hat nie die perfekte Handelsstrategie. Man sollte einfach täglich den bestmöglichen Versuch unternehmen und nie damit aufhören, zu versuchen, ihn zu verbessern.
7. **Häufiges Ändern einer bestehenden verlustbringenden Handelsstrategie, um daraus eine „bessere" Strategie zu machen.** Kluge Menschen haben womöglich einen sehr wachen Verstand,

der alle möglichen neuen, besseren Arten des Tradings ersinnen kann. Manche dieser Trading-Methoden können sogar sehr kompliziert sein, sodass sie ihre intellektuelle Kampfkraft befriedigen. Wenn man jedoch davon ausgeht, dass alle Strategien ihre sonnigen und ihre trüben Tage haben, kann es sehr töricht sein, von einer verlustbringenden Strategie abzurücken. Eine momentan heiß wirkende Strategie kann schon bald eiskalt sein und die mittelmäßige Strategie dieses Jahres kann zum Star des nächsten Jahres werden.

Nachdem wir nun besprochen haben, wieso manche hochintelligenten Trader in der Trading-Schule durchfallen, hier ein Dutzend Empfehlungen, die dem gesunden Menschenverstand entsprechen und die erfolgreiche Trader befolgen, um in ihrem Handwerk erfolgreich zu sein:

1. **Eine Strategie erstellen, die man beim Trading zu verwenden gedenkt, und sie verstehen.** Wenn man nicht weiß, warum man tut, was man tut, wie kann man da erwarten, dass man es auch weiterhin tun wird? Der Kauf eines Blackbox-Systems, das einen gewissen Gewinn aufweist, bietet einem nicht das Komfortniveau, das man braucht, um auch über einen Drawdown hinweg durchzuhalten, wenn die Märkte der Strategie nicht entgegenkommen. Zu wissen, was in die Strategie eingeflossen ist und warum mit gewissen Verlusten zu rechnen ist, verleiht einem das nötige psychische Stehvermögen, um mit der Strategie auf Kurs zu bleiben und die nächste profitable Handelsperiode zu genießen.
2. **Die Strategie auf die eigene Persönlichkeit, die Fähigkeiten und Fertigkeiten, die aufzuwendende Zeit und das anzulegende Kapital abstimmen.** Wenn man sich hinsetzt und bezüglich dieser Punkte eine Bestandsaufnahme macht, hat man häufig schon ein Stück des Weges zu dem Trading-Ansatz hinter sich, den man verfolgen sollte. Wenn man kein Computerfachmann ist, stellt man vielleicht fest, dass man entweder eine Strategie entwickeln muss, für die man keinen Computer braucht, oder

Computerkurse besuchen muss, um seine Fähigkeiten auf diesem Gebiet zu verbessern. Überhaupt keinen Sinn ergibt der Versuch, so zu traden wie jemand anders. Die anderen haben ihre eigenen Kenntnisse, Fertigkeiten und Ressourcen, Sie haben die Ihren. Wenn man die Handelsstrategie eines anderen anwendet, nutzt man manche seiner Fähigkeiten und Mittel zu wenig und ist hinsichtlich anderer überfordert. Ich kenne mehrere potenzielle Trader, die eine ernsthafte Bestandsaufnahme ihrer Mittel und Fertigkeiten für das Trading gemacht haben und danach beschlossen haben, nicht Trader zu werden. Das ist in Ordnung.

3. **Die Auffassung aufgeben, hohe Gewinne und gutes Trading seien gleichzusetzen.** Gut zu traden bedeutet, seine Strategie zu befolgen und seine Risiken zu managen. Wenn man konkret tradet, setzt man einfach den strategischen Plan um. Wenn man an einem Tag den Plan ausgeführt und Verlust gemacht hat, sollte man sich für seine Anstrengungen loben. Was Gewinn bringt, ist die langfristige Umsetzung des Plans, nicht die Anstrengungen eines einzelnen Trades oder eines einzelnen Tages.
4. **Sein Portfolio diversifizieren.** Einen Schwerpunkt an einem Markt oder in einer Position zu haben kann äußerst profitabel sein, es kann einen aber auch aus dem Spiel werfen. Der gesunde Menschenverstand sagt einem, dass man sich nicht in eine Position bringen darf, dass man möglicherweise morgen nicht zurückkommen und weitertraden kann. Die Streuung der Risiken ist eine einfache Möglichkeit, die Auswirkungen eines ernstlichen Kapitalverlusts zu vermindern.
5. **Sein Portfolio konzentrieren.** Diese Empfehlung mag der vorigen scheinbar widersprechen, aber damit ist gemeint, dass man sein Portfolio auf einen Umfang reduziert, bei dem es effektiv sein kann, ohne dass es überdiversifiziert ist. Viele professionelle Trader nehmen mit ihrer gesammelten Computerleistung den Handel an Hunderten Märkten auf, nur um dann festzustellen, dass der Löwenanteil ihrer Gewinne von einer

Handvoll Märkte stammt. An Märkten zu handeln, die zur eigenen Strategie passen oder mit denen man sich auskennt, ist sinnvoller, als gedankenlos breiter zu streuen, als man es bewältigen kann.

6. **Die Hebelwirkung beachten.** Je brillanter eine Handelsstrategie zu sein scheint, umso mehr verlocken die erwarteten Gewinne den Trader, sie durch einen Hebel zu verstärken. Denn warum sollte man nur x Prozent verdienen, wenn man auch das Doppelte oder Dreifache haben kann? Die Antwort lautet, dass man ja auch morgen noch traden können möchte und dass einen zu viel Hebelwirkung aus dem Spiel werfen kann, wenn einige Positionen gegen einen laufen. Man muss seine Hebelwirkung so einstellen, dass man das eingegangene Risiko tragen und das Trading zum Beruf machen kann.
7. **Sich die Einstellung aneignen, dass Gewinne UND Verluste zum Geschäft gehören.** Man kann das eine nicht ohne das andere haben. Man muss sich klarmachen, dass es bei jeder Strategie Zeiten gibt, zu denen sie perfekt zu den Märkten passt und einem hübsche Gewinne beschert. Aber jede Strategie hat auch ihre Achillesferse und hat gelegentlich zu kämpfen. Das sagt einem eigentlich der gesunde Menschenverstand – aber wie oft sieht man, dass Anleger und Trader eine Handelsstrategie nach einer Verluststrähne aufgeben? Hatten sie wirklich damit gerechnet, dass sie keine Verluste haben würden?
8. **Seine eigenen Trading-Entscheidungen treffen.** Ob Sie es glauben oder nicht, eine einfache, unkomplizierte Trading-Entscheidung von einem selbst ist viel besser für den Trading-Erfolg als ein Tipp von einem Analysten oder Branchenguru, denn dann weiß man, warum man getradet hat, und kann das Risiko des Trades gemäß seiner Strategie kontrollieren (siehe Nummer 1). Man weiß ja nicht, was im Kopf des Analysten vorging, als er die Analyse machte. Man kennt seine Risikotoleranz nicht. Vielleicht weiß man nicht, ob er eine Position in der Empfehlung besitzt und wo oder wann er aus dem Trade aussteigen wird. Wenn man

seine eigenen Trading-Entscheidungen trifft, verschafft einem das die Kontrolle über seine Handelsstrategie und über sein Risikomanagement.

9. **Gewinne laufen lassen und Verluste begrenzen.** Das wird in Artikeln wie diesem oft wiederholt, aber von denjenigen nicht befolgt, die „wissen“, dass sie klüger sind als die Märkte. Egal welche Strategie man befolgt: Um einen Profit zu erzielen, muss man billig kaufen und teuer verkaufen oder teuer verkaufen und billig kaufen. Ich behaupte, dass sogar Spread-Trader und Arbitrageure durch ihre Spreads oder Arbitragen Positionen einnehmen. Das bedeutet unabhängig von der Strategie, dass das Depot irgendwann schweren Schaden leiden kann, wenn man seine Verluste nicht begrenzt.
10. **Schon vor Eingehen des Trades wissen, wann man aus dem Trade aussteigt.** Viele Investments werden dem Kunden „verkauft“. Manche Trader unterliegen der gleichen Mentalität. Sie denken an alle Gründe, weswegen sie eine bestimmte Position haben wollen, vergessen dabei jedoch, dass sie irgendwann wieder aus der Position aussteigen müssen. Ich empfehle, im Vorfeld eine Strategie für die hinreichenden Bedingungen festzulegen, unter denen man aus der Position aussteigt. Das kann auch beinhalten, dass man auf einem bestimmten Niveau Verluste begrenzt oder Gewinne mitnimmt, nachdem das Niveau eines nachgezogenen Stopps gebrochen wurde. Wenn man keine Ausstiegsstrategie hat, sollte man den Trade nicht eingehen.
11. **Jeden Trade so behandeln, als wäre er der nächste in einer Reihe von 1.000 Trades.** Es geht nicht um Leben und Tod, sondern nur um einen weiteren Trade. In diesem Augenblick mag er wichtig scheinen, aber er ist lediglich ein weiterer Datenpunkt aus der Stichprobenreihe der Trades, die man im Laufe seines Lebens tätigen wird. Mehr Bedeutung sollte man ihm nicht beimessen.
12. **Nichts reparieren, was nicht kaputt ist.** Viele Trader springen von einer Strategie zur nächsten und bleiben bei keiner lange.

> Historische Simulationen können nützlich sein, weil sie dem Trader ein Gefühl für die Volatilität einer Strategie oder für die Art und Weise vermitteln, wie sie auf unterschiedliche Marktbedingungen reagiert. Bei allen Strategien wird es Perioden schleppender oder negativer Performance geben. Wenn sich diese außerordentlich von dem unterscheiden, was zu erwarten war, ist es Zeit, sich damit zu befassen und herauszufinden, warum das so ist. Wenn sich die Verluste hingegen deutlich im Rahmen dessen halten, was man erwarten konnte, als man begann, nach der Strategie zu traden, dann sollte man das schlucken und auf Kurs bleiben.

Um ein guter Trader zu sein, braucht man kein brillantes Genie zu sein. Jedenfalls hat es im Laufe der Jahre viele kluge Menschen gegeben, die riesige Geldsummen verloren haben. Gleichzeitig gibt es viele Trader ohne intellektuellen Ruf, die riesige Gewinne erzielt haben. Alle Empfehlungen, die ich oben aufgelistet habe, kann jeder Trader bewältigen, dem es mit dem erfolgreichen Trading ernst ist. Wenn Sie zufällig die Bürde eines brillanten Verstands mit sich tragen, seien Sie klug genug, zu begreifen, dass ein hoher Intelligenzquotient nicht mit hohen Trading-Gewinnen korreliert ist. Der Erfolg beim Trading stammt aus soliden Strategien, ausgezeichneter Risikokontrolle, strenger Disziplin und einer guten Portion gesundem Menschenverstand.[1]

1

EIN BISSCHEN **HEBELWIRKUNG IST GUT, ZU VIEL IST GEFÄHRLICH**

Zum Zweck der Studie

Nach dem Debakel von Long-Term Capital Management im August und September 1998 bereitet Anlegern der Einsatz von Hebelwirkungen durch Hedgefonds-Manager zu Recht größere Sorgen. Wenn Hebelwirkungen eingesetzt werden und es dem Hedgefonds an Transparenz mangelt, sind seine Kunden mit der Aussicht konfrontiert, nicht zu wissen, welche Positionen er hält und wie stark diese Positionen gehebelt sind.

Manche Kunden versuchen in dem Bemühen, den potenziellen Missbrauch von Schuldenhebeln zu begrenzen, einen sinnvollen Grad von Hebelwirkung festzulegen. So kann es beispielsweise sein, dass ein Long-/Short-Manager mit seinem Portfolio zu 100 Prozent long und zu 100 Prozent short steht, was zu einem Hebel von 2:1 führt. Ein ereignisorientierter Manager kann sich eine Weile aus dem Markt heraushalten, dann aber mit einem 5:1-Hebel in eine Sondersituation investieren. Bei einem Arbitrageur kann es sein, dass er einen Hebel von 10:1 benötigt, damit seine Renditen für Anleger interessant werden.

Die Festlegung der Hebelwirkung

Das erste Problem, vor dem Anleger stehen, besteht darin, dass nicht alle Portfoliomanager die Hebelwirkung gleich definieren. So kann zum Beispiel ein Manager, der ausschließlich Aktien kauft, behaupten, dass er einen Hebel von 1:1 hat. Ein anderer Manager, der im Kassahandel mit Devisen tradet, kann ebenfalls behaupten, er habe einen Hebel von 1:1, weil er sich kein Geld geliehen hat, um Positionen einzugehen. Jedoch kann der Nennwert der Währung das 25-Fache der dafür auf Treu und Glauben geleisteten Einlage betragen, sodass sich ein Hebel von 25:1 ergibt.

Die einfachste Möglichkeit, Märkte oder Strategien miteinander zu vergleichen, besteht darin, die Hebelwirkung als das Verhältnis des Nennwerts aller im Portfolio enthaltenen Anlagen zu dem im Depot enthaltenen Kapital zu definieren. Dann gibt es für alle Investments eine einheitliche Vergleichsbasis.

Unterschiedliche Hebelwirkungen an unterschiedlichen Märkten

Märkte bewegen sich mit sehr unterschiedlichen Geschwindigkeiten. In Tabelle A habe ich die historischen Verläufe einer Anzahl verschiedener Märkte mit Tagesdaten vom 1. Januar 1990 bis Ende Februar 1999 zusammengestellt. Die durchschnittliche Volatilität eines Marktes wurde anhand des absoluten täglichen Betrags der Preisänderung berechnet. Auch wurde anhand der täglichen Daten die Standardabweichung der Tagesvolatilitäten berechnet. Da der Aktienmarkt in so vielen Portfolios vertreten ist, benutzte ich den S&P 500 Index als Benchmark, an der sich die anderen Märkte messen lassen.

Tabelle A: Die an unterschiedlichen Märkten benötigte, zur Volatilität passende Hebelwirkung

Markt	Durchschn. tägliche Volatilität	Standard-abweichung der täglichen Volatilität	Die Volatilität, die dem S&P 500 bei 2/1 entspricht
S&P 500 Index	0,6298	1,0323	2,0000
SL-Bond Index	0,4020	0,3757	3,1303
Japanischer Yen	0,5303	0,5450	2,3754
Rohöl	1,3964	1,5800	0,9021
Lebendrind	0,5931	0,5166	2,1239
Gold	0,4859	0,5562	2,5924
Summe der Märkte außer dem S&P 500	0,6815	0,7147	2,2254

Wie Sie in Tabelle A sehen, waren alle aufgelisteten Märkte weniger volatil als der S&P 500, außer dem Rohölmarkt, der während des Golfkriegs einige wilde Ausschläge aufwies.

Der sinnvolle Einsatz von Hebelwirkungen

Ein sinnvoller Einsatz von Hebelwirkungen besteht darin, weniger bewegungsfreudige Märkte zu hebeln, um die Volatilitäten innerhalb eines Portfolios anzugleichen. Möchte man beispielsweise die Volatilitäten der in dem Portfolio enthaltenen Märkte angleichen, das in Tabelle A dargestellt wird, müsste man die Gesamtheit der Märkte außer dem S&P 500 mit einem Hebel von circa 2,2:1 versehen, damit sie im Gleichgewicht sind und kein Markt das Portfolio dominiert. Das wäre ein kluger Einsatz von Hebelwirkung, um die Diversifizierung des Portfolios ausgewogen zu gestalten.

Verschiedene Hebelwirkungen je nach Strategie

Diverse Strategien erfordern zusätzliche Hebelwirkungen, damit sie für Anleger interessant werden. Im Fall von Long-Term Capital Management könnte man behaupten, es sei beim Hebeln seiner langfristigen Arbitragegeschäfte mit festverzinslichen Wertpapieren zu weit gegangen, aber niemand würde behaupten, es hätte bei seinen Strategien keine Hebelwirkungen einsetzen sollen. Dann wären nämlich die Renditen so niedrig gewesen, dass es der Gesellschaft schwergefallen wäre, mit Bank-Einlagenzertifikaten zu konkurrieren.

Ich habe mir im Performance Evaluation Directory von MAR-Hedge einmal die Zahlen zu den Hebelwirkungen im ersten Halbjahr 1998 angesehen. Dabei fiel mir als Erstes auf, dass die von den Managern angegebenen Zahlen nicht zusammenpassten, aber das waren die einzigen öffentlich erhältlichen Zahlen. Diese unterteilte ich dann in mehrere logische Bereiche. Ich entschied, dass die meisten Long-only-Manager und die meisten Long-/Short-Manager wohl in den Bereich von Hebelwirkungen unter 2:1 fallen und machte das zu meinem ersten Bereich. Dann kamen viele Global-Macro-Manager und CTAs im Bereich von 2:1 bis 3:1. Dann 3:1 bis 5:1 und schließlich alle über 5:1. Auch vermerkte ich die Gruppe derjenigen Manager, die die Frage nicht beantworten konnten oder wollten – eine Gruppe, die bei Anlegern gewisse Bedenken wegen des Unbekannten wecken könnte. Die Ergebnisse sind in Tabelle B zu sehen.

Tabelle B: Prozentuale Aufteilung verschiedener Volatilitätsniveaus in der Hedgefondsbranche

Hebelbereich	Anzahl der Fonds	Prozentsatz der Fonds
Unter 2	616	68,8
2 bis 3	138	15,4
3 bis 5	46	5,1
Über 5	60	6,7
Nicht bekannt	35	3,9
Summe aller Fonds	895	100,0

Die meisten Fonds (68,8 Prozent) fallen in den Bereich unter 2:1. Aber immerhin 31,2 Prozent der Fonds sind stärker als zweifach gehebelt. Was nicht heißt, dass sie zu stark gehebelt wären. Es wäre völlig unangebracht, zu sagen, die Manager mit 5:1 seien alle gefährlicher als die mit 2:1.

Wann Hebelwirkungen gefährlich werden

Wann wird die vom Manager eingesetzte Hebelwirkung gefährlich? Das hängt von der Strategie ab, die der Manager verfolgt. Was das Beispiel Trendstat betrifft, kann ich sagen, dass unsere Timing- und Allokationsprogramme mit Investmentfonds 1:1 arbeiten. Unser Programm „World Currency" ist im Schnitt etwa 2,7:1 gehebelt, was im Devisenhandel unterdurchschnittlich ist. Unser FX Extra geht auf die 5:1 zu, was eher anderen Devisenhändlern entspricht. Unser Multi-Trend-Programm liegt mit über 3:1 innerhalb des bei solchen Investments und Strategien üblichen Bereichs.

Ich will damit sagen, dass nicht die bloße in Zahlen angegebene Hebelwirkung etwas gefährlich macht. Ich halte unser World Currency mit 2,7:1 nicht für gefährlicher als unser Sector Allocation mit 1:1. Tatsächlich bewegen sie sich, wenn man einzelne Tage betrachtet, in sehr ähnlicher Geschwindigkeit. Manchmal läuft das Währungsprogramm etwas schneller, manchmal das Allokationsprogramm.

Als Anleger muss man sich die Hebelwirkungszahlen vergleichbarer Vermögensverwaltungen beschaffen, bevor man vorschnell entscheidet, die Hebelwirkung sei zu hoch oder nicht hoch genug. Wenn ein Manager stärker gehebelt ist als andere mit ähnlichen Strategien, sollte man sich als Anleger vor dem zusätzlichen Hebelrisiko hüten.

UNTERSUCHUNG ÜBER **DIE ZEIT, IN DENEN TRENDS HERRSCHEN ODER DIE MÄRKTE SEITWÄRTSLAUFEN**

Zum Zweck der Studie

Anleger, die den Aktienmarkt „timen", müssen ständig damit rechnen, ungeduldig zu werden, wenn eine Timing-Strategie über einen kürzeren Zeitrahmen offenbar keinen Mehrwert bringt. Ihre Ausrede dafür, dass sie eine Timing-Strategie aufgeben, lautet häufig, sie funktioniere nicht mehr oder sie hätten mit einer Buy-and-hold-Strategie mehr Geld verdienen können.

Hier kommt ganz stark die Anlegerpsychologie ins Spiel. An diesem Punkt erinnert sich der Anleger nicht mehr, warum er seine Timing-Strategie ursprünglich entwickelt hat oder warum er angefangen hat, sie zu verwenden. Ich habe es oft erlebt, dass Anleger vergessen, womit sie im besten Fall, im schlimmsten Fall und im erwarteten Fall rechnen können. Ich behaupte, dass ein Anleger, der genau weiß, womit er bei einer Strategie rechnen kann, weniger überrascht sein wird, wenn die Timing-Strategie nicht ganz so läuft wie erwartet. Ich habe die vorliegende Studie erstellt, um Anlegern zu helfen, mehr über das Verhalten des Aktienmarkts und über das zu lernen, was Timing-Programme dem Anleger im Allgemeinen bieten sollten.

Märkte steigen, fallen und laufen seitwärts

Alle Märkte verbringen ihre Zeit damit, zu steigen, zu fallen oder seitwärtszulaufen. Märkte sind ein Kampf zwischen Angebot und Nachfrage, zwischen Käufern und Verkäufern. Wenn beide, Käufer und Verkäufer, mit einem Preis glücklich sind, findet eine Transaktion statt und es wird ein Preis gebildet. Wenn die Käufer aggressiver sind als die Verkäufer, tendiert der Preis nach oben. Wenn die Verkäufer mehr verkaufen wollen, als die Käufer kaufen wollen, gibt der Preis nach und fällt. Wenn zwischen Käufern und Verkäufern ein ungefähres Gleichgewicht besteht, schwankt der Preis und bildet einen Seitwärtsmarkt.

Wie man den Trend eines Marktes ermittelt

Ich habe zwei exponentielle gleitende Durchschnitte erstellt, um den Trend des Marktes zu ermitteln. Die allgemeine Formel für einen exponentiellen gleitenden Durchschnitt sieht so aus:

Heutiger Durchschnitt =
Gestriger Durchschnitt + Beta x (heutiger Preis – gestriger Durchschnitt)
Wobei gilt: Beta = 2/(Anzahl der Tage +1)

Dabei verwendete ich Betas von 0,25 bis 0,05, was 9 beziehungsweise 41 Tagen entspricht. Wenn der kurzfristigere gleitende Durchschnitt, der sich schneller bewegt, den längerfristigen und langsameren gleitenden Durchschnitt kreuzte, wurde eine Richtungsänderung vermerkt. Ich betrachtete eine solche Änderung als erfolgreichen Trend, sobald die Änderung mehr als fünf Prozent in die jeweilige Richtung reichte. Schaffte sie vor dem nächsten Richtungswechsel keine fünf Prozent, vermerkte ich sie als Seitwärtsbewegung.

Die Theorie des Timings bei einem steigenden Aktienmarkt

Wenn der erwähnte Indikator eines Marktes von „abwärts“ zu „aufwärts“ umschlägt, verschiebt ein Timing-Modell das gesamte Geld in einen aktienlastigen Investmentfonds. Es kauft nicht exakt am Tiefpunkt, denn die Anzeige eines Richtungswechsels erfolgt ja erst nach dem Tiefpunkt. Das bedeutet, dass das Modell einen kleinen Teil der Kursbewegung verpasst. Wenn der Markt steigt, bewegt sich ein Wachstumswert normalerweise nach oben. In einer solchen Marktlage kann man als Anleger mit großen positiven Erträgen rechnen, aber auch damit, dass es einem wahrscheinlich schwerfällt, mit einer Buy-and-hold-Strategie mitzuhalten.

Timing bei fallendem Aktienmarkt

Wenn der Indikator an einem Markt von „aufwärts“ zu „abwärts“ umschlägt, sollte ein Timing-Modell das gesamte Portfolio von einem Growth-Aktienfonds in einen Geldmarktfonds verschieben. Normalerweise verkauft die Timing-Strategie nicht exakt auf dem Hoch. Geldmarktfonds kosten 1,00 Dollar je Anteil und zahlen dem Anleger Zinsen. Da die Geldmärkte keinen Aktienkursschwankungen ausgesetzt sind, eignen sie sich gut, um „das Unwetter zu überstehen“, wenn der Aktienmarkt fällt. In einer solchen Marktlage strebt ein Timing-Modell einen ungefähren Break-even an und übertrifft damit eine Buy-and-hold-Strategie drastisch, da es keine erheblichen Verluste erleidet.

Timing in einem Seitwärtsmarkt

Wenn man die obigen Abschnitte über steigende und fallende Marktlagen gelesen hat, klingt Timing nach einer einwandfreien Strategie.

Aber leider gibt es auch Zeiten, zu denen Timing-Programme negative Renditen produzieren und hinter der Marktperformance zurückbleiben. Wenn der Markt seitwärtsdriftet, kann es sein, dass Trend-Indikatoren nach oben drehen, dann nach unten, wieder nach oben, nach unten, nach oben, nach unten ... Man spricht hier auch vom „Whipsaw-Effekt".

Jedes Mal, wenn eine Strategie ein Aufwärtssignal bekommt, kauft sie. Jedes Mal, wenn sie ein Abwärtssignal bekommt, verkauft die Strategie, und zwar gewöhnlich mit einem kleinen Verlust. Wenn der Markt eine Weile seitwärtsläuft, können sich die vielen kleinen Verluste zu einem beträchtlichen Verlust summieren. Wenn der Markt seitwärtsdriftet, bleibt die Performance eines Timing-Programms per Definition hinter dem Markt zurück und nimmt dabei die erwähnten kleinen Verluste mit. Manche Anleger betrachten die Verluste im Laufe von Seitwärtsmärkten als „Versicherungskosten" dafür, dass sie für die großen Aufwärtsbewegungen positioniert sind und der durch bedeutende Abwärtsbewegungen entstehende Schaden minimiert wird.

Die Zeit, in der Märkte aufwärts-, abwärts- und seitwärtslaufen

Eine Studie des S&P 500 von Januar 1964 bis Februar 1999 ergab, dass der Markt circa 28 Prozent der Zeit steigend und nur sieben Prozent der Zeit fallend verbrachte. Während der restlichen 64 Prozent bewegte sich der Markt seitwärts.

Studie der Marktrichtung

Zeitraum	1/1964 bis 2/1999
Aufwärts	28,1 %
Abwärts	7,7 %
Seitwärts	64,2 %
Gesamt	100 %

Das bedeutet, dass die Zeiten, zu denen Timing einen wesentlichen Mehrwert bringen kann, nur rund 36 Prozent der gesamten Zeit ausmachen. Während der restlichen Zeit kann die Timing-Strategie Whipsaw-Effekte erleiden. Trotz dieser statistisch einseitigen Verhältnisse der Perioden kann Timing dem Anleger ein hohes Maß an psychologischem Komfort bieten. Um ein erfolgreicher Anleger zu sein, muss man manchmal unbequeme Dinge tun. Beispielsweise ist man, nachdem man gesehen hat, dass der Markt ungehemmt nach oben gerast ist, versucht, den Renditen nachzujagen, die man durch Kaufen und Halten erzielen kann. Dann stellt der Anleger auf eine Buy-and-hold-Strategie um, sodass er irgendwann einen scharfen Rückgang erleidet, den Timing-Strategien vermutlich vermieden hätten.

Der zweite Punkt, der einem schwerfällt, ist die Geduld. Da sich der Markt während 64 Prozent der Zeit seitwärtsbewegt, besteht die Gefahr, dass einem langweilig wird oder man sich darüber ärgert, dass man mit einem Timing-Programm keine erheblichen Gewinne erzielt oder sogar Verluste erleidet. Jedoch dürfte die Strategie bei steigendem oder fallendem Markt einen gewissen Mehrwert bringen. Das bedeutet, dass Timing etwa in vier von zehn Jahren einen Mehrwert bringt, aber auch, dass es in sechs von zehn Jahren schwierig ist, durch Timing einen Mehrwert zu erzielen. Wenn ein Timing-Programm erfolgreich sein soll, braucht der Anleger auf lange Sicht die nötige Geduld, um die Strategie durch aufwärts-, abwärts- und seitwärtslaufende Zeiten durchzuhalten.

ZEHN REGELN, **DIE SIE BEI DER GELDANLAGE BEACHTEN SOLLTEN**

Angesichts der Betrügereien in unserer Branche hier ein paar Gedanken, die ich den Hedgefonds-Managern und ihren Anlegern zu bedenken geben möchte:

1. **Geben Sie Ihr Geld niemals der Person, die es verwaltet.** Man sollte sein Geld immer nur einem unabhängigen Verwalter oder Treuhänder geben. Die Vermögensverwaltung sollte nur begrenzte Vollmachten bezüglich des Depots haben, keine vollständige Vollmacht für die Handhabung des Geldes. Wenn die Person, die das Geld verwaltet, Zugriff auf das tatsächliche Geld hat, dann hat sie auch die Möglichkeit, es zu stehlen oder zu veruntreuen. Hat man einen unabhängigen Treuhänder, braucht man dies nicht zu befürchten, außer wenn der Manager und der Treuhänder gemeinsam die Anleger betrügen, und deshalb gibt es Regel 2.
2. **Achten Sie darauf, dass der Treuhänder und der Vermögensverwalter voneinander unabhängig sind.** Um Absprachen zwischen Manager und Treuhänder vorzubeugen, sollte man darauf achten, dass sie ausreichend unabhängig voneinander sind. Natürlich werden sie freundliche Beziehungen pflegen, da sie Geschäfte miteinander machen, aber die Eigentumsstrukturen der

beiden Unternehmen sollten unterschiedlich sein. Im Idealfall macht der Treuhänder nur einen kleinen Teil seiner Geschäfte mit der betreffenden Vermögensverwaltung, sodass der Treuhänder nur wenig Anreiz hat, Abrechnungen zu fälschen oder Mittel zu unterschlagen.

3. **Achten Sie auf unabhängige Nettoinventarwert(NAV)-Berechnungen.** Bei vielen Hedgefonds herrscht die Tendenz, manche Instrumente vom Manager bewerten zu lassen, weil die Bewertung für einen unabhängigen Treuhänder angeblich zu schwierig ist oder weil der Manager sagt: „Ich kann niemanden den NAV berechnen lassen, weil der Betreffende dann mein Anlagesystem kennen würde." Wenn dies der Fall ist, lassen die Anleger die Person, die die Anlagen verwaltet, die Erfolgsbilanz zusammenstellen. Eine Reihe seriöser, gesetzestreuer Manager hat somit über die Jahre die Möglichkeit, ihre Ergebnisse dadurch zu glätten, dass sie ihre Instrumente in geglätteter Form bewerten, anstatt sich mit den Turbulenzen des aktuellen Marktgeschehens und den tatsächlichen aktuellen Kursen herumzuschlagen. Dadurch sind die Sharpe Ratios höher, als sie es in Wirklichkeit sind, und es verleitet sowohl den Manager als auch den Anleger zu der Meinung, das Investment sei weniger riskant, als es in Wirklichkeit ist.
4. **Achten Sie darauf, dass der Fonds einer jährlichen Rechnungsprüfung unterzogen wird.** Mir ist es lieber, wenn dies durch ein unabhängiges Unternehmen erfolgt, das auf Wirtschaftsprüfungen in dem betreffenden Investmentbereich spezialisiert ist. Einige der größeren Buchprüfungsfirmen verfügen womöglich nicht über die spezialisierte Erfahrung, die manche kleineren unabhängigen Firmen vielleicht haben. Wichtig ist dabei, dass sie mit unabhängigen Berichten des Treuhänders und nicht des Managers arbeiten und dass sie die Bewertungen der im Portfolio enthaltenen Instrumente selbst vornehmen und sich nicht auf die Bewertungen des Managers oder auf dessen Liste der gehaltenen Investments verlassen. Das bedeutet dann eine echte Prü-

fung des Managers mindestens einmal pro Jahr. Die Buchprüfer sollten außerdem in der Lage sein, dem Anleger das Verfahren zu erklären, anhand dessen sie den Fonds geprüft haben.

5. **Beobachten Sie das Investment in dem herrschenden Umfeld.** Wenn Sie beschließen, einen gehebelten Long-only-Aktienfonds zu kaufen, und es den Anschein hat, dass er Gewinn macht, während der Markt fällt, seien Sie misstrauisch. Wenn die meisten marktneutralen Manager Renditen von 10 bis 20 Prozent erzielen, Ihrer hingegen 50 Prozent, seien Sie misstrauisch. Sie sollten die Strategie des Managers ausreichend durchschauen, um zu wissen, wann und wie Gewinne erzielt werden und wann mit Verlusten zu rechnen ist. Wenn etwas geschieht, womit Sie nicht gerechnet hatten, finden Sie heraus, warum. Missfällt Ihnen daran etwas, wechseln Sie bei nächster Gelegenheit den Manager. Es gibt Tausende anderer lohnenswerter Möglichkeiten.
6. **Finden Sie heraus, wie alle Beteiligten entlohnt werden.** Viele Anleger achten beim Kauf lediglich auf das Ergebnis, das unter dem Strich steht. Sie sollten aber auch die rechtlichen Unterlagen des Investmentfonds lesen und feststellen, wer alles an dem Fonds Geld verdient. Ich kenne gern die Mitarbeiter jeder Firma, weiß gern, wie sie ihre jeweilige Funktion ausüben und ob ihre Vergütung in Bezug auf den Beitrag, den sie zu dem Fonds leisten, angemessen ist. Wenn jemand an dem Fonds mehr als üblich verdient, habe ich Bedenken.
7. **Fragen Sie sich, ob die Renditen, die Sie vor Augen haben, wiederholbar sind.** Viele Anleger sind nur auf eine großartige Erfolgsbilanz aus und bedenken dabei nicht, dass das Umfeld, das der Manager gerade hinter sich hat, vielleicht nur sehr schön zu seiner Strategie passte. Vielleicht lauert schon hinter der nächsten Ecke ein Umfeld, das genau das Gegenteil bewirken wird. Bevor man in eine Strategie investiert, muss man sie gut genug verstehen, um zu ermitteln, ob sie konsistent und wiederholbar ist.

8. **Jede Anlage birgt ein Risiko.** Wenn man das potenzielle Risiko eines Investments nicht herausgefunden hat, dann hat man nicht genau genug hingesehen. Jede Strategie beinhaltet ein gewisses Risiko, auch wenn es sich dabei um ein Ereignis mit geringer Wahrscheinlichkeit handelt. Meiner Erfahrung nach kann man mit Risiken höherer Wahrscheinlichkeit und geringerer Schwere gewöhnlich besser umgehen. Hingegen erinnert sich jeder noch jahrelang an Kursbewegungen mit geringer Wahrscheinlichkeit und höherer Standardabweichung – wegen phänomenaler Gewinne oder außerordentlicher Verluste. Viele Anleger und Vermögensverwalter betrachten Risiken mit sehr geringer Wahrscheinlichkeit als „kein Risiko", was gefährlich ist, weil unwahrscheinliche, aber schwerwiegende Ereignisse durchaus eintreten.
9. **Gehen Sie, wenn diese Regeln nicht erfüllt sind, zu etwas anderem über.** Es gibt Tausende hochwertige Investmentfonds, die man als Anleger in Betracht ziehen kann. Wenn man einen Fonds im Auge hat, der großartig wirkt, aber nicht alle gewünschten Sicherheitsregeln erfüllt, sollte man zu einer anderen Wahlmöglichkeit übergehen. Finden Sie dann einen Fonds, der den Sicherheitsregeln genügt. Es kann zwar sein, dass das in Betracht gezogene Investment vollkommen seriös ist und einem daher ein gutes Geschäft entgeht, es könnte aber auch eine vorprogrammierte Katastrophe sein. Warum sollte man sich belasten, wenn es derart viele seriöse Fonds gibt, in die man investieren kann und die den Kriterien genügen?
10. **Seriöse Fonds sollten sich überlegen, diese Regeln selbst einzuführen.** In den Jahren, in denen ich als Schlichter für die Aufsichtsbehörden NASD und NFA tätig war, stellte ich fest, dass die Anlegeröffentlichkeit kaum in der Lage ist, seriöse Manager von Betrügern zu unterscheiden. Würden die seriösen Fonds unabhängige Treuhänder einsetzen, ihre NAVs unabhängig bewerten lassen, unabhängige Buchprüfer einsetzen und so viel Transparenz wie möglich gewährleisten, dann würden die Betrüger im

Vergleich verdächtig wirken. Sie werden sich niemals vollständig verdrängen lassen, aber man kann es ihnen erschweren, sich unter die seriösen Manager zu mischen.

Die Befolgung aller obigen Empfehlungen ist keine Garantie für Anlageerfolg. Sie dürfte aber den meisten Blödsinn beseitigen, den wir in der Branche allzu oft erleben, zum Beispiel frisierte Berichte, Veruntreuung, die Vermischung von Privat- und Anlegervermögen, die Verschleierung von Verlusten, Schneeballsysteme und so weiter. Erfolgreiche Geldanlage ist nicht leicht. Sie erfordert viel Arbeit, Disziplin und Ressourcen, wobei Intelligenz und gelegentlich ein bisschen Glück der Sache selbstverständlich dienlich sind. Diese Regeln tragen dazu bei, dass Anleger sich eher um die Rendite statt um die Rückgabe ihres Kapitals sorgen können.

DAS
ETR COMFORT RATIO

Jedes Mal, wenn ich früher im Auftrag meiner Kunden Recherchen über neue und bessere Möglichkeiten der Geldverwaltung anstellte oder wenn ich das heute für mich selbst tue, schaue ich mir Statistiken zu Rendite-Risiko-Verhältnissen an, um verschiedene Methoden und Ideen für Handelsstrategien zu vergleichen. Auf den meisten Research-Plattformen landet man bei einer oder mehreren der folgenden beliebten Kennzahlen für Rendite-Risiko-Verhältnisse:

- Sharpe Ratio
- MAR Ratio
- Rendite/maximaler Drawdown
- Rendite/durchschnittlicher Drawdown
- Treynor Ratio
- Sortino Ratio

Bei allen diesen Rendite-Risiko-Kennzahlen gilt: je höher, desto besser – mehr Rendite gegen weniger Risiko.

Probleme bei der Ermittlung des Rendite-Risiko-Verhältnisses anhand dieser Methoden

Ich muss diese Diskussion mit einigen Schwächen dieser beliebten Rendite-Risiko-Definitionen beginnen:

- **Sharpe Ratio:** Hier wird die Rendite durch Standardabweichungen geteilt und dabei davon ausgegangen, dass die Schwankungen des Portfolios nach unten den Schwankungen nach oben entsprechen. Aber noch kein Kunde, für den ich jemals Geld gemanagt habe, hat sich über Abweichungen seines Depots nach oben beschwert!
- **MAR Ratio:** Diese Kennzahl teilt die jährliche kumulierte Wachstumsrate im Laufe der Zeit durch den größten Drawdown im gleichen Zeitraum. Hier besteht das Problem, dass der größte Drawdown nur EINER von mehreren ist und all die anderen außer Acht gelassen werden, die ja lange anhalten und Kunden zum Kündigen oder Trader dazu veranlassen können, eine Strategie aus Erschöpfung oder Langeweile aufzugeben.
- **Rendite/durchschnittlicher Drawdown:** Dies korrigiert den soeben beim MAR Ratio erwähnten Mangel des einzigen Drawdowns, indem der Durchschnitt aller Drawdowns verwendet wird. Das ist vielleicht nützlicher, berücksichtigt aber immer noch nicht die Konsistenz der Renditen und die möglichen psychischen Auswirkungen des größten Drawdowns auf Anleger.
- **Treynor Ratio:** Es ähnelt dem Sharpe Ratio, nimmt aber statt der Standardabweichung des Portfolios das Beta des Portfolios bezogen auf einen geeigneten Index. Wenn man verschiedene Benchmarks wählt, erhält man daher für das betreffende Portfolio verschiedene Betas und somit verschiedene Treynor Ratios. Mir missfällt daran, dass die Auswahl eines geeigneten Benchmark-Indexes zur Ermittlung des Betas des Portfolios von menschlichem Urteilsvermögen abhängt.

- **Sortino Ratio:** Dies ist wohl eine meiner Lieblingskennzahlen für die Ermittlung des Verhältnisses zwischen Rendite und Risiko, die auf populären Research-Plattformen angeboten werden. Es basiert auf dem Sharpe Ratio, das die Renditen des Portfolios durch die Standardabweichung des Portfolios (nach oben und nach unten) teilt. Dann wird die Berechnung jedoch dahingehend abgewandelt, dass das Risiko nur in Form der Abweichungen des Portfolios nach unten ermittelt wird. Das kommt dem schon näher, was Anleger und Trader üblicherweise als Risiko betrachten, berücksichtigt aber nicht die Zeit, die das Portfolio in der Risikoperiode verbringt.

Eine bessere Möglichkeit, das Rendite-Risiko-Verhältnis zu berechnen: Das ETR Comfort Ratio

Die 28 Jahre, in denen ich Gelder im Kundenauftrag verwaltet habe, und die fast 50 Jahre, seit denen ich meine eigenen Portfolios verwalte, haben mich viel darüber gelehrt, dass eine Kapitalkurve den menschlichen Trader dazu veranlassen kann, in den Anlageprozess einzugreifen und eine Handelsstrategie abzuwandeln, in den Sand zu setzen oder zu beenden. Es verblüfft mich immer wieder, von auffälligen Erfolgsbilanzen mit 50-prozentigen Drawdowns und ausgezeichneten langfristigen kumulierten Wachstumsraten (CAGR = Compound Average Growth Rate) zu lesen, die den Anlegern verkauft werden. Es ist so gut wie unmöglich, dass ein typischer menschlicher Bewohner dieses Planeten lange genug für diese langfristigen Erfolgsbilanzen durchhält, wenn er sieht, dass sein Portfolio mit 50 Prozent im Minus steht. Die meisten halten ja nicht einmal eine Periode mit minus 15 bis 20 Prozent durch!

Und was veranlasst die Kunden und Trader, bei einer Strategie wegen der Performance den Stecker zu ziehen? Ich biete da zwei verschiedene Ursachen an: die Tiefe eines vergangenen Drawdowns, mit der sie sich wohlfühlen, und die Dauer solcher Minusperioden. Anders gesagt: Nur wenige Anleger lassen sich von einer Periode mit fünf Prozent Minus erschüttern, aber nach ein paar Jahren würde ihnen die Geduld ausgehen. Auf der anderen Seite kann auch ein kurzer Zeitraum mit 30 Prozent Minus viele dazu veranlassen, ihre Pläne sofort wieder aufzugeben.

Dank meiner Ingenieursausbildung habe ich auf manche Dinge, die ich in dieser Welt sehe, einen anderen Blick, und dazu gehört auch die Berechnung des Verhältnisses zwischen Rendite und Risiko. In meinen Augen müssen sich Trader und ihre Kunden wohlfühlen, damit sie das tun, was sie eigentlich tun sollten. Sobald das Unbehagen eine gewisse Schmerz- oder Geduldsschwelle überschreitet, ist die nächste tolle Idee an der Reihe.

Ich beschloss, Konzepte aus der Integralrechnung zu verwenden, um ein Maß für das Unbehagen zu erstellen, das durch den Ausschlag der Minusperiode UND durch die Dauer dieser Periode des Unwohlseins verursacht wird. Und was die Kehrseite angeht, so kann ich mich nicht erinnern, dass sich jemals einer meiner Kunden darüber beschwert hat, dass sein Kapital neue Höchststände erreicht hat. Aus meinen mathematischen Betrachtungen ergab sich Folgendes:

ETR Comfort Ratio =
Ausmaß des Wohlbefindens/Ausmaß des Unbehagens

Als Nächstes musste ich Parameter aufnehmen, die erfassen, eine wie große negative Rendite Unwohlsein verursacht (Drawdown Return Threshold = Schwelle der Drawdown-Rendite) und wie lange ein Drawdown dauern darf, bevor man selbst oder der Kunde sich mit der Strategie unwohl fühlt (Drawdown Time Threshold = Schwelle der Drawdown-Dauer). Die meisten Anleger würden sich wohl bei mehr als zehn Prozent Minus oder mehr als sechs Monaten Drawdown ernste Gedanken darüber machen, etwas anders zu machen.

Das Ausmaß des Unbehagens (Amount of Discomfort) ist die Summe aus dem Ausmaß des aktuellen Drawdowns während aller in diesem Drawdown verbrachten Perioden, die über die gewählten Drawdown-Schwellen hinausgehen. Sobald die Schwellen überschritten werden, zählt man die aktuellen Drawdowns aller Perioden zusammen, bis das Portfolio wieder neue Hochs erreicht und man in die Komfortzone zurückkehrt.

Das Ausmaß des Wohlbefindens ist dann das Gegenteil des Ausmaßes an Unbehagen. Jedes Mal, wenn man neue Hochs erreicht und es von da aus weiter nach oben geht, verfolgt man den Anstieg. Der Anstieg ist der Betrag, um den der derzeitige Ausschlag nach oben über das Tief des aktuellen Anstiegs nach dem Ende des letzten Drawdown hinaus steigt. Man addiert die aktuellen Anstiege aller Perioden so lange auf, bis die nächste Drawdown-Schwelle überschritten wird. An diesem Punkt fängt man wieder an, die aktuellen Drawdowns der Periode zum Ausmaß des Unbehagens aufzuaddieren. Im Prinzip ist das Ausmaß des Wohlbefindens die Zeit und der Grad, den man in Wohlfühlperioden verbracht hat.

Das ETR Comfort Ratio ist dann einfach der Quotient aus dem Ausmaß des Wohlbefindens und dem Ausmaß des Unbehagens.

Ein einfaches Beispiel: Schatzwechsel

Wenn man an den risikolosen Zinssatz denkt und die Gefahr galoppierender Inflation sowie anderer Risiken außer Acht lässt, stellt man fest, dass überall in der Finanzwelt für die Berechnung des „risikolosen Zinssatzes“ Schatzwechsel verwendet werden. Da die Zeit, die man mit einem Schatzwechsel sehr kurzer Laufzeit in einem Drawdown verbringt, gegen null geht, ist fast jeder Tag ein Wohlfühltag, an dem ein neues Hoch erreicht wird. Es gibt fast keine Tage, die im Minus verbracht werden, daher geht die Summe dieser Tage gegen null.

ETR Comfort Ratio von Schatzwechseln =
eine positive steigende Zahl geteilt durch null = unendlich

Anders gesagt haben Schatzwechsel – so, wie es sein sollte – ein sehr hohes ETR Comfort Ratio.

Ein anderes Beispiel: Der S&P 500 Index

Für eine kürzlich fertiggestellte Studie verwendete ich die Monatsdaten des S&P 500 aus den 20 Jahren von 1993 bis zu dem Zeitpunkt, zu dem ich den vorliegenden Artikel schreibe. Daraus erstellte ich eine einfache Tabellenkalkulation, die das monatliche ETR Comfort Ratio des S&P 500 Index und einer darauf bezogenen Timing-Strategie berechnete. Und daraus machte ich die beiden folgenden Charts:

S&P 500 Index – Vergleich zwischen „Kaufen und Halten" und „Timing" unter Verwendung der gleitenden Durchschnitte über 50 und über 200 Tage

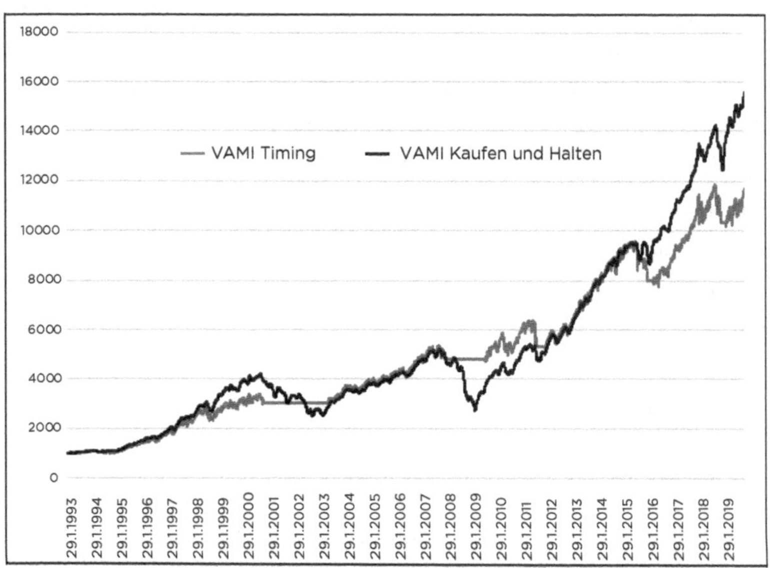

Die Comfort Ratios von „Kaufen und Halten" und „Timing"

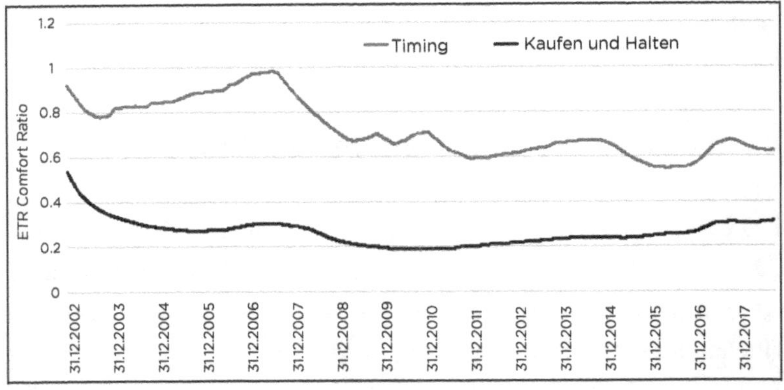

In den Charts ist zu sehen, dass sich das ETR Comfort Ratio, nachdem es sich von 1993 bis 2002 eingependelt hat, bis Ende 2019 zwischen 0,2 und 0,6 bewegt. Die Baisse 2008 drückte den Buy-and-hold-Ansatz des Indexes auf extreme Tiefs, hingegen erlitt der Timing-Ansatz sein schlimmstes Tief im Jahr 2017. Von 2016 an liefen die Comfort Ratios beider Ansätze im Zuge der Hausse stetig nach oben. Das Wichtigste, was dazu festzuhalten ist, ist die Tatsache, dass das Comfort Ratio des Timing-Ansatzes weit über dem des Buy-and-hold-Ansatzes verläuft. Es überrascht nicht, dass sich Anleger auf lange Sicht mit einem Timing-Ansatz der Geldanlage wohler fühlen als mit der traditionellen Strategie „Kaufen und Halten", die gelegentlich Drawdowns von 50 Prozent durchmacht.

Wie wird das ETR Comfort Ratio berechnet?

Weiter unten ist ein kleiner Teil der sehr großen Tabellenkalkulation zu sehen, die zur Erstellung der obigen Charts verwendet wurde. Darin werden zwei Zustände aufsummiert. Erstens wird, wenn ein Drawdown vorliegt, der den Rendite- oder den Zeit-Schwellenwert für Drawdowns überschreitet, der akkumulierte Drawdown aufsummiert.

Sobald neue Hochs erreicht werden, konzentriert man sich auf die Akkumulierung des Anstiegs. Der Boden des Anstiegs ist das vorige Hoch der Kapitalkurve bei Beginn des vorigen Drawdowns. Dann wird aus den Zahlen des akkumulierten Drawdowns und des akkumulierten Anstiegs das erste ETR Comfort Ratio berechnet, wobei zu bedenken ist, dass es aus begrenzten Daten resultiert und sich der Index erst nach mehreren Auf- und Abschwüngen einpendelt.

S&P 500 Index und ETR Comfort Ratio

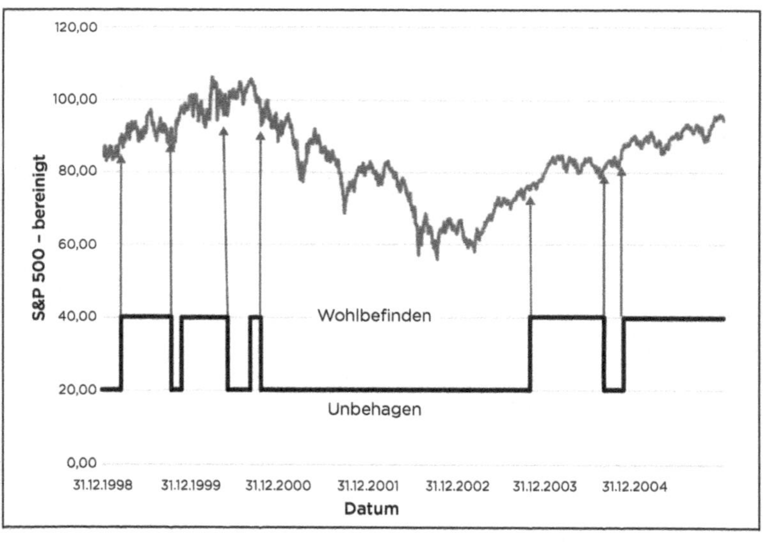

Datum	Bereinigter S&P 500 Index	Performance des S&P 500 über X Tage	Durchschnittliche Tagesperformance über X Tage	Durchschnittlicher VAMI über X Tage	VAMI Max Hi	Aktueller Drawdown	Drawdown über die Komfortzone hinaus	Bisherige Dauer des Drawdowns in Tagen	Komfortzone? J oder N?	Akkumuliertes Unbehagen	Anstieg seit Tiefs in Dollar	Derzeitiger Anstieg in %	Akkumuliertes Wohlbefinden	Comfort Ratio
29.3.2019	279,82	1,81%	0,09%	13.978,24	14239,66	-1,84%	0,00%	117	N	-45116%	13.495,84	5,51%	13715%	0,304
1.4.2019	283,14	2,38%	0,11%	13.994,07	14239,66	-1,72%	0,00%	118	N	-45117%	13.495,84	5,51%	13715%	0,304
2.4.2019	283,28	2,80%	0,13%	14.012,75	14239,66	-1,59%	0,00%	119	N	-45119%	13.495,84	5,51%	13715%	0,304
3.4.2019	283,72	3,10%	0,15%	14.033,46	14239,66	-1,45%	0,00%	120	N	-45120%	13.495,84	5,51%	13715%	0,304
4.4.2019	284,48	4,01%	0,19%	14.060,24	14239,66	-1,26%	0,00%	121	N	-45122%	13.495,84	5,51%	13715%	0,304
5.4.2019	285,85	5,39%	0,26%	14.096,35	14239,66	-1,01%	0,00%	122	N	-45123%	13.495,84	5,51%	13715%	0,304
8.4.2019	286,07	5,68%	0,27%	14.134,51	14239,66	-0,74%	0,00%	123	N	-45123%	13.495,84	5,51%	13715%	0,304
9.4.2019	284,61	3,64%	0,17%	14.159,01	14239,66	-0,57%	0,00%	124	N	-45124%	13.495,84	5,51%	13715%	0,304
10.4.2019	285,58	3,60%	0,17%	14.183,30	14239,66	-0,40%	0,00%	125	N	-45124%	13.495,84	5,51%	13715%	0,304
11.4.2019	285,50	2,89%	0,14%	14.202,84	14239,66	-0,26%	0,00%	126	N	-45125%	13.495,84	5,51%	13715%	0,304
12.4.2019	287,43	3,66%	0,17%	14.227,57	14239,66	-0,08%	0,00%	127	N	-45125%	13.495,84	5,51%	13715%	0,304
15.4.2019	287,24	3,08%	0,15%	14.248,42	14.248,42	0,00%	0,00%	0	J	-45125%	14.239,66	0,06%	13715%	0,304
16.4.2019	287,43	2,77%	0,13%	14.267,24	14.267,24	0,00%	0,00%	0	J	-45125%	14.239,66	0,19%	13715%	0,304
17.4.2019	286,72	2,50%	0,12%	14.284,20	14.284,20	0,00%	0,00%	0	J	-45125%	14.239,66	0,31%	13715%	0,304
18.4.2019	287,29	3,01%	0,14%	14.304,66	14.304,66	0,00%	0,00%	0	J	-45125%	14.239,66	0,46%	13716%	0,304
22.4.2019	287,54	1,95%	0,09%	14.317,92	14.317,92	0,00%	0,00%	0	J	-45125%	14.239,66	0,55%	13716%	0,304
23.4.2019	290,12	4,88%	0,23%	14.351,19	14.351,19	0,00%	0,00%	0	J	-45125%	14.239,66	0,78%	13717%	0,304
24.4.2019	289,48	4,73%	0,23%	14.383,50	14.383,50	0,00%	0,00%	0	J	-45125%	14.239,66	1,01%	13718%	0,304
25.4.2019	289,30	3,89%	0,19%	14.410,13	14.410,13	0,00%	0,00%	0	J	-45125%	14.239,66	1,20%	13719%	0,304
26.4.2019	290,65	4,92%	0,23%	14.443,89	14.443,89	0,00%	0,00%	0	J	-45125%	14.239,66	1,43%	13721%	0,304
29.4.2019	291,10	4,69%	0,22%	14.476,14	14.476,14	0,00%	0,00%	0	J	-45125%	14.239,66	1,66%	13723%	0,304

Datum	Bereinigter S&P 500 Index	Performance des S&P 500 über X Tage	Durchschnittliche Tagesperformance über X Tage	Durchschnittlicher VAMI über X Tage	VAMI Max Hi	Aktueller Drawdown	Drawdown über die Komfortzone hinaus	Bisherige Dauer des Drawdowns in Tagen	Komfortzone? J oder N?	Akkumuliertes Unbehagen	Anstieg seit Tiefs in Dollar	Derzeitiger Anstieg in %	Akkumuliertes Wohlbefinden	Comfort Ratio
30.4.2019	291,25	4,09%	0,19%	14.504,30	14.504,30	0,00%	0,00%	0	J	-45125%	14.239,66	1,86%	13724%	0,304
1.5.2019	289,06	2,09%	0,10%	14.518,75	14.518,75	0,00%	0,00%	0	J	-45125%	14.239,66	1,96%	13726%	0,304
2.5.2019	288,44	1,82%	0,09%	14.531,34	14.531,34	0,00%	0,00%	0	J	-45125%	14.239,66	2,05%	13728%	0,304
3.5.2019	291,26	2,66%	0,13%	14.549,73	14.549,73	0,00%	0,00%	0	J	-45125%	14.239,66	2,18%	13731%	0,304
6.5.2019	290,06	1,96%	0,09%	14.563,34	14.563,34	0,00%	0,00%	0	J	-45125%	14.239,66	2,27%	13733%	0,304
7.5.2019	285,22	-0,22%	-0,01%	14.561,80	14.563,34	-0,01%	0,00%	1	J	-45125%	14.239,66	2,27%	13735%	0,304
8.5.2019	284,82	-0,44%	-0,02%	14.558,77	14.563,34	-0,03%	0,00%	2	J	-45125%	14.239,66	2,27%	13737%	0,304
9.5.2019	283,96	-0,23%	-0,01%	14.557,20	14.563,34	-0,04%	0,00%	3	J	-45125%	14.239,66	2,27%	13740%	0,305
10.5.2019	285,39	-0,07%	0,00%	14.556,75	14.563,34	-0,05%	0,00%	4	J	-45125%	14.239,66	2,27%	13742%	0,305
13.5.2019	278,22	-2,55%	-0,12%	14.539,07	14.563,34	-0,17%	0,00%	5	J	-45125%	14.239,66	2,27%	13744%	0,305
14.5.2019	280,73	-2,33%	-0,11%	14.522,94	14.563,34	-0,28%	0,00%	6	J	-45125%	14.239,66	2,27%	13746%	0,305
15.5.2019	282,38	-1,69%	-0,08%	14.511,23	14.563,34	-0,36%	0,00%	7	J	-45125%	14.239,66	2,27%	13749%	0,305
16.5.2019	284,99	-0,85%	-0,04%	14.505,37	14.563,34	-0,40%	0,00%	8	J	-45125%	14.239,66	2,27%	13751%	0,305
17.5.2019	283,15	-1,25%	-0,06%	14.496,76	14.563,34	-0,46%	0,00%	9	J	-45125%	14.239,66	2,27%	13753%	0,305
20.5.2019	281,28	-2,09%	-0,10%	14.482,31	14.563,34	-0,56%	0,00%	10	J	-45125%	14.239,66	2,27%	13756%	0,305
21.5.2019	283,81	-1,30%	-0,06%	14.473,38	14.563,34	-0,62%	0,00%	11	J	-45125%	14.239,66	2,27%	13758%	0,305

- In der Spalte „Akkumuliertes Unbehagen" werden die Perioden des Unbehagens akkumuliert.
- In der Spalte „Akkumuliertes Wohlbefinden" werden die Perioden des Wohlbefindens akkumuliert.
- Das Comfort Ratio ist das akkumulierte Wohlbefinden geteilt durch das akkumulierte Unbehagen.

Das Beispiel in der Tabelle

In der Spalte „Komfortzone? J (Ja) oder N (Nein)?“ sehen Sie, dass ich einen kurzen Zeitabschnitt dargestellt habe, der mit Unbehagen beginnt und dann in Wohlbefinden umschlägt. In einer Periode des Unbehagens wächst die Spalte mit dem akkumulierten Unbehagen jeden Tag um den Betrag des aktuellen Drawdowns, während die Spalte des akkumulierten Wohlbefindens konstant bleibt. In einer Periode des Wohlbefindens wächst die Spalte des akkumulierten Wohlbefindens jeden Tag, während die Spalte des akkumulierten Unbehagens gleich bleibt.

Die Schwellenwerte für die Drawdown-Rendite und die Zeit wurden in diesem Beispiel auf minus fünf Prozent und auf 100 Tage gesetzt. Wenn man die Schwelle für die Drawdown-Rendite senkt oder die Zahl der Tage für den Drawdown-Zeit-Schwellenwert erhöht, steigt das ETR Comfort Ratio des gleichen Instruments für den gleichen Zeitraum. Der gezeigte Tabellenausschnitt stammt aus einer aktualisierten Version der ETR Trading Tools for Excel, die auf der Website enjoytheride.world zur Verfügung stehen.

Schlussfolgerungen und Empfehlungen

Ich bin überzeugt, dass das ETR Comfort Ratio das, was Anleger und Trader eher interessiert, wenn sie entscheiden, ob sie „auf Kurs bleiben“ oder „den Stecker ziehen“, wirklich genauer misst. Die Kennzahl an sich ist wahrscheinlich nicht besonders nützlich. Man kann sie jedoch mit derjenigen anderer Strategien oder Managementprogramme vergleichen. Je niedriger diese Kennzahl, umso mehr Bedenken hinsichtlich der Strategie hätte man.

Dabei ist zu bedenken, dass langfristige Erfolgsbilanzen nur dann etwas nützen, wenn der Kunde oder Trader die Strategie beibehält und es somit zulässt, dass sich die Erfolgsbilanz verwirklicht. Eine meiner größten Herausforderungen als Vermögensverwalter war immer der Versuch, die Anleger bezüglich guter Anlagepraktiken zu erziehen und sie davon zu überzeugen, lieber diese guten Praktiken auf lange Sicht anzuwenden, als irrationale, emotionale Entscheidungen zu treffen. Eine der Herausforderungen, vor denen Trader stehen, besteht darin, sich mit ihrer Strategie wohlzufühlen, wenn sie durch widrige Marktbedingungen auf die Probe gestellt wird. Die meisten Anleger und Trader überschätzen ihre Toleranz für das Ausmaß von Drawdowns und ihre Geduld in Zeiten, die vergehen, ohne dass sie Geld verdienen.

Beide Berechnungen kann man über beliebige Zeiträume anstellen. Das von mir gezeigte Beispiel des S&P Index 500 beinhaltete Tagesdaten und erstreckte sich über zwei Jahrzehnte. Das ist wahrscheinlich die einfachste und üblichste Art, wie man das ETR Comfort Ratio verwenden sollte. Ich weiß, dass viele Anleger ihre Portfolios monatlich anhand der Auszüge der Vermögensverwaltung oder des Brokers verfolgen, und deshalb nahm ich für die Berechnung 21 Tage, was etwa der Anzahl der Handelstage in einem Monat entspricht.

Aber da wir im Zeitalter der sofortigen Informationen leben und sich alle Beteiligten auf Tagesdaten konzentrieren, kann man das ETR Comfort Ratio auch pro Tag berechnen. Die Berechnung ist die gleiche und genauso leicht. Allerdings sind meiner Erfahrung nach die meisten Investmentkunden nicht in der Lage, sich Tagesdaten anzusehen, ohne sich von den Turbulenzen des Marktgeschehens verrückt machen zu lassen. Und dann wären sie besser bedient, wenn sie sich die Sache nur einmal im Monat anschauen würden.

Das ETR Comfort Ratio dürfte ein ausgezeichnetes Werkzeug für die Entwicklung von Anlage- und Trading-Strategien sein, denn es zeigt an, wie wohl man sich mit der betreffenden Anlage- oder Trading-Strategie fühlen würde. Zwar trifft der altbekannte Haftungsausschluss zu, dass die Ergebnisse historischer Simulationen sicherlich nicht die künftigen Gewinne vorhersagen, aber die historische Volatilität einer Strategie ist meistens etwas konsistenter, was die Zukunft angeht, und ich würde damit rechnen, dass das Comfort Ratio einer Strategie im Laufe der Zeit relativ stabil ist.

Anleger haben einen Hang dazu, dann zu investieren, wenn die Märkte stark sind und neue Hochs erreichen, hingegen nach einem Drawdown in Panik zu verfallen und an Börsentiefs ihr Geld vom Tisch zu nehmen. Ebenso wie viele andere Marktkennzahlen kann sich das ETR Comfort Ratio durchaus dafür eignen, die Stimmung der Anleger und Trader zu messen – wenn der Index sehr weit steigt, ist der Markt wahrscheinlich überkauft, und die Anleger sind euphorisch. Und wenn das Wohlbefinden am Markt gering ist, gefällt den Anlegern die Marktlage wahrscheinlich nicht, sodass vermutlich eine überverkaufte Situation mit dem Potenzial für einen Anstieg vorliegt. Daher sind weitere Forschungen zur Nutzung des ETR Comfort Ratio notwendig.

WELCHEN ZUSÄTZLICHEN NUTZEN **DIE KOMBINATION VON ASSET ALLOCATION MIT REBALANCING BRINGT**

Warum sollte man sich die Mühe machen, sich mit einer Strategie der Asset Allocation und des Rebalancings herumzuschlagen?

Jeden Monat erhalten wir von diversen Kunden Faxe, E-Mails und Anrufe, weil sie ihre Investments bei uns abziehen und umschichten wollen. Das ist sowohl für die Kunden als auch für uns viel Arbeit. Eines unserer Programme ist tatsächlich ein „Programm der Programme“, sozusagen ein Dachprogramm. Es enthält fünf unterschiedliche Strategien mit jeweils eigenen Chance-Risiko-Profilen, Margin-Anforderungen und unterschiedlichem Charakter. Das stellt uns vor die gleichen Probleme, die unsere Kunden haben: wie viel jedem Investment zugeteilt werden soll und wie oft wir die Allokationen anpassen sollen. Wir verfolgen bei Trendstat das Ziel, mithilfe dieser Konzepte die Chance-Risiko-Verhältnisse zu verbessern, und deshalb habe ich in dieser Studie einige der Aspekte des Allokationsmanagements überprüft.

Der Hintergrund der Studie

Als Erstes brauchte ich eine Datengrundlage und so nahm ich alle fünf Strategien, die wir verwenden, und kombinierte sie – jeweils 20 Prozent, kein Rebalancing – und ließ sie über die 86 Monate, für die wir Daten hatten, jeweils ihre Gewinne und Verluste produzieren.

Dann strukturierte ich drei weitere Fälle. Zunächst schaute ich mir an, was passiert wäre, wenn man bei 20 Prozent geblieben, aber zum Ende jedes Monats ein Rebalancing auf 20 Prozent vorgenommen hätte. Man könnte dieses Konzept als Robin-Hood-Methode der Allokation bezeichnen, denn sie nimmt den „heißen" Investments (den Reichen) etwas weg und gibt es den „kalten" Investments (den Armen). Im Juni 1994 veröffentlichte ich einen Forschungsartikel zu diesem Konzept im MAR.

Dann wandte ich unsere Strategie der Asset Allocation in umgekehrtem Verhältnis zu extremen Volatilitäten des betreffenden Investments in beliebigen 20-Jahres-Zeiträumen an. Ich habe Studien durchgeführt, aus denen hervorging, dass dies robuster ist als traditionelle Allokationspläne, die auf der Volatilität basieren. Und auf diese Weise verteilen wir derzeit in unserem Flaggschiff-Dachprogramm unsere Anlagen.

Und schließlich kombinierte ich die Konzepte des Rebalancings und der extremen Volatilität miteinander, um zu ermitteln, wie es sich auswirkt, beide anzuwenden. Ich verwendete viele Standardkennzahlen für Rendite, Risiko und das Verhältnis zwischen beiden, um die jeweiligen Fälle zu analysieren.

Die Ergebnisse der Studie

Ich erwartete, dass der Basisfall ein höheres Rendite- und Risikopotenzial haben würde, denn hier würden erfolgreiche Strategien mit schnelleren Kursbewegungen in späteren Jahren einen größeren Anteil des Portfolios vereinnahmen, weil das Portfolio zwischenzeitlich nicht ausgeglichen wird. Das schlug sich in den Renditen des besten Monats sowie der besten und schlechtesten zwölf Monate nieder, wobei der Basisfall bezüglich dieser Kennzahlen die besten Ergebnisse verzeichnete.

Tabelle A: Verschiedene Methoden, ein Portfolio aufzuteilen und seine Gewichtungen anzupassen

	Basisfall	Rebalancing	Extremes Volumen	Beide Konzepte
% gesamt	17,42 %	**17,83 %**	16,61 %	17,25 %
Maximaler Drawdown	-11,73 %	-9,91 %	-8,57 %	**-8,09 %**
Bester Monat	**12,18 %**	11,64 %	11,36 %	10,62 %
Schlechtester Monat	-9,08 %	-8,87 %	-7,87 %	**-7,91 %**
Monatliche Standardabweichung	4,17 %	4,00 %	3,68 %	**3,59 %**
Rendite/maximaler Drawdown	1,48	1,8	1,94	**2,13**
Rendite/ Standardabweichung	4,18	4,46	4,52	**4,8**
Beste 12 Monate	**41,21 %**	40,12 %	40,47 %	38,55 %
Schlechteste 12 Monate	**0,98 %**	-1,31 %	-2,87 %	-3,47 %
Sortino Ratio (0 %)	1,88	2	2,01	**2,16**
Sharpe Ratio	1,26	1,31	1,26	**1,32**
Profitable Monate	65,10 %	67,40 %	67,40 %	**68,60 %**

Fettgedruckte Zahlen zeigen die besten Ergebnisse aller Fälle an.

Verwendete Berechnungen:

Sortino Ratio = Annualisierte Rendite/Annualisierte Verlustmonate

Annualisierte Differenz zwischen Monatsrendite und monatlicher Schatzwechselverzinsung geteilt durch die Standardabweichung aller rollierenden 12-Monats-Zeiträume

Das Rebalancing verbesserte den Basisfall hinsichtlich aller Kennzahlen für das Rendite-Risiko-Verhältnis und aller Risikokennzahlen. Diese Strategie erhöhte auch den prozentualen Anteil der profitablen Monate im Betrachtungszeitraum. Auch brachte das Rebalancing des Portfolios von allen geprüften Fällen die höchste annualisierte Rendite. Es ist also sinnvoll, die Aufteilung des Portfolios so zu belassen, wie sie geplant war, auch wenn es wie in diesem Fall gleichmäßig gewichtet ist.

Alle Anleger und Fondsmanager streben etwas Besseres als die gleichmäßige Gewichtung eines Portfolios an. Einen gewissen Erfolg hatten wir damit, uns bei der Allokation nach extremen Volatilitäten zu richten, denn dieser Ansatz bewältigt robust diejenigen Zeiten, in denen die Preise extrem schwanken und große Gewinne oder Verluste anfallen können. In dieser Fallstudie richteten wir das Portfolio anhand extremer Volatilitäten aus und ließen es dann ohne Rebalancing schwanken.

Diese Methode verbesserte alle Kennzahlen für das Rendite-Risiko-Verhältnis außer dem Sharpe Ratio und erhöhte den Anteil der Monate, in denen sie profitabler als der Basisfall war.

Schließlich kombinierte ich die Strategie der Asset Allocation und passte sie jeden Monat an die Zielallokationen an, die auf extremen Volatilitäten basierten. Auf diese Weise betreiben wir unser Dachprogramm. Mit dieser Fallstudie erzielten wir unter allen das höchste Rendite-Risiko-Verhältnis sowie die niedrigsten Risikokennzahlen fast aller Fälle bei nur leicht niedrigeren Renditen. Der Anteil der Monate mit Gewinn war hier von allen Fällen der höchste.

Was sagt uns das?

Zunächst einmal bestätigte diese Studie meine Überzeugung, dass eine vernünftige Strategie der Asset Allocation eine bessere Performance bringt, als wenn man einfach ein gleichgewichtetes Portfolio zusammenbaut. Auch zeigte sie, dass ein Rebalancing des Portfolios das Rendite-Risiko-Verhältnis stets verbessert. Eine Kombination aus beiden ist noch leistungsfähiger und bringt für das Gesamtportfolio zusätzlichen Nutzen.

Die meisten Anleger und Dachfonds-Manager haben eine Allokationsstrategie, auch wenn sie willkürlich oder beliebig ist. Jedoch gleichen meiner Erfahrung als Vermögensverwalter nach nicht alle unsere Kunden ihre Portfolios so oft aus, wie sie es könnten oder sollten. Diese Studie trägt dazu bei, Investoren die Motivation zu verschaffen, dass sie Allokations- oder Rebalancing-Methoden einsetzen, um das Chance-Risiko-Verhältnis ihrer Kunden zu verbessern.

Das zweite Ergebnis, auf das diese Studie verweist, besagt, dass es berechtigt ist, dass individuelle Vermögensverwalter mehr von einem Manager verwaltete multistrategische Fonds erstellen. Betreiber von Dachfonds, Investmentpools und Family Offices wissen schon seit Jahren, dass die Diversifizierung ihrer Portfolios ihre Rendite-Risiko-Verhältnisse verbessert. Dies hat allerdings unter anderem den Nachteil, dass sie handelsübliche Strategien nutzen müssen. Dadurch entfallen viele Strategien, deren Kapazität begrenzt ist, deren Mindestanlagesummen sich der Anleger nicht leisten kann oder die derart merkwürdige Gewinn-Verlust-Profile haben, dass der Manager sie nicht anbieten kann oder will.

Individuelle Vermögensverwalter unterliegen keinen solchen Beschränkungen. Sie können beliebig viele Strategien einsetzen, die dafür gedacht sind, ein multistrategisches Programm eines einzelnen Managers zu diversifizieren, ohne groß Rücksicht darauf zu nehmen, was potenzielle Kunden davon halten könnten. In der Entwurfsphase besteht das Ziel einer Multistrategie darin, mehrere Strategien miteinander zu kombinieren, von denen man annimmt, dass sie das beste Rendite-Risiko-Verhältnis liefern, das man seinen Kunden bieten kann. Indem der individuelle Manager vernünftige Strategien entwickelt, sie gemäß einem vernünftigen Plan miteinander kombiniert und regelmäßig wieder an den Zielen ausrichtet, kann er das Gesamtergebnis definitiv aufbessern und das mit diesen Strategien bestmögliche Chance-Risiko-Verhältnis bieten.

GEDANKEN ÜBER GUTE **ANLAGEPSYCHOLOGIE INMITTEN VON TURBULENZEN**

Wenn ich über die wenigen Tage vom 11. bis zum 17. September 2001 nachdenke, dann kann ich mich des Gedankens nicht erwehren, ich hätte einen Film mit Bruce Willis gesehen. Bloß habe ich das Ende des Films noch nicht gesehen, wo die Guten die Bösen unter schweren Zerstörungen außer Gefecht setzen. Gewöhnlich betrachte ich das Leben als eine Art Film, bei dem man erraten kann, wohin sich die Handlung entwickelt, aber manchmal überrascht wird. Man kann sich erinnern, wo die Handlung stand, aber dahin kehrt sie nicht mehr zurück. Und wie im Film ist im Leben die einzige Szene, die man wirklich deutlich sehen kann, diejenige, die man in diesem Augenblick vor sich hat.

Das Trading hat große Ähnlichkeiten mit diesem Film des Lebens. Die Ereignisse vom 11. September haben überrascht und entsetzt. Aber in jenem Augenblick und in allen Augenblicken seither mussten sich Anleger und Trader auf den jeweiligen Augenblick konzentrieren. Die Umstände mögen sich ändern, aber der Fokus auf die aktuelle Situation sollte sich niemals ändern. Es kann seinen Reiz haben, die Zukunft vorherzusagen oder sich in Erinnerungen zu ergehen, und die Medien lieben es, über 50 Arten zu spekulieren, auf die sich die Welt weiterentwickeln wird.

Aber wenn man über die Zukunft spekuliert, kann man sich nicht auf das konzentrieren, was man genau jetzt tun sollte und kann. Man kann keine Trades ändern, die man letztes Jahr getätigt hat, oder Trades in der nächsten Woche ausführen, denn die nächste Woche ist noch nicht da. Man kann nur im jetzigen Augenblick einen Trade ausführen oder eine Order aufgeben. Indem sich der Trader auf die jetzige Szene im Film des Lebens konzentriert, kann er dafür sorgen, dass er für die derzeitigen volatilen Bedingungen richtig positioniert ist.

WIE VIEL ZEIT DIE AKTIEN IN STEIGENDEN, **FALLENDEN UND SEITWÄRTSLAUFENDEN MÄRKTEN VERBRACHT HABEN (UPDATE 2018)**

Zweck der Studie

Im Jahr 1992 erstellte ich eine Studie darüber, wie viel Zeit der Markt in aufwärts-, abwärts- und seitwärtsgerichteten Perioden verbringt. Sie erfüllte damals mehrere Zwecke:

1. Sie stellte den Namen von Trendstat an die vorderste Front der Vermögensverwaltungsbranche.
2. Sie zeigte wieder einmal den Wert des Market-Timings für die Senkung des Risikos.
3. Sie half mir persönlich, beim Anstreben von Renditen durch Trading geduldiger zu sein, weil die meisten Gewinne aus einem sehr kleinen Teil der Trading-Zeit und aus einem kleinen Teil der Trades stammen.

Wie die Studie durchgeführt wurde

Die ursprüngliche Studie analysierte Daten von Januar 1964 bis Juli 1992. Damals waren die Modelle von Trendstat zu komplex, um sie einfach zu erklären, und deshalb wählte ich zur Erzeugung von Kauf- und Verkaufssignalen ein Modell mit Schnittpunkten exponentieller gleitender Durchschnitte (EMA = Exponential Moving Average). Für die vorliegende Aktualisierung der Studie beschloss ich, eine recht langfristige und leicht durchzuführende Strategie zu erstellen, für die ich einen 10-Tages-EMA und einen 50-Tages-EMA verwendete. Wenn der 10-Tages-EMA den 50-Tages-EMA von unten nach oben schnitt, stufte ich das als Kaufsignal ein. Wenn der kürzere EMA den längeren von oben nach unten schnitt, betrachtete ich das als Kaufsignal. Um es einfach zu halten, verwendete ich dafür nur Schlusskurse.

Dann unterteilte ich alle Signale in aufwärts-, abwärts- und seitwärtsgerichtete Märkte. Dabei ging ich davon aus, dass ein aufwärtsgerichteter Markt ein Kaufsignal war, das mindestens fünf Prozent Ertrag brachte. Jedes Verkaufssignal, in dessen Zuge der Markt um mindestens fünf Prozent fiel, betrachtete ich als abwärtsgerichteten Markt. Wenn ein Signal Erträge zwischen minus fünf Prozent und plus fünf Prozent lieferte, führte die Bewegung im Grunde nirgendwohin, und darum stufte ich sie als Seitwärtsmarkt ein.

Dann ließ ich das Programm mit diesen Daten laufen und fasste die Ergebnisse anhand verschiedener Kennzahlen zusammen.

Exponentielle gleitende Durchschnitte

Lassen Sie mich ein bisschen abschweifen und den exponentiellen gleitenden Durchschnitt (EMA) definieren. Als Erstes muss man anhand der Anzahl der Tage, über die man den gleitenden Durchschnitt berechnen möchte, einen Gewichtungsfaktor errechnen. Die Formel für diesen Faktor sieht so aus:

Gewichtungsfaktor = 2/(Anzahl Tage + 1)
Gewichtungsfaktor 10-Tages-EMA = 2/(10 +1) = 0,1818

Dann wird der EMA jeden Tag berechnet, indem man den Durchschnitt vom heutigen Tagesschlusskurs abzieht, die Differenz mit dem Gewichtungsfaktor multipliziert und das Ergebnis zum Durchschnitt des Vortags addiert. Dadurch fließt nur ein Bruchteil der heutigen Daten in den Durchschnitt ein.

Beispiel: Der Durchschnitt beträgt 110, der heutige Schlusskurs 120. Dann berechnet man den 10-Tages-EMA so:

Neuer EMA = 110 + 0,1818 x (120 – 110) = 111,82

Ergebnisse:

Trades	31	16	366	413	1	413
% der Trades	7,51	3,87	88,62	100	100	100
Anzahl der Tage	5.767	1.862	12.007	19.636	19.636	19.636
% der Tage	**29,37**	**9,48**	**61,15**	100	100	100
Rendite in %	464,03	206,56	-492,35	178,24		
CAGR in %					6,90 %	4,36 %
Durchschnitt in % je Trade	14,97	12,91	-1,35			
Maximum					**-56,78**	**-25,36**

Für die Berechnungen wurden ausschließlich Long-Positionen verwendet.

Zur Beachtung: Die für die Studie verwendete Datenbank erstreckt sich über die Zahlen vom 2. Januar 1964 bis zum 1. Oktober 2018.

Fazit

1. Die meiste Zeit (61 Prozent) wurde in Seitwärtsmärkten verbracht, die Trendfolgern wenig oder negativen Wert bringen. Aber der pro Trade verlorene Wert war gering (-1,35 Prozent).
2. Sowohl in steigenden (durchschnittlich +14,97 Prozent) als auch in fallenden Märkten (+12,91 Prozent verpasste Verluste) entstand zusätzlicher Wert.

3. Timing senkte das Risiko (maximaler Drawdown -25,36 Prozent, bei Buy-and-hold hingegen -56,78 Prozent).
4. Nur 29 Prozent der Zeit wurden in steigenden Märkten verbracht.
5. Nur neun Prozent der Zeit wurden in fallenden Märkten verbracht.
6. Das Crossover-System mit exponentiellen gleitenden Durchschnitten über zehn und 50 Tage ergab circa 6,5 „Roundturns" (13 Trades) pro Jahr. Das bedeutet etwa einen Trade im Monat, also war das Timing nicht besonders aktiv.
7. Buy-and-hold übertraf die Timing-Strategie, weil die Aktien im Betrachtungszeitraum grundsätzlich nach oben tendierten.
8. Die Long-only-Timing-Strategie erbrachte eine positive Rendite, wenn auch eine geringere als die Buy-and-hold-Methode, allerdings bei viel geringerem Risiko.

Ich sehe die Ergebnisse so:

Der Schlüssel zu einem unbeschwerten langfristigen Erfolg beim Trading liegt darin, diszipliniert zu bleiben und sich an seine Strategie zu halten, wenn sie so performt, wie man es erwarten würde. Wenn man am Aktienmarkt engagiert ist und 61 Prozent der Zeit in Marktlagen verbringt, die nirgendwohin laufen, muss man sich klarmachen, dass man viel Zeit in Seitwärtsmärkten verbracht hat. Das Timing bringt nur während 39 Prozent der Zeit zusätzlichen Wert. Man sollte sich verstärkt in Geduld üben und der Strategie Zeit lassen, genug aufwärts-, abwärts- und seitwärtsgerichtete Märkte mitzunehmen, um zu sehen, wie sie mit unterschiedlichen Marktlagen zurechtkommt. Läuft sie wie erwartet, sollte man auf Kurs bleiben.

Zudem stelle ich fest, dass viele Trader ihr Vorgehen aufgeben, wenn es etwas rauer zugeht. Ich weiß nicht, wie viele Trader einen Drawdown von 56 Prozent oder mehr durchstehen – mich eingeschlossen. Ich kann also aus meiner Erfahrung als Vermögensverwalter mit Kunden und aus meiner Erfahrung als Trader sagen, dass wenige Menschen, die ich kenne, auf die Dauer eine Buy-and-hold-

Strategie durchhalten. Das Risiko im Laufe der Zeit ist einfach zu hoch und früher oder später wird die Strategie aufgegeben. Zu traden, um das Portfolio für den Trend zu positionieren, ist sinnvoller, denn das hält den Trader geistig im Gleichgewicht, sodass er sich an seinen Plan halten kann. So bringt er sich nie in eine Position, die sich sehr lange oder sehr stark gegen ihn richtet.

NEUES ÜBER **MARKET-TIMING**

Wir haben alle Argumente gehört.

Die Buy-and-hold-Gläubigen werden Ihnen schwören, man könne den Markt nicht durch Timing schlagen. Sie werden Sie auf die Kosten des Timings hinweisen. Sie werden auf das viele Geld hinweisen, das man verlieren kann, weil einem die besten Börsentage entgehen, aber sie werden es passenderweise unterlassen, von den verpassten schlechten Tagen und von den Auswirkungen auf das Portfolio und die Psyche des Anlegers zu sprechen (mehr dazu später). Sie werden es kompliziert und zu schwierig klingen lassen und so tun, als würde nur ein Idiot es mit dem Timing versuchen.

Wir müssen also Vollidioten sein, denn in der einen oder anderem Form timen wir den Markt seit rund 17 Jahren, und ich würde mich niemals damit wohlfühlen, den Markt zu kaufen und zu halten. Anstatt zu sagen, Timing funktioniere nicht, sollten Finanzberater es einfach als weitere mögliche Herangehensweise an die Geldanlage mit einem anderen Ertragsfluss bei geringerem Risiko betrachten. Ich möchte Argumente dafür vorbringen, dass jeder es in Betracht ziehen sollte, einen Teil seines gut diversifizierten Portfolios in eine Form der getimten Geldanlage zu investieren.

Die Konstruktion einer vernünftigen Timing-Studie

Der erste Schritt besteht darin, zu verstehen, woraus eine Timing-Strategie besteht. Es folgt nun eine einfache, aber effektive Timing-Strategie, die jeder mit einem Taschenrechner oder einer Tabellenkalkulation verfolgen kann, eine Trendfolge-Strategie, die am Markt mithilfe einfacher gleitender Durchschnitte die richtigen Zeitpunkte abpasst.

Mit gleitenden Durchschnitten kann man sich auf die allgemeine Richtung des Marktes konzentrieren, indem man das Rauschen der täglichen Schwankungen minimiert. Stellen Sie sich einen gleitenden Durchschnitt als Kombination der Preise vieler Tage vor. Dadurch reduziert sich die Auswirkung, die ein einzelner Tag auf die Entscheidungsfindung hat. Viele Berater verwenden verschiedene gleitende Durchschnitte, weil diese Indikatoren gewährleisten, dass die Anleger an jeder größeren Aufwärtsbewegung des Marktes partizipieren.

Befolgt man die gleitenden Durchschnitte wie eine Religion, kann man eine größere Bewegung nicht verpassen. Außerdem lassen gleitende Durchschnitte den Manager an einem gewissen Punkt aus Abwärtsbewegungen aussteigen und bewahren dadurch einen Teil des Portfoliowerts. Der Nachteil der Verwendung gleitender Durchschnitte ist, dass sie in schwankenden, seitwärtslaufenden Märkten meist viele Signale geben, die nicht lange halten – was möglicherweise zu zahlreichen kurzen Trades führt, von denen viele Verlust bringen. Man spricht dabei auch vom Whipsaw-Effekt, weil sich die Kurse hin- und herbewegen wie eine von zwei Personen bediente Schrotsäge.

Zuerst erstellt man einen langsamen exponentiellen gleitenden Durchschnitt (EMA) mit einer Glättungskonstante von 0,05. Die konkreten mathematischen Formeln finden Sie am Ende dieses Berichts. Für den zweiten, schnelleren EMA verwenden wir 0,3. Wie bei den meisten einfachen Strategien mit gleitenden Durchschnitten wird das betreffende Investment gekauft, wenn der schnellere gleitende Durchschnitt über den langsameren steigt. Wenn er unter den langsameren gleitenden Durchschnitt fällt, wird verkauft. Wenn die Strategie nicht an der Börse investiert war, schrieben wir dem Depot die Rendite 3-monatiger Schatzwechsel gut und als Investition in den Markt kauften wir den S&P 500. Da der S&P 500 ein Index ist, kann man nicht unmittelbar in ihn investieren, aber es gibt einige Näherungen dafür, unter anderem Indexfonds und börsennotierte Fonds (ETFs).

Eine Kritik am Timing besagt, da die Handelsgebühren nicht in den Studien enthalten seien, ergebe sich eine übertrieben optimistische Rendite. Man kann als Anleger zwar gebührenfrei einen Indexfonds auf den S&P 500 Index kaufen, aber ich ging von einer Kostenquote von 0,2 Prozent pro Jahr für einen Indexfonds aus, weil ich eine Reihe solcher Fonds mit diesem Gebührensatz fand. Bei No-Load-Fonds fallen keine Gebühren an und man kann sie mithilfe gebührenfreier Telefonanrufe und manchmal auch über das Internet problemlos kaufen und verkaufen.

Ein weiterer Kritikpunkt an vielen Timing-Studien besagt, der Vermögensverwalter verwende für seine Timing-Entscheidungen Tagesschlusskurse und schreibe dem getimten Portfolio dann den Tagesschlusskurs zu. Dabei verweisen die Kritiker zu Recht darauf, dass man am Ende des Tages ja nicht wisse, dass man kaufen müsse, denn zu diesem Zeitpunkt sei es zum Kaufen ja schon zu spät. Um den Markt korrekt zu timen, verwendet unser einfaches Beispielmodell daher Tagesschlusskurse für die Berechnung der Kauf- und Verkaufssignale, es kauft und verkauft jedoch zum Schlusskurs des nächsten Tages. Somit bleibt ein ganzer Tag, um den Investmentfonds die Trading-Absicht mitzuteilen.

Ich hatte für den S&P 500 Composite Index – einschließlich Dividenden – Zahlen, die bis Januar 1960 zurückreichten, und diese verwendete ich als Ausgangspunkt der Studie. Für den Geldmarkt verwendete ich die Renditen 3-monatiger Schatzwechsel laut der Datenbank Federal Reserve Economic Data (FRED) über den gleichen Zeitraum.

Was ist das potenzielle Ziel eines perfekten Timings?

Als Erstes schauten wir uns an, worin der Nutzen des Market-Timings bestehen könnte. Was wäre, wenn man jeden Tag eine perfekte Kristallkugel hätte? Um ein Gefühl dafür zu bekommen, nahmen wir den S&P 500 Index und Schatzwechsel. Wenn der Aktienmarkt schneller als um die Schatzwechsel-Rendite stieg, schrieben wir uns die Börsenrendite laut S&P 500 Index abzüglich der Kosten für den Investmentfonds gut. Überstieg die Rendite von Schatzwechseln die des S&P 500, schrieben wir uns die Verzinsung der Schatzwechsel gut.

In den 41 Jahren, für die wir Zahlen hatten, belief sich die annualisierte Rendite des perfekten Timings auf +142,7 Prozent. Das Sharpe Ratio, das die Jahresrendite, die über einen risikolosen Zinssatz hinausgeht, geteilt durch die Standardabweichung dieser Rendite angibt, betrug 6,78 – eines der höchsten Ratios, das ich je gesehen hatte. Natürlich gab es bei dieser idealisierten Art des Timings keinen einzigen Verlusttag.

Ein Anleger, der eine solche perfekte Kristallkugel besäße, hätte in diesen 41 Jahren 4.648 Trades durchführen müssen, also 113 Trades pro Jahr – eine Menge Arbeit. Die beste rollierende Periode über 250 Tage (das entspricht etwa den Handelstagen eines Jahres) hätte sensationelle +372,3 Prozent eingebracht, und die schlechteste rollierende Periode über 250 Tage immer noch stolze +50,3 Prozent.

Ob das realistisch ist? Ich bin der Erste, der sagt, dass es definitiv nicht realistisch ist, aber es hilft uns, ein Gefühl für die Größenordnung des Potenzials zu bekommen, das man mit einer Timing-Methode anstrebt.

Die Performance einer einfachen Timing-Strategie

Um die Gültigkeit des Timings zu überprüfen, musste unsere einfache Strategie so beschaffen sein, dass sie ein Anleger recht problemlos ohne große Belastung oder Stress umsetzen kann. Der oben dargelegte Ansatz mit zwei gleitenden Durchschnitten produzierte über die 41 Jahre nur 335 Trades, also im Schnitt neun Trades pro Jahr. Das wäre für die meisten Anleger keine schwere Bürde.

Mich überraschte es nicht, dass die einfache Timing-Strategie in den 1960er- und 1970er-Jahren meistens hervorragend funktionierte. Gegen Ende der 1980er-Jahre schloss Buy-and-hold schließlich zur Timing-Performance auf. Und während der Hausse der 1990er-Jahre trug Buy-and-hold mit Leichtigkeit den Sieg davon.

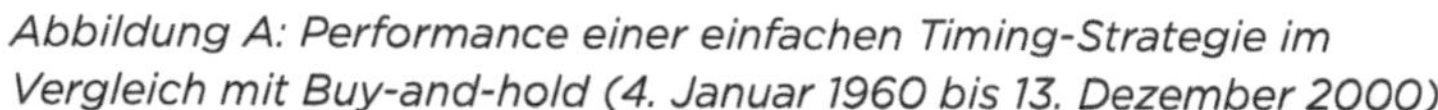

Abbildung A: Performance einer einfachen Timing-Strategie im Vergleich mit Buy-and-hold (4. Januar 1960 bis 13. Dezember 2000)

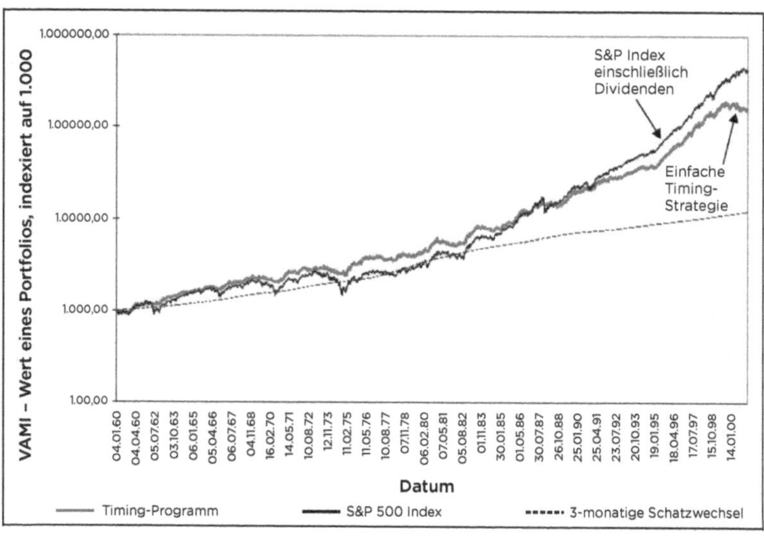

Abbildung A zeigt die Performance einer Buy-and-hold-Strategie mit dem S&P 500 und Schatzwechseln im Vergleich zu unserem einfachen Timing-Ansatz. In den 1960er- und 1970er-Jahren herrschte ein Timing-Markt und die Timing-Strategie legte einen guten Start hin. Die frühen 1980er-Jahre bescherten den Anlegern sehr hohe Zinsen, sodass in dieser Zeit die Schatzwechsel gut liefen. Und schließlich lief das Kaufen und Halten von Aktien Ende der 1980er-Jahre und in den 1990er-Jahren gut; sie holte die Renditen der beiden anderen Strategien ein und überholte sie schließlich.

Die einfache Timing-Strategie schlägt sich hier im Vergleich zur Buy-and-hold-Strategie ganz gut. Interessanterweise lag das Wachstum der einfachen Schatzwechsel noch 1983, als die Studie bereits rund 23 Jahre hinter sich hatte, über dem von Kaufen und Halten. Allerdings übertraf die Timing-Strategie unsere Geldmarkt-Benchmark während des größten Teils des Betrachtungszeitraums.

Weitere Ergebnisse der Studie

Wir schauten uns einige gängige Kennzahlen für Trades, Renditen und Risiken an, um zu sehen, wie wohl wir uns mit der Strategie fühlen würden. Die Ergebnisse sind in Tabelle A zu sehen.

Tabelle A

	Rendite/Jahr	Maximaler Drawdown	Längster Drawdown in Tagen	Durchschnittlicher Drawdown	Trades	Trades/Jahr	Monatliche Standardabweichung	Jährliche Standardabweichung
S&P 500, Kaufen und Halten	15,9 %	-45,2 %	1.344	-5,6 %	1	0	4,3 %	19,1 %
3-monatige Schatzwechsel	6,3 %	0,0 %	0	0,0 %	166	4	0,2 %	2,6 %
Einfache Timing-Strategie	13,2 %	-20,1 %	777	-4,3 %	335	8	3,3 %	16,0 %
Kombination 50/50	14,7 %	30,8 %	1.089	-4,5 %	336	8	3,6 %	17,0 %
Perfektes Timing	142,7 %	0,0 %	0	0,0 %	4.648	113	3,9 %	19,3 %

Zahlen von 4. Januar 1960 bis 13. Dezember 2000

Auch hier gibt es kaum Überraschungen. Wie von mir erwartet, war das Risiko der Timing-Strategie geringer als das von Buy-and-Hold, weil sie zeitweise in die als risikolos geltenden Schatzwechsel investiert war. Auch hält die Timing-Strategie den maximalen Drawdown erträglicher. In den Jahren 1973 und 1974 fiel die Börse um mehr als 45 Prozent. Viele Anleger sprangen unter schweren Verlusten ab und schworen sich, nie wieder an die Börse zurückzukehren. Die meisten heutigen Anleger haben eine solche Verwüstung ihres Portfolios noch nie erlebt oder haben schlicht vergessen, dass der Aktienmarkt solche Bewegungen vollziehen kann – oder sind überzeugt, der Aktienmarkt folge heutzutage anderen Regeln.

Die einfache Timing-Strategie verkürzte die maximale Zeit, in der ein Anleger einen Drawdown hätte ertragen müssen, von 1.344 Tagen (circa 3,7 Jahren) bei der Buy-and-hold-Strategie auf 777 Tage (circa 2,1 Jahre). Auch waren beim Timing die durchschnittlichen Drawdowns geringer, sodass die Fahrt des Anlegers durch die rauen Phasen des Aktienmarkts bequemer war.

Tabelle B

	Rendite/ maximaler Drawdown	Sortino Ratio	Sharpe Ratio	Korrelation zum S&P 500
S&P 500 Index, Kaufen und Halten	0,35	3,46	0,49	1,00
3-monatige Schatzwechsel			0,00	-0,04
Einfache Timing-Strategie	0,65	3,37	0,42	0,73
Kombination 50/50	0,48	3,54	0,48	0,73
Perfektes Timing			6,78	0,81

Zahlen von 4. Januar 1960 bis 13. Dezember 2000

In Tabelle B werden einige Rendite-Risiko-Kennzahlen gezeigt. Bezüglich des Verhältnisses der Rendite zum maximalen Drawdown ist die Timing-Strategie Sieger. Dies zeigt uns, dass die Timing-Strategie pro Einheit des von Anlegern erlittenen maximalen Drawdowns mehr Rendite produzieren konnte. Das Sortino Ratio, das die Renditen nur zu den Verlusten der Verlustmonate ins Verhältnis setzt, war bei den Strategien ähnlich, wobei Kaufen und Halten einen kleinen Vorsprung hatte. Auch wenn es die wohl beliebteste Rendite-Risiko-Kennzahl ist, so ist mir das Sharpe Ratio persönlich doch am wenigsten lieb. Es geht von einer Normalverteilung der Erträge aus, die bei aktiv gemanagten Strategien jedoch fast nie vorliegt. Buy-and-hold hat ein besseres Sharpe Ratio als die einfache Timing-Strategie.

Das beste Sortino Ratio kommt durch die Kombination von 50 Prozent Kaufen und Halten mit 50 Prozent Timing zustande. Dies liefert einen ausreichend abweichenden Ertragsfluss, damit das Sortino Ratio des Gesamtportfolios etwas besser ist als das der Timing-Strategie. Die einfache Timing-Strategie hatte eine Korrelation zum S&P 500 von 0,73. Selbst die Kritiker des Timings sollten den vorteilhaften Effekt anerkennen, dass dadurch ein abweichender, weniger korrelierter Ertragsfluss in ein Gesamtportfolio eingebracht wird, das aus einer beliebigen Mischung von Anlagen besteht.

Die besten und die schlechtesten Tage ...

Ich glaube, ich habe 15 Fälle gefunden, in denen diese Studie angeführt wurde, um Timing-Strategien wegen dessen zu kritisieren, was sie dadurch aufgeben, dass man mit ihnen die besten 10 bis 20 Tage der Kursbewegungen am Aktienmarkt verpasst. Das mag interessant sein, aber was ist falsch daran, den Spieß umzudrehen und sich die Möglichkeit und den Vorteil anzusehen, dass man dabei auch die schlechtesten Tage verpasst, die uns der Markt im Laufe der Zeit beschert hat?

In Tabelle C ist zu sehen, dass der schlechteste Tag, den der Markt in unserer Datenbank erlebte, der Crash am 19. Oktober 1987 war, als er 20,4 Prozent verlor. Viele Anleger mögen sich nicht wie ich daran erinnern können, dass sie vor einem Bildschirm saßen und zusahen, wie der Dow Jones alle paar Sekunden um fünf Punkte fiel, und dabei bedachten, dass das, was zu sehen war, aufgrund des Volumens der Panikverkäufe etwa eine Stunde hinter der Wirklichkeit zurücklag. Am nächsten Tag mussten die Banken intervenieren, um Liquidität bereitzustellen und einen Zusammenbruch des Finanzsystems, wie wir es kennen, zu verhindern. Viele dachten, das gesamte System würde einstürzen. Heute hält man scharfe Abwärtsbewegungen für Kaufgelegenheiten. Ein Kursrutsch ist eine „Gewinnmitnahme". Glaubt irgendjemand wirklich, dass alle Gewinne mitnehmen, wenn die Börse fällt?

Tabelle C

	10 beste Tage gesamt %	10 schlechteste Tage gesamt %	Bester Tag %	Schlechtester Tag %	Bester rollierender 250-Tages-Zeitraum %	Schlechtester rollierender 250-Tages-Zeitraum %
S&P 500 Index, Kaufen und Halten	53,7	-77,3	9,1	-20,4	74,0	-41,6
3-monatige Schatzwechsel	1,6	0,1	0,2	0,0	15,6	2,8
Einfache Timing-Strategie	37,9	-49,5	5,2	-6,8	64,4	-17,1
Kombination 50/50	39,3	-56,5	5,2	-10,2	67,6	-28,3
Perfektes Timing	53,7	0,1	9,1	0,0	372,3	50,3

Zahlen von 4. Januar 1960 bis 13. Dezember 2000

Unsere einfache Timing-Strategie bemerkte die Abwärtsbewegung des Marktes, die in den Crash mündete, und saß zehn Tage vor dem Crash-Tag auf gefahrlosen Schatzwechseln. Der schlimmste Tag, den die Timing-Strategie durchmachte, brachte ein Minus von 6,8 Prozent – ungefähr das, was Anleger heutzutage bei ihren Tech-Aktien jeden Tag erleben.

Das, was die Kritiker des Timings nicht begreifen oder worüber sie nicht sprechen wollen, sind die verheerenden Auswirkungen von Verlusten auf ein Portfolio. Die schlechtesten zehn Tage der Buy-and-hold-Strategie im Betrachtungszeitraum kosteten die Anleger insgesamt 77,3 Prozent, während die schlechtesten zehn Tage der Timing-Strategie nur 49,5 Prozent wegnahmen. Betrachtet man die Auswirkungen der zehn besten und der zehn schlechtesten Tage, ergeben sich beim Buy-and-hold-Portfolio minus 23,6 Prozent. Hätte die einfache Timing-Strategie dazu geführt, dass man die zehn schlechtesten und die zehn besten Tage verpasst hätte, dann hätte sich ein Vorteil von plus zwölf Prozent für das Timing ergeben.

Wenn der Markt fällt, wirkt sich das emotional eindeutig stärker aus, als wenn er steigt, was wahrscheinlich daran liegt, dass die Panik bei fallenden Märkten für die Anleger in höherem Maße erschreckend ist, als sie ein Anstieg des Marktes begeistert.

Auch wenn man sich rollierende 250-Tages-Perioden anschaut, liegt der Vorteil beim Timing. Zählt man die besten 250-Tages-Perioden und die schlechtesten 250-Tages-Perioden zusammen, brachte das Timing einen Gesamtgewinn von 47,3 Prozent, während Kaufen und Halten nur 32,4 Prozent einbrachte. Wenn ich mir alle Perioden anschaue, die Schlagzeilen machen – nach oben wie nach unten –, dann muss ich zu dem Schluss kommen, dass eine Timing-Strategie der vernünftigere Ansatz ist, denn sie bringt bei vergleichbaren Renditen weniger Risiko und weniger emotionale Belastung mit sich.

Jahresrenditen

Ich untersuche gern Perioden mit fallenden Kursen, denn das sind die Zeiten, die für die Anleger Stress bedeuten und sie veranlassen, ihre Anlagepläne aufzugeben. Viele akademische Studien unterlassen es, das Verhalten der Anleger zu berücksichtigen. Die Wirklichkeit ist jedoch, dass Anleger Verluste nicht mögen und dass sie insbesondere dann emotionale Entscheidungen treffen, wenn sie in ihrem Portfolio Verluste sehen. Um die abwärtsgerichteten Perioden zu analysieren, stellen wir in Abbildung B die Jahresrenditen aller 12-Monats-Perioden (von Februar bis Ende Januar) dar. Die

Kaufen-und-Halten-Strategie verzeichnete acht verlustbringende 12-Monats-Zeiträume, die einfache Timing-Strategie hingegen sieben Verlustperioden. Noch wichtiger ist jedoch, dass man auf den ersten Blick sieht, dass die Ausschläge der Timing-Strategie viel kleiner als die größeren Rückgänge der Buy-and-hold-Strategie waren.

Abbildung B: Jahresrenditen der einfachen Timing-Strategie, von Buy-and-hold und von Schatzwechseln im Vergleich (4. Januar 1960 bis 13. Dezember 2000)

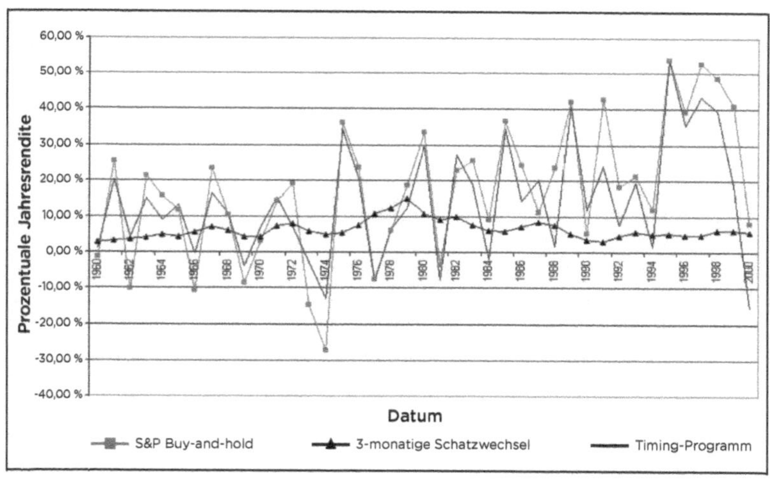

Sortierung nach Monatsrenditen

Eine andere Möglichkeit, Profile verschiedener Strategien zu erstellen, besteht darin, ihre jeweiligen Renditen von der besten bis zur schlechtesten zu sortieren und die Kurven zu vergleichen. In Abbildung C haben wir die sortierten Monatsrenditen beider Strategien dargestellt. Man sieht, dass die Timing-Strategie einen Teil des Risikos der wirklich schlechten Monate abschneidet und ein bisschen von der Performance der Monate mit Gewinn liegen lässt. Die Anzahl der positiven und negativen Monate ist bei beiden Strategien ungefähr die gleiche.

Abbildung C: Die sortierten Renditen der Buy-and-hold-Strategie und der einfachen Timing-Strategie im Vergleich (4. Januar 1960 bis 13. Dezember 2000)

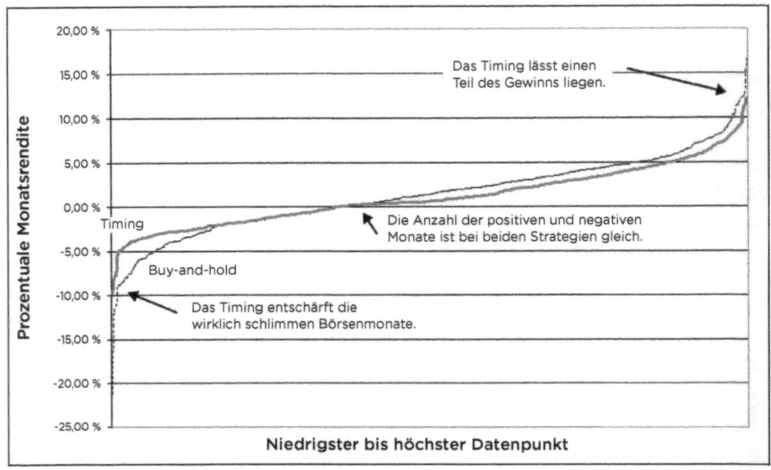

Der wahre Grund, weshalb Timing dem Anleger etwas bringt

Ich glaube, der wichtigste Grund, weswegen man für einen Teil seiner Kundenportfolios Timing-Strategien in Betracht ziehen sollte, lässt sich nicht anhand der hier betrachteten Kennzahlen darlegen. Während der 24 Jahre, in denen ich Kundenvermögen verwalte, wurde mir klar, dass die Anleger gern heißen Renditen nachlaufen, dass sie Anlagen kaufen, die in letzter Zeit gut gelaufen sind, und dass sie diese nach einer Periode schlechter Performance zu einem niedrigeren Preis wieder verkaufen. Deshalb geht aus so vielen Studien hervor, dass das tatsächliche Timing der Anleger ihrer Gesamtperformance schadet.

Warum also sollte man den Markt timen wollen, wo doch alle Studien gezeigt haben, dass das Timing der Kunden sehr schlecht ist? Die Antwort lautet, dass das tatsächliche Timing der Kunden mehr durch die Anlegerpsychologie als durch Logik gesteuert wird. Unsere einfache Timing-Strategie zwingt (ebenso wie ausgefeiltere, die von vielen Vermögensverwaltern verwendet werden) den Anleger, dann zu kaufen, wenn der Markt nach oben läuft, und weder die Richtung noch die vermutliche Dauer der Bewegung zu hinterfragen. Sie zwingt den Anleger, aus dem Markt auszusteigen, nachdem er große Gewinne erzielt hat und bezüglich des Marktes euphorisch ist, wobei jedoch der Markt im Begriff steht, sich nach unten zu bewegen. Timing hilft, die Disziplin aufzubringen, die dem Durchschnittsanleger fehlt.

Ein weiterer psychologischer Aspekt, der mich veranlasst, in meinem Portfolio Timing-Methoden einzusetzen, liegt darin, dass ich mich selbst gut genug kenne, um zu wissen, dass ich es niemals schaffen würde, eine Buy-and-hold-Strategie über zwei Jahre wie 1973 und 1974 hinweg durchzuhalten, zuzusehen, wie mein Portfolio um 48 Prozent schrumpft, nichts zu tun und zu hoffen, dass es eines Tages wieder zurückkommt. Timing-Strategien verleihen mir den psychischen Auftrieb, der es mir ermöglicht, auf Marktrisiken zu reagieren und das Maß, in dem ich mich diesen Risiken aussetze, im Laufe der Zeit zu verändern. Sie versetzen mich in die Lage, zu wissen, dass ich Verluste begrenzen und Gewinne laufen lassen kann. Sie sorgen dafür, dass ich mein Denken jeden Tag darauf richte, das Richtige zu tun, anstatt den vielen emotionalen Umschwüngen zu erliegen, die die meisten Anleger bei steigenden und fallenden Märkten durchmachen.

Wenn der geistige Prozess eines Anlegers nicht klar und diszipliniert ist, weiß der Markt schon, wie er ihn lehrt, was ein echtes Risiko ist. Außer wenn Anleger dem Paradigma anhängen, die „New Economy“ habe einen Aktienmarkt geschaffen, der eine stetig steigende Geldmaschine ist, sollten sie zumindest für einen Teil ihres diversifizierten Portfolios professionell gemanagte Timing-Strategien in Betracht ziehen.

Die hier verwendete Berechnungsmethode eines exponentiellen gleitenden Durchschnitts (EMA)

Heutiger schneller EMA = gestriger schneller EMA + 0,3 x (heutiger Kurs - gestriger schneller EMA)

Heutiger langsamer EMA = gestriger langsamer EMA + 0,05 x (heutiger Kurs - gestriger langsamer EMA)

EIN SYSTEM **DER RISIKOKONTROLLE**

Auszug aus *Guide to Becoming a CTA* von Dean E. Lundell

Das Risiko einer neuen Position

1. Anhand des Handelssystems den Einstiegspreis ermitteln
2. Den Stop-Loss ermitteln
3. Die Preisdifferenz zwischen Einstieg und Stopp in Dollar je Kontrakt umrechnen. (Ein Beispiel: Gold zu einem Preis von 400 Dollar je Feinunze kaufen, bei 390 Dollar einen nachgezogenen Stopp setzen [der anhand des gleitenden Durchschnitts der Schlusskurse nachgezogen wird]. Bei einem Depot von 200.000 Dollar ergibt sich: [400 -390] x 100 Dollar/Punkt = 1.000 Dollar Risiko je Kontrakt.)
4. Das auf das Kapital bezogene prozentuale Risiko je Trade ermitteln: 200.000 Dollar x ein Prozent = 2.000 Dollar je Trade.
5. Das Risiko je Trade durch das Risiko je Kontrakt teilen, um die Anzahl der für die Position zu kaufenden Kontrakte zu ermitteln. 2.000 Dollar Risiko je Trade und 1.000 Risiko je Kontrakt ergibt zwei Kontrakte.

Laufendes Risiko

1. Das Risikolimit je bestehendem Trade in Prozent des Kapitals ermitteln, beispielsweise 2,5 Prozent.
2. Das Risiko je Kontrakt anhand der Preisänderungen und des Stop-Loss ermitteln: (450-405) x 100 Dollar/Punkt = 4.500 Dollar.
3. Das aufgrund des Portfoliokapitals zulässige Risiko ermitteln: 210.000 Dollar x 2,5 Prozent = 5.250 Dollar.
4. Die Anzahl der zu haltenden Kontrakte ermitteln, indem man das zulässige Risiko durch das Risiko je Kontrakt teilt: 5.250 Dollar : 4.500 Dollar = 1,167 (gerundet: 1).

Um dieses verhältnismäßig einfache System des Risikomanagements etwas komplizierter zu gestalten, könnte man einige raffinierte Allokationen verschiedener Märkte vornehmen oder Gesamtportfoliorisiken kontrollieren. Ich persönlich sehe das so, als wollte man auch noch den letzten Tropfen aus dem Schwamm herauspressen.

DIE ERMITTLUNG **DER VOLATILITÄT VON FUTURES**

Auszug aus *Guide to Becoming a CTA* von Dean E. Lundell

Tägliche Volatilität

1. Die Eröffnungskurse, Hochs, Tiefs und Schlusskurse der letzten beiden Handelstage ermitteln.
2. Die „True Range" der Preisbewegung des Marktes über die letzten 24 Handelsstunden ermitteln, indem man die Differenz zwischen entweder dem gestrigen Schlusskurs oder dem heutigen Hoch (je nachdem, welcher Kurs der höhere ist) und entweder dem gestrigen Schlusskurs oder dem heutigen Tief (je nachdem, welcher Kurs der niedrigere ist) berechnet.
3. Die True Range in Dollar je Kontrakt umrechnen, um die durchschnittliche tägliche Volatilität zu erhalten. Eine Average True Range von drei Dollar mal 100 Dollar je Punkt ergibt eine durchschnittliche Volatilität von 300 Dollar je Kontrakt.
4. Aus diesen Zahlen über mehrere Tage den Durchschnitt bilden, je nach Handelsstrategie beispielsweise über 10 oder 20 Tage.

5. Die Anzahl der Kontrakte berechnen, indem man zunächst das Depotkapital durch den Prozentsatz teilt, auf den man die Volatilität begrenzen will (beispielsweise ein Prozent). Diese Zahl dann durch die obige Volatilität je Kontrakt teilen, um die Anzahl der zu haltenden Kontrakte zu ermitteln:

   200.000 Dollar x ein Prozent : 300 Dollar ergibt 6,67 Kontrakte (die auf sechs gerundet werden).
6. Diese Anzahl mit der Anzahl der Kontrakte vergleichen, die man anhand des laufenden Risikos errechnet hat, und die kleinere Zahl nehmen.

DIE LOGIK DER TRENDFOLGE UND **WIE MAN MIT DEM MAGIER DER MÄRKTE TOM BASSO SEINE TRADER-PSYCHOLOGIE VERBESSERT**

Interview mit Tom Basso, geführt von Aaron Fifield am 22. Juli 2015

Aaron: Ich habe noch einmal Ihr Interview in *Magier der Märkte II* gelesen und mir einige Ihrer Interviews auf dem Podcast von Michael Covel angehört. Alle sind wirklich aufschlussreich und deshalb freue ich mich sehr auf das, was Sie heute mit uns teilen werden.

Möchten Sie uns einen kurzen Steckbrief geben, wer Sie sind und wofür Sie vor allem bekannt sind?

Tom: Na klar. Ich bin der Gründer und ehemalige Präsident von Trendstat Capital Management, die Firma gab es etwa 28 Jahre lang. Ich habe als Chemieingenieur angefangen, befasste mich mit Trading, und dann kam eines zum anderen. Zuerst handelte ich mit Aktien, ein bisschen auch mit Anleihen und gewissen Optionen. Dann stieg ich in den Futures-Handel ein, weitete ihn auf 80 verschiedene Märkte aus und stieg schließlich auch in den Devisenhandel ein, in dem am Ende das meiste Geld steckte, auch wenn wir weiterhin mit Investmentfonds und Futures handelten.

Auf dem Höhepunkt verwalteten wir rund 600 Millionen Dollar an Kundengeldern. Und daher waren wir in den Vereinigten Staaten als Trading Advisors und als Registered Investment Advisors eingetragen.

Im Jahr 2003 machte ich den Laden dicht und genieße seit rund zwölf Jahren meinen Ruhestand.

Aaron: Ein wirklich beeindruckender Einstieg. Ich bin sehr neugierig darauf, wie Sie überhaupt zum Trading gekommen sind und was Sie an den Finanzmärkten am Anfang gereizt hat.

Tom: Als studierter Chemieingenieur merkte ich, dass die Konjunktur der Vereinigten Staaten in Auf- und Abschwüngen verläuft. Bei jedem Aufschwung wurden Ingenieure eingestellt und bei jedem Abschwung wurden welche entlassen. Da ich nicht entlassen werden wollte und zumindest einen Plan B haben wollte, beschloss ich, lieber Geld zu sparen, während ich welches verdiente.

Als aus diesem Geld ein etwas größerer Betrag wurde, entschied ich, dass ich damit lieber etwas anfangen sollte, als es einfach auf der Bank liegen zu lassen. Ein paar Freunde von mir, die ebenfalls Chemieingenieure waren, sprachen in der Mittagspause über die Börse; das faszinierte mich und so legten wir ein Aktienportfolio an, damit auch ich mich an den Unterhaltungen beteiligen konnte.

Daraus wurde ein Investmentklub, den wir irgendwann leiteten, und daraus wiederum eine kleine Anlageberatung. Ich tat mich mit ein paar Kollegen zusammen und wir gründeten eine Firma. Diese wuchs zu einer beträchtlichen Größe an und irgendwann verkaufte ich meinen Anteil daran und gründete Trendstat. Dieses Unternehmen war meine Art, zu versuchen, nicht nur mein eigenes Geld zu managen, sondern auch Kundengelder.

Wir vergrößerten die Firma im Laufe der Zeit immer mehr, es wurde immer komplexer, was die Anzahl der Märkte und dergleichen anging, und irgendwann hatten wir den bekannten Erfolg.

Aaron: Sie haben erwähnt, dass Sie als Chemieingenieur angefangen haben. Haben Sie als Ingenieur irgendwelche Fertigkeiten erlernt, die Sie auf das Trading angewandt haben?

Tom: Am offensichtlichsten war die sogenannte Verfahrenstechnik. Das ist eine der ersten Lektionen, die man als Chemieingenieur lernt. Die alte Rohrleitung führt in den Behälter, der Behälter ist mit Wasser gefüllt und eine Rohrleitung führt aus dem Behälter heraus.

Man lernt, wie verschiedene Zuflussmengen den Behälter über bestimmte Zeiträume füllen, und man lernt, dass Abflüsse das Wasser mit der Zeit herausleiten. Wenn es in verschiedenen Geschwindigkeiten zu- und abfließt, muss man berechnen können, wie sehr die Wassermenge in dem Behälter zu- oder abnimmt.

In meinem Denken läuft die Verfahrenstechnik immer darauf hinaus, dass etwas hineinfließt, verarbeitet wird, und dass etwas herausfließt. Trendstat Capital Management war dafür ein perfektes Beispiel. Wir hatten alle möglichen Leitungen und Internetverbindungen, über die ständig Daten hereinflossen. In manchen Fällen Tick um Tick.

Eigentlich tat unser Betrieb nichts anderes, als diese Informationen zu verarbeiten. Auf dem Höhepunkt hatten wir 40 Computer und zehn Personen, die nichts anderes taten, als große Datenmengen zu verarbeiten. Und dann gab es den Abfluss beziehungsweise Ausstoß. Die Orders, die Mitteilungen, die Updates von Websites und Ähnliches. Für mich ist das alles Verfahrenstechnik: Informationen hereinholen, die Informationen verarbeiten und Informationen nach außen geben.

Je schneller, desto besser, und je effizienter man das schafft, umso besser geht es einem.

Aaron: Bleiben wir noch beim Beginn Ihrer Reise; wenn Sie Ihre ersten Jahre genauer betrachten, wie war diese Erfahrung Ihrer Erinnerung nach?

Tom: Das Erste, was mir dazu einfällt, könnte man belächeln, denn ich würde sagen, in den ersten Jahren machten wir ganz schön viel Verlust, wir machten Fehler, wir tappten gewissermaßen umher und ich versuchte, meinen Weg zu finden. Ich lernte vieles, auch über Fundamentaldaten, ich abonnierte mehrere Börsenbriefe und las eine Meinung nach der anderen, bis ich schließlich völlig verwirrt war.

Mir wurde klar, dass man als Trader früher oder später persönlich die Verantwortung für das übernehmen muss, was man tun will. Und das geht nur, indem man alles so weit vereinfacht, dass man sagen kann: „So will ich traden. Ich nehme diese Daten, ich prüfe oder verarbeite sie und dann entsteht ein Orderfluss, der von mir ausgeht." Wenn ich das effizient, streng und mit Disziplin mache, dann komme ich dadurch in die Lage, analysieren zu können, ob der Ansatz funktioniert oder nicht, ihn abzuwandeln, wenn er nicht funktioniert, ihn zu verbessern und als Trader stetig besser zu werden.

In den ersten Jahren machten wir eigentlich nur Verlust. Ich musste eine gewaltige Menge an Voraussicht, strategischem Wissen und Geduld aufbringen, um überhaupt weiterzumachen, denn wie oft will man gegen die Mauer laufen, bevor man aufhört? So war das in meinen ersten Jahren ganz oft.

Aaron: Die meisten von uns vergessen ihren ersten Trade wahrscheinlich nie – können Sie sich an Ihren ersten Trade und daran erinnern, wie er ausging?

Tom: An den konkreten Trade kann ich mich nicht mehr erinnern, aber ich weiß noch, dass es eine Aktie war, die ich kaufte, und zwar, weil mir jemand einen heißen Tipp gegeben hatte. Ich würde sagen, es war Aluminium. Erst als der Trade schon eine Weile gelaufen war, wurde mir klar, dass ich keine Ahnung hatte, inwiefern der Tipp, den ich bekommen hatte, irgendetwas mit den finanziellen Aspekten von Aluminium zu tun hatte, und dass ich nach dem Einstieg keine Ahnung hatte, wann ich daraus wieder aussteigen würde. Ich war nicht in der Lage, einen Chart oder so etwas zu erstellen, und daher fühlte ich mich wirklich wie ein Fisch auf dem Trockenen. Ich hatte keine Ahnung, was ich tat. Das wurde mir bald klar und zum Glück verlor ich dadurch nicht allzu viel Geld. Ein bisschen Verlust machte ich zwar, aber ich hielt das für eine interessante und lehrreiche Erfahrung.

Aaron: Stimmt es, dass Sie am Anfang fünf Jahre in Folge Verluste machten?

Tom: Beim Rohstoffhandel war das wohl so. Ich glaube, im vierten Jahr erreichte ich endlich den Break-even. Im ersten Jahr machte ich Verlust, im zweiten machte ich weniger Verlust, im dritten noch weniger und schließlich kam ich auf null. Es dauerte wohl um die vier oder fünf Jahre, bis ich einen vernünftigen Gewinn produzierte.

Aaron: Wie haben Sie es geschafft, weiterhin zu traden, obwohl Sie Verlust machten? Was motivierte Sie, nicht aufzugeben?

Tom: Wie ich es schaffte, weiterzumachen? Ich war Chemieingenieur. Ich hatte meine tägliche Arbeit und verdiente gutes Geld; damals, während der Ölkrise der 1970er- und 1980er-Jahre, war unsereins sehr gefragt. Am Ende hatte ich einen guten Job, viele Beförderungen. In meinem Beruf befand ich mich in einer gehobenen Stellung. Ich bekam immer die beste Gehaltserhöhung, die beste Beförderung, und irgendwann wechselte ich auf die geschäftliche Seite der chemischen Industrie; ich versuchte immer noch, auf diesem Weg weiterzukommen, während ich gleichzeitig versuchte, zum besseren Trader zu werden.

Deshalb hatte ich Einkünfte. Und da ich immer nur im kleinen Stil tradete, sodass ich nur geringe Geldsummen verlor, gelang es mir problemlos, nicht nur die Verluste auszugleichen, sondern auch mein Depot zu vergrößern – um die Diversifizierung zu verbessern, die Anzahl der Volatilitäts- und Risikokontrollen zu erhöhen und andere Dinge zu verbessern, die ich in diesem Frühstadium lernte. Für manches war mehr Kapital erforderlich und so strengte ich mich einfach sehr an und versuchte, so viel wie möglich zu sparen, damit ich das Depot aufstocken konnte.

Ich konnte weitermachen, weil ich am Ende jedes Jahres zurückblicken und sehen konnte, dass ich Fortschritte gemacht hatte. Ich hatte weniger Fehler gemacht, weniger Geld verloren und mehr von denjenigen Entscheidungen getroffen, die ich treffen wollte.

Daher dachte ich weiterhin, ich sei auf dem richtigen Weg und müsse ihn bloß verfeinern, immer besser werden, breiter streuen und meine Kosten niedrig halten; und Stück für Stück gelangte ich ans Ziel. Das dauerte lange.

Aaron: Haben Sie irgendwie das Gefühl, dass Sie die Lernkurve von dem Punkt, an dem Sie angefangen haben, bis zu dem Punkt, an dem Sie Profitabilität erreichten, möglicherweise hätten verkürzen können?

Tom: In der heutigen Zeit bieten einem die Broker kostenlose Übungssoftware an, mit der man für wenig oder gar kein Geld Tests laufen lassen kann – dadurch wollen sie einen dazu verleiten, mit einem Account bei ihnen zu traden. Dazu fällt mir Interactive Brokers ein, interactivebrokers.com, aber andere machen das auch.

Es gibt eine Menge Software, die man entweder kaufen oder auf verschiedenen Niveaus der Komplexität nutzen kann und die es einem ermöglicht, bestimmte Ideen zu testen und dabei vielfältige Daten zu berücksichtigen. Zu meiner Zeit hatte ich eigentlich nur das *Wall Street Journal*. Ich bewahrte jede Ausgabe gewissenhaft auf. Wenn ich eine Studie durchführte, entnahm ich die Daten einen Tag um den anderen meinen *Wall Street Journal*-Exemplaren und klebte sie auf ein Blatt Papier, denn Minicomputer und Mikrocomputer waren damals noch nicht erfunden.

Deshalb machte ich alles von Hand. Ich verwendete Chartpapier und führte damit Studien durch, die über mehrere Jahre reichten. Ich brauchte ein ganzes Wochenende, nur um zu versuchen, eine Idee für einen bestimmten Markt über mehrere Jahre zu prüfen. Das war umständlich, mühselig und langsam. Aber ich wusste, wenn ich gewisse Studien erledigt hätte, könnte ich sie nutzen, um zu verstehen, was mir sowohl in schlechter als auch in guter Hinsicht blühen würde.

Außerdem zwang mich das, als Trader in der Gegenwärtigkeit der Trades zu leben, Tag für Tag anhand der historischen Daten. Heutzutage haben Trader derart tolle, ausgefeilte Software, dass sie die Daten aus 20 Jahren für 60 verschiedene Märkte laufen lassen können und am Ende eine Zahl herausbekommen, die ihnen sagt, damit hätten sie eine Rendite von zwölf Prozent erzielt. Wobei sie überhaupt nicht verstehen, wie diese zwölf Prozent im Einzelnen zustande gekommen sind. Sie bekommen lediglich die letzte Seite der Studie heraus, auf der viele tolle Kennzahlen stehen, und sie sagen sich: „Ah, das gefällt mir, das werde ich machen."

Dabei leben sie nicht Tag für Tag mit den Trades und begreifen nicht, was im Laufe eines Trades hätte passieren können, das sie hätten psychisch aushalten müssen. Da ich jedoch alles von Hand machte, konnte ich am Ende wirklich verstehen, wie sich jeder Trade Tag um Tag entwickelt hatte.

Aaron: Was haben Sie noch getan, um sich zum Thema Trading zu bilden?

Tom: Ich habe viele Bücher gelesen. Außerdem tauschte ich mit einigen anderen Kollegen in der Mittagspause Ideen aus. So erweiterte ich mein Wissen.

Aaron: In dieser Zeit, sagen wir in Ihren ersten zehn Jahren an den Märkten, gab es da Punkte, die Ihre Herangehensweise an das Trading für immer verändert haben? Irgendwelche Aha-Erlebnisse, Erkenntnisse oder harte Lektionen, die Sie immer beibehalten haben?

Tom: Eines gab es, von dem ich Jack Schwager in *Magier der Märkte II* erzählt habe, das sich für immer in mein Gedächtnis eingebrannt hat und damit zu tun hatte, dass die Brüder Hunt damals den Silbermarkt in die Enge trieben. Ich weiß nicht einmal mehr, in welchem Jahr das war; es muss wohl in den 1980ern gewesen sein. Ich stand long auf Silber, wie es sein sollte, und mein Futures-Depot belief sich damals wohl auf 70.000 bis 100.000 Dollar. Es hatte also eine ordentliche Größe erreicht, war aber immer noch verhältnismäßig klein, und plötzlich rauschte der Silberpreis nach oben.

Ich weiß nicht mehr, wie viele Kontrakte ich hatte, vielleicht vier oder fünf. Wenn ich mir das Kapital in meinem Depot anschaute – heute 125.000 Dollar, dann 150.000 Dollar, 175.000 Dollar und dann 200.000 Dollar. Dieser eine Trade stieg bis auf 500.000 Dollar. Und mit meinem Depot ging es auf und ab, um 25.000 bis 50.000 Dollar am Tag, als es in Richtung Gipfel ging und geradezu überschäumte. An diesem Punkt wollte ich verflixt noch mal ein guter Trendfolger sein. In diesem Trade bleiben, ihn laufen lassen, den Gewinn laufen lassen. Die Verluste begrenzen. Das sind die Regeln, so muss man es machen, und ich war diesbezüglich sehr diszipliniert.

Als der Silberpreis auf den Stop-Loss zurückfiel, den ich dem Trend folgend nachgezogen hatte, belief sich mein Depot auf rund 250.000 Dollar. Oberflächlich gesehen – was soll daran falsch sein? Ich hatte mit 50.000 oder 75.000 Dollar angefangen und hatte am Ende 250.000 Dollar. Das war ein guter Trade. Jedenfalls ein sehr profitabler.

Aber als ich mich hinterher zurücklehnte und daran dachte, wie viele Nerven es mich gekostet hatte, diesen Trade durchzustehen, dachte ich mir: „Moment mal, war es richtig, den ganzen Trade hindurch fünf Kontrakte (oder wie viele es waren) zu halten? Oder wäre es sinnvoller gewesen, die Position zu verkleinern, als der Markt außer Rand und Band geriet? Damit alle Instrumente in meinem Portfolio so ziemlich gleichermaßen in der Lage gewesen wären, Gewinne oder Verluste zu produzieren und einander gegenseitig ein bisschen zu diversifizieren?“

In diesem konkreten Fall war Silber in meinem Portfolio derart vorherrschend, dass ich genauso gut nichts anderes hätte traden können. Das kam mir nicht richtig vor und ich begann, viele Nachforschungen über die Volatilität in Prozent des Portfolios anzustellen. Ab diesem Zeitpunkt begann ich, die Frühstadien von dem auszuarbeiten, was Trendstat in den späteren Jahren sehr erfolgreich einsetzte, nämlich unsere Volatilitätskontrollen. Parallel dazu entwickelten sich die Risikokontrollen weiter und auch die setzten wir bei Trendstat ein. Sie begrenzten das Risiko, das ein bestimmter Markt für mein Portfolio darstellte, und sie begrenzten die Volatilität, die er in das Portfolio einbrachte – beides in Prozent des Kapitals.

Als ich diese beiden Instrumente eingerichtet hatte, wurde die Performance etwas berechenbarer und beständiger und auch die Profitabilität stieg ein bisschen. So konnte ich die passende Anzahl von Kontrakten traden, damit kein einzelner Markt die Verluste zu sehr dominierte. In manchen Fällen landete ich bei Trendstat schließlich bei der Margin in Prozent des Kapitals als Kontrolle. So konnten wir echte Portfolios mit echter Diversifizierung zusammenstellen, die wirklich in der Lage waren, alle Märkte ihre eigenen Beiträge zu den Gewinnen und Verlusten leisten zu lassen.

Das war für mich ein echtes Aha-Erlebnis, denn so etwas wie den geschilderten Silber-Trade durchzumachen beschert einem mit Sicherheit schlaflose Nächte.

Aaron: Können Sie erläutern, was genau Sie mit Volatilitätskontrolle in Prozent des Kapitals meinen? Wie könnten andere Trader das übernehmen, um ihr Kapital besser zu verwalten?

Tom: Das ist ganz leicht. Ich werde Ihnen die exakte Formel sagen. Man nimmt einen Markt und berechnet für einen Futures-Kontrakt, wie viel die Spanne zwischen dem höchsten Hoch des Tages und dem tiefsten Tief des Tages in Dollar beträgt – oder mit welcher Währung auch immer man lebt. In unserem Fall US-Dollar.

Die so berechnete Zahl ist die Volatilität eines Kontrakts an diesem Markt und an diesem Tag. Ich verwende den exponentiellen gleitenden Durchschnitt dieser Tagesvolatilität über 20 Tage, aber man kann verwenden, was man will, es funktioniert alles ähnlich. Die Zahl sagt mir dann, wie sehr sich der Kontrakt in den letzten 20 Tagen nach oben und unten bewegt hat. Ist ein Kontrakt um 1.000 Dollar gestiegen und gefallen? Um 200 Dollar? Um 500 Dollar? Egal wie viel, die Zahl sagt einem einfach, wie sehr sich der Kontrakt bewegt. So viel wird er einem pro Tag nutzen, wenn er in die gewünschte Richtung läuft, und so viel einem pro Tag schaden, wenn er in die falsche Richtung läuft.

Wenn ich diese Zahl habe, teile ich sie durch meinen Depotstand in Dollar. Nehmen wir an, ich trade mit 100.000 Dollar und der betreffende Markt ist an irgendeinem Tag vom höchsten Hoch zum tiefsten Tief um 1.000 Dollar gefallen. Dann betrüge die Volatilität eines Kontrakts ein Prozent des Kapitals: 1.000 Dollar geteilt durch 100.000 Dollar.

Bei Trendstat gab es für jeden der 80 verschiedenen Märkte, die wir am Ende tradeten, ein spezifisches Volatilitätsniveau, bei dem er gedeckelt wurde. Wir ließen niemals einen darüber hinausgehen. Jeden Tag nahmen die Computer die Daten entgegen, berechneten den gleitenden Durchschnitt der Volatilität über 20 Tage und auch das Kapital neu, da wir an jedem Tag Geld gewonnen oder verloren hatten und sich somit das Kapital geändert hatte.

So erhielten wir für jeden einzelnen der 80 Märkte eine neue prozentual auf das Kapital bezogene Volatilität und verglichen sie mit dem zulässigen Limit des betreffenden Marktes. So ergab sich eine Reihe von Orders, um gegebenenfalls Märkte zurechtzustutzen, die über das Volatilitätslevel gestiegen waren. Wir verkauften sie einfach am nächsten Tag zum aktuellen Kurs.

Aaron: Hatten Sie in den Anfangsjahren stets ins Auge gefasst, das hohe Erfolgsniveau zu erreichen, das Sie schließlich schafften? Es würde mich interessieren, ob Sie diese langfristige Vision hatten und darauf hinarbeiteten. Wussten Sie, wohin Sie wollten, und stellte sich lediglich die Frage, *wie* Sie dahin gelangen konnten?

Tom: Als ich anfing, stellte ich mir nicht einmal vor, dass ich professioneller Vermögensverwalter sein würde. Ich war Chemieingenieur. Ich suchte einfach nach einer Möglichkeit, das Geld zu managen, das ich auf die Seite legte, und ich nahm an, wenn ich mein Portfolio erfolgreich betreiben würde, könnte ich mich vielleicht als Chemieingenieur ein paar Jahre früher zur Ruhe setzen.

In der Anfangszeit war ich mit meinem Beruf als Chemieingenieur glücklich. Ich wurde sehr gut bezahlt. Als ich 1974 das Studium hinter mir hatte, gehörten Chemieingenieure wegen des Ölembargos und dergleichen zu den bestbezahlten Ingenieuren.

Ich hatte als junger alleinstehender Mann in den Zwanzigern, der mehr Geld verdiente, als er ausgab, ein recht schönes Leben, das Geld stapelte sich auf dem Konto, und ich lernte, wie man tradet. Ich nahm an, das Portfolio würde nebenbei laufen und irgendwie könnte ich damit mein Vermögen mehren und so Rücklagen für den Fall haben, dass mir gekündigt würde.

Als die Mitglieder des Investmentklubs nach und nach merkten, dass ich mit einem eigenen Portfolio einen gewissen Erfolg hatte, sagten sie: „Hey, warum machst du das, was du mit deinem Geld machst, nicht auch ein bisschen mit einem Teil unseres Geldes?“ Dadurch ergab sich eine gewisse Obergrenze für die Anzahl der Leute, für die ich das machen konnte, bis ich mich ganz plötzlich als Anlageberater registrierte und auf zwei andere Freunde stieß, die schließlich zusammen mit mir in das Anlageberatungsgeschäft einstiegen.

Da dachte ich immer noch, wir würden das nebenher und in Teilzeit machen, abends oder an den Wochenenden, und das wäre eine zweite potenzielle Einnahmequelle. Es lag aber noch ein gewisser Weg vor uns, bis wir Vermögen verwalten und damit die Kosten für die ganzen Dienstleistungen decken konnten, die Kosten, um uns in den Vereinigten Staaten registrieren zu lassen. Da braucht man einiges an Geld.

Zu meinem großen Erstaunen kam es dann aber so, dass wir in Teilzeit mit unserem Unternehmen genug Geld verdienten, um ein Vollzeitgehalt zu bezahlen.

Deshalb sagte ich zu meinen beiden Partnern: „Ihr habt Kinder und das ganze Drumherum und Ihr könnt nicht wirklich reisen, Ihr seid gebundener als ich. Ich habe keine Kinder und bin sehr flexibel. Wie wäre es, wenn mir das Unternehmen das gleiche Gehalt bezahlen würde, das ich derzeit vom Chemiekonzern bekomme, sodass ich kündigen, ein Büro eröffnen, mit der Sache ernst machen und daraus ein erfolgreiches Vollzeitunternehmen machen kann?“

Sie waren einverstanden. Ich kündigte, zog alles auf, begab mich auf Geschäftsreisen und zu Kundenterminen, akquirierte Kunden, baute Computersysteme auf, stellte Sekretärinnen ein, mietete Büroräume und machte alles, was man eben machen muss. Eines führte zum anderen, bald hatte ich den zweiten Partner ausgebootet, und nicht lange danach schloss sich uns der dritte Partner an. Wir hatten mehr Mitarbeiter. Die ganze Sache wurde ein rauschender Erfolg.

Aaron: Erzählen Sie uns etwas darüber, wie Sie bei Trendstat tradeten. Ich glaube, der Betrieb funktionierte vollständig systematisch. Können Sie etwas Licht in dieses Thema bringen?

Tom: Den Namen des Unternehmens habe ich erfunden. „Trendstat" ist ein aus „Trendfolge" – beziehungsweise „Trend" – und „Statistik" gebildetes Kurzwort.

Ich dachte mir, wenn man viele Daten zu vielen verschiedenen Märkten sammeln könnte, daraus die Trends ermitteln und die Positionen mit den jeweiligen Trends in Einklang bringen könnte, dann würde es im Laufe der Zeit große Kursbewegungen geben, große Trends, die sich größtenteils auszahlen.

Eine gute Statistik, die ich gern anführe, erstellte ich im ersten Jahr von Trendstat. Ich führte eine Analyse durch, womit wir Geld verdient und womit wir Geld verloren hatten. Ich sortierte die Trades vom profitabelsten des Jahres bis zum größten Verlust des Jahres. Unser Trading hatte eine Trefferquote von rund 30 Prozent – 30 Prozent unserer Trades waren profitabel, 70 Prozent brachten Verlust.

Dabei stellte sich heraus, dass zwei Trades dermaßen profitabel gewesen waren, dass wir allein mit diesen beiden auf das Jahr gesehen den Break-even erreicht hätten. So einseitig war das Gewicht auf diese beiden Trades verlagert, die so gigantisch und so unfassbar gelaufen waren. Man musste sie im Portfolio haben; ohne sie schaffte man in jenem Jahr gerade mal den Break-even.

Das machte mich nachdenklich – ich musste ohne Ausflüchte sicherstellen, dass ich jedes Jahr einen dieser zwei oder drei großen Trades mitnahm. Sie tragen das Ganze, und der Rest ist eine Menge harte Arbeit, die zu nichts führt.

Und das war eigentlich das, was mich gewissermaßen veranlasste, einfach die Anzahl der Märkte zu erhöhen, an denen ich tradete. Wenn man mehr Märkte aufnimmt, hat man umso mehr Gelegenheiten, diese ein oder zwei Trades an den betreffenden Märkten zu erwischen. Ich wusste ja nie im Voraus, welcher Markt oder welcher Trade zum großen Gewinner würde, aber ich wollte sicherstellen, dass ich so viele Chancen wie möglich hatte, die großen Gewinner zu erwischen.

Deshalb kaufte ich immer mehr Computer. Auf dem Höhepunkt hatten wir einschließlich meiner Person als Ingenieur drei Vollzeit-Computerfachleute, die vom Programmieren bis zur Hardware alles taten, um die Netzwerke am Laufen zu halten und an einem Ersatzstandort Kopien zu machen. Alles Mögliche.

Eigentlich wurden wir zum Datenverarbeiter. Viele Menschen hielten mich – und halten mich immer noch – für einen Trader. Ich sah mich aber oft, wenn ich bei Trendstat mitten im Geschehen steckte, als Präsident einer Datenverarbeitungsfirma, während ich gleichzeitig Trader war. Rückblickend erkenne ich, dass ich definitiv Trader war. Ich musste die ganzen Programme erstellen, ich musste meinen Programmierern sagen, was ich zu erreichen suchte, und insofern war ich Trader. Aber wenn man mir den ganzen Tag hinterhergelaufen wäre, dann hätte man sich gefragt, wie denn irgendjemand darauf kommen könnte, ich sei Trader.

Aaron: Sehr interessant, dass Sie sich selbst oder das Unternehmen als Datenverarbeitungsfirma bezeichnen – nicht das, was man sich üblicherweise vorstellt, wenn man an einen Trader denkt. Ziemlich originell.

Gab es im Allgemeinen im Laufe eines typischen Handelstags bei Trendstat überhaupt menschliche Interaktionen mit den Handelssystemen?

Tom: Nein, das gab es überhaupt nicht. Wir erstellten Unmengen an Computerprogrammen, die mit Daten gefüttert wurden. Einmal am Tag ließen wir die Daten durch die Programme laufen und dann fällten die Algorithmen, die wir in die Computer eingegeben hatten, Entscheidungen. Es kamen Ausdrucke heraus und die Mitarbeiter überflogen sie lediglich, um nach irgendwelchen Fehlfunktionen der Computer oder Datenfehlfunktionen oder irgendetwas anderem zu suchen, was jemandem merkwürdig vorkam.

Das war die letzte Chance, um einen Fehler zu erkennen, der möglicherweise durch falsche Programmierung entstanden war. Aber wenn wir wussten, dass alles normal wirkte und die Daten normal aussahen, durchliefen sie alle unsere Datenchecks, die Orders wurden erstellt, jemand drückte auf den Knopf, und schon waren sie draußen.

Das lief alles automatisch. Die Mitarbeiter brauchten nur den Prozess zur Erstellung der Orders auszulösen, sie auf Merkwürdigkeiten hin zu überfliegen und dann den Knopf zu drücken, um sie abzusenden. Das war das Einzige, was von Menschenhand getan wurde.

Aaron: Trendstat entfaltete in den 1990er-Jahren seine volle Wirkung, oder?

Tom: Ja, in verschiedenen Stadien.

Aaron: War dieser systematische und automatisierte Ansatz in dieser Zeit unter Vermögensverwaltungsfirmen üblich oder war das auf diesem Gebiet relativ neu? Kann man sagen, dass die Technik, die Sie nutzten, für die damalige Zeit auf dem neuesten Stand war?

Tom: Ich würde sagen, dass „auf dem neuesten Stand der Technik" für jeden Menschen etwas anderes bedeutet. Wenn wir überhaupt irgendwie auf dem neuesten Stand waren, dann vielleicht dahingehend, dass wir versuchten, den Prozess einer längerfristigen Handelsstrategie über viele Märkte hinweg zu automatisieren. Ich glaube, in den 1990er-Jahren gab es viele automatisierte Trader, aber die machten wahrscheinlich eher Intraday-Trading, Straddle-Trading, Pairs-Trading und solche Sachen. Offenbar war ein großer Teil der Automatisierung eher auf den kurzfristigen Handel ausgerichtet, aber wir machten das genaue Gegenteil, indem wir recht langfristig orientiert waren, dies aber systematisch machten. In dieser Hinsicht waren wir wahrscheinlich ungewöhnlich.

Aaron: Was bildete den ersten Reiz, der Sie zu einem systematischen Ansatz verlockte?

Tom: Ich würde es Faulheit nennen – die Faulheit des Menschen. Als ich mit dieser Arbeit anfing und mein Chartpapier herausholen musste, als mir jede Nacht die Augen brannten, weil ich das Marktgeschehen durchging, meine neuen Daten eintrug, mir die Orders überlegte, eine Art Faktenfax zusammenstellte, dieses an mein Trading Desk schickte und von ihm die Orders am nächsten Tag ausführen ließ – das war viel Arbeit.

Als der Personal Computer aufkam, dachte ich, da ich ja Ingenieur war und programmieren konnte: „Ich könnte mir doch so ein Gerät beschaffen und es so programmieren, dass ich Daten reinstecken kann, die es irgendwoher bezieht, und den Computer so programmieren, dass er das macht, was ich jeden Tag mache. Dann erstellt er eine Reihe von Orders und vielleicht könnte ich die dann ausdrucken und in ein Faxgerät stecken."

Später fand ich heraus, dass es Faxkarten gab, sodass ich den Ausdruck direkt an das Faxgerät leiten und zum Order-Desk rausschicken konnte. Nach und nach beseitigte ich immer mehr von meinen Aufgaben. Ich entwickelte die Philosophie, dass es sozusagen zwei Arten menschlicher Unternehmungen gibt.

Es gibt die künstlerische, kreative Seite, von der ich glaube, dass sie jeder liebt – die künstlerisch angehauchte, erfinderische Seite. Und es gibt viele andere Dinge, die wir Menschen tun, die aber auch eine Maschine erledigen könnte, die sehr repetitiv sind und für die man kein phänomenales Gehirn braucht – wenn man anhand von Regeln exakt niederlegen kann, wie man etwas tut, dann kann man die Aufgabe auch von einer Maschine erledigen lassen. Man muss sie bloß entsprechend programmieren.

Ich versuchte bei Trendstat, dahin zu kommen, dass jeder so viel wie möglich an der kreativen, erfinderischen Seite der Dinge arbeitete und uns die Computer die tägliche Schufterei ersparten. Das war die Philosophie.

Aaron: Sie haben über Ihre systematische Methode gesprochen, aber ich glaube, Ihre eigentliche Trading-Methode beruhte sehr stark auf der Trendfolge. Was an dem Trendfolge-Ansatz, den Sie übernahmen, passte so gut zu Ihrer Persönlichkeit? Welche entscheidenden Vorteile sahen Sie in diesem Ansatz?

Tom: Einer davon bestand darin, dass viele große Investmentfonds und Brokerhäuser ständig sagten: „Das kann auf keinen Fall funktionieren." Und doch hatte ich gesehen, dass bekannte Leute erfolgreich nach diesem Prinzip getradet hatten. Außerdem war der Ansatz mathematisch. Und er passte auch deshalb zu mir, weil er von Natur aus eher langfristig ist und nicht versucht, sich um das zu kümmern, was innerhalb der letzten Stunde am Markt passiert ist. Ich war ein viel beschäftigter Mann, ich hatte keine Zeit, mich mit dem Geschehen der vergangenen Stunde herumzuschlagen. Ich befand mich noch im Anfangsstadium. Ich arbeitete immer noch als Ingenieur und versuchte, einiges nebenher zu machen, meinen MBA zu machen und ein Haus im Wald zu bauen, das ich selbst entworfen hatte.

Zwischen 20 und 40 hatte ich ganz schön viel vor. Ich merkte, dass ich versuchen musste, effizient zu sein, und die Trendfolge war eine Möglichkeit, sicherzustellen, dass ich jeden großen Trend erfasste. Wie ich bereits gesagt habe, konnten in manchen Jahren bereits zwei oder drei Trades darüber entscheiden, ob Trendstat Geld verdiente oder auf null herauskam. Deshalb mussten wir jeden einzelnen von diesen großen Trends mitnehmen.

Die Trendfolge würde einen sehr großen Trend immer mathematisch erfassen. Das tat sie unfehlbar und das bot mir die Gewissheit, dass ich ihn mitnehmen würde. Alles andere, was man jeden Tag tut

– kleine Verluste, die zwei Drittel der Fälle, in denen man Verlust macht –, ist viel Arbeit, die nirgendwohin führt.

Aaron: Finden Sie, dass sich die Struktur von Trends im Vergleich zur Zeit von vor 10 oder 20 Jahren verändert hat? Kann man mit Fug und Recht sagen, dass die Trends damals wohl um einiges eindeutiger verliefen und dass sie an den heutigen Märkten viel häufiger hin- und herspringen?

Tom: Das könnte sein. Ehrlich gesagt habe ich mir in den letzten Jahren nicht die Zeit genommen, solche Analysen durchzuführen. Ich würde sagen, dass es recht wechselhaft zugeht und dass dies zum großen Teil an eher kurzfristigen Computeraktivitäten liegt. Aber ich sehe die Welt des Tradings, die ich seit drei oder vier Jahrzehnten beobachte, so, dass der Computereinsatz alles beschleunigt hat. Ich glaube, weltweit können im Handel heute ein paar Milliarden Aktien bewegt werden. Hingegen wurden, als ich 1974 mit dem College fertig war, an einem guten Tag gegen Ende der Baisse der Jahre 1973 und 1974, die zwei Jahre dauerte, an der New York Stock Exchange nur zehn Millionen Aktien gehandelt. Um dies in eine Perspektive zu rücken: Allein vom SPY werden heute Hunderte Millionen Stücke gehandelt. Von einem einzigen Instrument wird also buchstäblich das 20-, 30- oder 40-Fache dessen gehandelt, was 1974 an der gesamten New York Stock Exchange gehandelt wurde, weil damals alles von Hand gemacht wurde. Es gab Tickets, es gab Telefonanrufe, es gab viel Herumgerenne und die Herangehensweise war in vielen Bereichen sehr ineffizient.

Heute kann man all das viel schneller machen und seinem Computer sogar vorgeben, die Entscheidung schneller zu treffen und sie schneller zu übermitteln. Alles ist voreingestellt. Also ich weiß nicht, ob sich die Trends arg verändert haben, aber wahrscheinlich verlaufen sie viel schneller.

Für mich besteht ein vollständiger Trend aus einem großen Zyklus der menschlichen Anlagepsychologie. Da gibt es das Stadium, in dem man sich sagt: „Ich will nie wieder in den Aktienmarkt einsteigen." Dann kommt das Stadium, in dem die Aktien wieder zu steigen beginnen, man jedoch sagt: „Ich traue der Sache nicht." Dann steigen sie ein bisschen weiter und man sagt sich: „Ich weiß nicht recht, sollte ich vielleicht doch einsteigen?" Dann hört man davon auf Cocktailpartys, muss an diesem Punkt ja fast schon kaufen und bis man so weit ist, dass man es wirklich tut, ist in Wirklichkeit das Hoch erreicht, sodass die Psychologie kurz davor steht, zu kippen und in die andere Richtung zu laufen.

Heutzutage scheint der psychologische Umschwung von Depression in Euphorie viel schneller abzulaufen. Wir haben Telekommunikation, wir haben Protokolle und erhalten auf unseren Telefonen alle möglichen Nachrichten. Daher wissen wir das Neueste über die Griechenlandkrise und was der Premierminister dazu sagen wird und 25 Personen analysieren das, was er sagen oder nicht sagen wird. Es verdichtet sich alles. Zu früheren Zeiten musste man auf das *Wall Street Journal* warten, um solche Sachen zu erfahren. Heutzutage ist alles elektronisch, alles kann schnell reagieren.

Aaron: Sie haben gesagt, anscheinend seien viele Trader heutzutage eher davon besessen, Vorhersagen zu treffen, als im Hier und Jetzt zu leben. Möchten Sie das erläutern?

Tom: Wenn die Leute merken, dass ich früher Trader war, dann fangen sie an, über Geldanlage zu reden, sogar auf Festen bei Freunden oder sonst wo. Das betrifft eben fast jeden. In solchen Unterhaltungen heißt es dann: „Was, meinen Sie, wird mit dem Dollar passieren? Was, meinen Sie, wird dort passieren? Was, meinen Sie, wird die Regierung hier unternehmen?"

Ich kann durchaus ein intelligentes Gespräch führen. Früher musste ich wissen, was die Länder mit ihren Währungen anstellten, und ich war durch meine Lektüre gut informiert, wenn auch nur deshalb, weil ich in einem Kundengespräch – wenn mich etwa eine Großbank damit beauftragen wollte, ihre Devisengeschäfte zu managen – intelligent über diverse Volkswirtschaften sprechen und zumindest den Eindruck erwecken konnte, ich verstünde und wüsste gewisse wirtschaftliche Dinge, die auf der Welt vor sich gingen. Und das, obwohl das überhaupt nichts mit meinem Trading zu tun hatte.

Ich mache das weiterhin. Ich habe die ganze Angelegenheit mit dem Euro und mit Griechenland fasziniert verfolgt, denn als mich Menschen 1997 danach fragten, sagte ich zutiefst überzeugt und ohne mich zurückzuhalten, dass der Euro eine dumme Idee sei und sich niemals langfristig werde halten können. Das kann er auch nicht. Man kann nicht alle möglichen unterschiedlichen politischen Systeme auf eine einzige Währung gründen, die auf einem Haufen unterschiedlicher Bilanzen basiert. Das geht nicht. Da wird jemand mogeln; da wird jemand nicht sein Bestes geben. Jemand bekommt etwas reingewürgt und muss dafür bezahlen, dass andere die Sache nicht richtig gemacht haben, und genau das erleben wir jetzt.

Einige Deutsche dürften die Nase von anderen voll haben – Ländern wie Griechenland, Italien, Portugal, Spanien und anderen, die anscheinend sozialistisch, überschuldet und nicht in der Lage sind, es finanziell auf die Reihe zu kriegen. Wie lange macht man das mit, bis man einfach sagt, man habe genug, und die Währung wieder aufspaltet?

Ich habe das schon immer für eine dumme Idee gehalten. Nun ja, die Vorhersage des Ganzen ist gut und schön, aber in Wirklichkeit kümmere ich mich beim Trading ausschließlich darum, wie mein Portfolio in diesem Augenblick, genau im jetzigen Zeitraum, positioniert sein sollte. Sonst nichts. Man weiß nicht, was der nächste Tag bringen wird und kümmert sich nicht großartig um das, was der vorige Tag gebracht hat, denn das ist vergangen und kommt nie mehr wieder.

Man muss wirklich konzentriert auf sein Portfolio blicken. Ich habe Paul Tudor Jones einmal sagen hören, er beginne gern jeden Tag, indem er davon ausgeht, alle seine Positionen seien falsch, sodass er von Grund auf neu anfängt und erneut analysiert, wo er genau jetzt stehen möchte. Er versucht, zu beschließen: „Nein, diese

Position gefällt mir. Die will ich noch einen Tag lang halten." Ich glaube, das bedeutet, sich dazu zu zwingen, in der Gegenwart zu leben, und das ist gut.

Die einzige Sache, die man als Trader kontrollieren muss, ist, dass man genau jetzt kauft oder verkauft. Man kann nicht in drei Wochen kaufen, das ist sinnlos.

Aaron: Sie haben früher vom Konzept eines Münzwurfs gesprochen – sie haben gesagt, Einstiegspreise seien nicht so wichtig wie Money-Management, gutes Risikomanagement und Ausstiegspreise.

Tom: Ich habe die Zufallsstudie gemacht. Ich habe die Computer genommen und ließ sie einen Zufallsgenerator erstellen, der Zahlen ausgibt. Den wandte ich auf rund acht Märkte an und wenn ich am Ende eines Tages keine Position hatte, ging ich anhand des Zufallsgenerators eine Position ein. In Österreich hat das jemand mit 20 Märkten nachgemacht. Dabei kam das Gleiche heraus. Es kann sogar sein, dass die damit mehr Geld verdient haben als ich, aber wir lagen beide leicht im Plus – nicht solide im Plus, eben nur leicht.

Das läuft auf das gleiche Konzept hinaus, das ich bereits erwähnt habe. Wenn man das ganze Jahr über tradet, entscheiden zwei oder drei Trades darüber, ob man einen hübschen Gewinn erzielt oder nur auf null rauskommt. Irgendwo muss man in diese Trades einsteigen. Und wenn man drin ist, muss man sie laufen und reifen und einem die besonders großen Gewinne einbringen lassen, die man anstrebt.

Ein Zufallsgenerator sagt einfach: „Gut, mir ist es egal, in welche Richtung ich gehe. Der Markt kann tief fallen oder hoch steigen. Ich werfe einfach eine Münze und was auch immer dabei herauskommt – ich werde am nächsten Morgen je nach Ergebnis zu Handelsbeginn kaufen oder verkaufen."

Aber sobald ich die neue Position habe, muss ich davon ausgehen, dass ich damit den nächsten, wirklich ganz großen Gewinner habe, und deshalb muss ich meine Stopps auf ein logisches Niveau nachziehen, dem Trade genug Bewegungsspielraum lassen, und zwar das Risiko auf ein sicheres Maß beschränken, aber gleichzeitig Raum für eine normale Bewegung lassen. Deshalb können Dinge ins Spiel kommen wie die Average True Range, Ausbrüche im Chart und vieles mehr, je nachdem, wie ausgeklügelt man vorgehen möchte. Damit kann man dem Markt die normale Bewegungsfreiheit lassen, aber auch zulassen, dass sich bei diesem einzelnen Trade der Gewinn auf lange Sicht aufbaut – und aufbaut und aufbaut.

Wenn er den Stoppkurs erreicht, dann sagt einem das, dass der Trend nicht der gesuchte war: Es war nicht der große Trade, der sich so sehr auszahlt, dass das Portfolio einem Erfolg beschert.

Am Ende ist man also raus aus dem Markt und wirft die Münze erneut. Die Zufallszahl verschafft einem 50 Prozent Käufe und 50 Prozent Verkäufe. Es dauert nicht lange, dann stößt man auf den großen Trend, der einem das ganze Geld einbringt, und dadurch erzielt man die erwähnten leichten Jahresgewinne.

Man bekommt eine Menge Verlierer, ein paar Gewinner und einen, zwei oder drei sehr, sehr große Gewinner – das sind die, bei denen man dabei sein muss, und ein Zufallsgenerator verschafft sie einem.

Aaron: Die Psychologie ist wahrscheinlich der wichtigste Aspekt des profitablen Tradings. Warum halten Sie diesen Aspekt für den wichtigsten?

Tom: Ich würde sagen, dass für gutes Trading drei Voraussetzungen vorliegen müssen. Die erste, für die jeder genug Zeit aufbringen sollte, ist die Kauf- und Verkaufsentscheidung. Man muss auf irgendeine Weise sagen: „So möchte ich einen Markt kaufen oder verkaufen, ob ich nun eine Aktie oder etwas anderes kaufe." Zweitens muss man eine Antwort auf folgende Frage haben: „Wie viel soll ich kaufen und welche Anlageinstrumente soll ich kaufen?" Ich bezeichne diesen Bereich gewissermaßen als den Bereich des Portfoliomanagements, des Risikomanagements und des Volatilitätsmanagements. Auch damit muss man erfolgreich sein.

Der dritte Bereich – meiner Meinung nach der wichtigste und derjenige, über den viele Menschen am wenigsten nachdenken – ist die eigene Psychologie. Selbst im Falle des vollautomatischen Unternehmens Trendstat hatte ich als menschliches Wesen letztlich die Macht, als Eigentümer von Trendstat den Stecker des Computers zu ziehen, ihn zu übergehen oder was auch immer zu tun, weil mir das Unternehmen zu hundert Prozent gehörte.

Wenn meine Psychologie und mein Wissen über das, was wir taten, nicht in guter Verfassung war und wenn ich mich mit dem, was wir geschaffen hatten, nicht wohlfühlte, und als wir dann zum ersten Mal einen Drawdown erlitten, begann ich, mich und die ganzen Computer infrage zu stellen und meinen Computerleuten zu sagen, dass wir auf eine ganz neue Art und Weise arbeiten und die neueste heiße Strategie recherchieren müssten, die im vergangenen Jahr anscheinend 50 Prozent gebracht hatte. Ich konnte Blackboxes kaufen oder Blackboxes erstellen – wo ist der Unterschied? –, das Trading immer wieder umstellen und dennoch ein um das andere Mal scheitern, weil meine Psychologie nicht in Ordnung war.

Das heißt, obwohl ich automatisiert war, musste ich über das, was ich machte, trotzdem mit gutem, ausgewogenem Verstand nachdenken. Es gibt da ein gutes Beispiel, über das ich Doktor Van Tharp habe sprechen hören. Gutes Trading heißt, dass man am heutigen Tag seine Strategie befolgt. Es geht nicht darum, ob man am betreffenden Tag Gewinn oder Verlust gemacht hat, sondern nur darum, die Strategie zu befolgen. Das ist eine sehr tiefgründige Angelegenheit. Es frappierte mich, als er das vor langer, langer Zeit sagte. Ich dachte mir: „Ja, das ist perfekt. Das ist genau das, was ich jeden Tag tue." Deshalb arbeiteten wir zusammen. Ein paar Jahre lang half ich ihm bei einigen seiner Seminare aus und fand es faszinierend, auf der ganzen Welt viele Menschen kennenzulernen. Das machte uns großen Spaß, bis mein Zeitplan so eng wurde, dass es unvernünftig gewesen wäre, damit weiterzumachen.

Aber es war eine sehr bedeutsame und kluge Formulierung. Gutes Trading heißt, seine Strategie zu befolgen. Gutes Trading heißt nicht, dass man Gewinn macht, und schlechtes Trading bedeutet nicht, dass man Verlust macht. Man muss eine gute Strategie entwickeln und sobald man eine Strategie hat, muss man sie befolgen und wirklich umsetzen.

Der richtige Zeitpunkt, um seine Strategie zu ändern, ist nicht im Eifer des Gefechts in der Halbzeit eines Handelstags, wenn eine bestimmte Position um drei Prozent in die falsche Richtung gelaufen ist und man sich fragt, ob man den Stecker ziehen sollte oder nicht. Das sollte man sich bereits vorher überlegt und ohne groß darüber nachzudenken erledigt haben. Wenn man aus einer Position ausgestiegen ist, die Märkte geschlossen sind, man sich zurücklehnen und darüber nachdenken will, was gerade passiert ist, und sich eine bessere Vorgehensweise ausdenken will, hat man alles richtig gemacht.

Ich will damit nicht sagen, dass man sich nicht ständig bemühen sollte. Noch heute saß ich da und war von dem Aktienresearch, das ich vornahm, völlig hypnotisiert. Das heißt, ich mache das als 62-jähriger Rentner immer noch. Ich finde, man muss weiterhin arbeiten und besser werden. Aber dabei muss man sich an das halten, was man sich ausgedacht hat, außer wenn einem eine bessere Möglichkeit einfällt.

Viele Menschen machen das nicht. Sie ziehen den Stecker oder kaufen sogar eine Blackbox. Nach einem halben Jahr werfen sie sie wieder weg und ändern alles, was sie tun. Sie schichten einen Haufen Filter übereinander.

Es kommt vor, dass mir Menschen auf Facebook schreiben und mir Fragen stellen, und dann antworte ich: „Schreiben Sie mir, was Sie machen, und dann schaue ich, ob ich darauf reagieren kann." Dann ergehen sie sich in ausführlichen Erklärungen der vielen verschiedenen Filter, und sie machten es nur, wenn der ADX bei x stehe und so weiter und so fort. Sie haben so viele Filter darüberliegen, dass ich mich frage, wie sie jemals einen Trade zustande bringen. Sie streben nach Perfektion. Sie machen es so kompliziert, dass es wahrscheinlich nicht machbar ist, und wahrscheinlich verpassen sie die zwei oder drei großen Trades, die sich auszahlen, weil sie die irgendwie herausgefiltert haben.

Ich fordere die Leute auf, ihren eigenen Verstand wirklich zu gebrauchen. Ich glaube, manche Menschen sind ein bisschen mehr für das Trading gemacht als andere. Manchmal fällt das Trading gerade extrem verkopften, hochintellektuellen und brillanten Menschen, die sich selbst für intelligenter halten als alle anderen, schwer, eben weil sie zu viel wissen. Einige der besten Trader – wenn man sich manche Long-Trader anschaut, dann sind das Leute von der Straße, die wirklich nicht viel über Geldanlage wissen und sicherlich keinen MBA oder so etwas haben – sind deshalb erfolgreich, weil sie etwas finden, das funktioniert, und sich dann daran halten. Sie lassen sich von den Märkten nicht unterkriegen, weil sie die verstandesmäßige Seite, die alles analysieren und theoretisch verstehen will, eigentlich gar nicht haben. Sie wollen schlicht Geld verdienen und damit heimgehen, und so machen sie das auch.

Jeder muss seine eigene Psychologie untersuchen und versuchen, sich zu fragen, was er tun könnte, um ausgeglichener zu werden, damit er bei der Erledigung konkreter Trading-Aufgaben im Hier und Jetzt bleiben und analysieren kann, wohin er will, und damit er dies verhältnismäßig emotionslos tun und schnell reagieren kann. Das ist eigentlich das, was gutes Trading ausmacht. Das ist Psychologie.

Man kann so viel Arbeit leisten, wie man will – aber wenn man die Psychologie nicht hat, diesen entscheidenden dritten Bereich, dann wird man die beiden ersten Bereiche des Tradings niemals erfolgreich umsetzen.

Aaron: Als Jack Schwager Sie für *Magier der Märkte II* interviewte, titulierte er Sie wegen Ihres kühlen, ruhigen und gesammelten Trading-Stils als „Mr. Serenity“ – „Die Ruhe in Person“. Wie sind Sie konkret dahin gelangt und wie konnten Sie diese ausgeglichene Geisteshaltung auch in Drawdown-Zeiten bewahren?

Tom: Ich habe mir diese Frage schon oft gestellt. Das Einzige, was mir dazu einfällt und was meines Erachtens rückblickend in meiner

Vorgeschichte und in meinem Leben eine Rolle gespielt hat, ist, dass ich so verdammt beschäftigt damit war, derart vieles zu tun, was nichts damit zu tun hatte, vor einem Telefon oder vor einem Kursticker zu sitzen. Ich hatte immer viele verschiedene Interessen, die nichts mit den Märkten zu tun hatten. Mir sind Menschen begegnet, die mitten in der Nacht aufwachen und auf einen Monitor neben ihrem Bett schauen, um zu erfahren, was mit dem Euro in dieser Nacht passiert. Das halte ich für Besessenheit.

Ich telefoniere gern mit Freunden. Heute Abend werde ich kochen. Ich helfe anderen Tradern sehr gern. Gestern habe ich in meinem Vorgarten die Hecken geschnitten. Ich liebe es, meinen Garten nach der Art italienischer Landschaften zu gestalten und alles zum Erblühen zu bringen. Ich schneide alle meine Büsche und Bäume selbst von Hand. Es gibt so vieles, was meinen Tag ausfüllt, das Trading ist nur eines davon. Und das lenkt die Aufmerksamkeit meines Gehirns von den zahlreichen Weltereignissen ab. Im Zuge der Griechenlandkrise passiert etwas und man denkt: „Mein Gott, der Goldpreis ist um zehn Dollar gestiegen." Es geht so vieles vor sich, was den Verstand in Beschlag nehmen und einen plötzlich in ein psychisches Loch herunterziehen kann.

Da ich so beschäftigt war, die Computer ihre Arbeit machen ließ, die Zeit aufbrachte, die Computer so zu programmieren, dass sie machten, was ich wollte, und da ich wusste, dass sie das machten, hatte ich genug innere Ruhe, um mich zu fragen, was ich am betreffenden Abend kochen sollte, um mich auf mein Golfspiel zu konzentrieren oder irgendwo einen vergnüglichen Urlaub zu verbringen. Ich brauchte nicht wie besessen jeden Tag die Zeitung zu lesen, mir Aktienkurse oder Charts anzuschauen und mir darüber den Kopf zu zerbrechen.

Viele Trader sind zu aufgedreht. Ich glaube, das galt damals auch für Jack, als er mich interviewte – ein typischer New Yorker, schnell, hektisch und ständig unter Strom. Viele Magier der Märkte, die er interviewte und von denen manche nicht mehr im Geschäft sind, waren am Ende ziemlich schnell und mit hohem Risiko unterwegs und manche von ihnen verpatzten es und überlebten langfristig nicht.

Im Vergleich zu ihnen war ich ziemlich langweilig. Ungewöhnlich an mir war der systematische, auf das Einfache gerichtete Ansatz, von dem ich mich nicht stressen ließ. Ich glaube, irgendwie fand Jack das reizvoll, denn er wollte einiges davon gewissermaßen für sich selbst übernehmen. Das war unterhaltsam. Mir macht Jack Spaß; er ist ein toller Kerl.

Aaron: Sie haben gesagt, sie betrachten das Leben wie einen Kinofilm. Was wollten Sie damit sagen und inwiefern wirkt sich das positiv auf Ihr Leben und konkret auf Ihr Trading aus?

Tom: Wenn man einen Film schaut, ist die im Augenblick auf der Leinwand zu sehende Szene immer der gegenwärtige Augenblick. Man darf raten, wohin sich die Handlung entwickelt, wobei man richtig oder falsch raten kann. Irgendwie hat das Ähnlichkeit mit den Märkten. Vielleicht denkt man, dass es weiterhin aufwärtsgeht, aber womöglich passiert das nicht. Man weiß jedoch, was man sich gerade anschaut, weil es gerade auf der Leinwand zu sehen ist.

Wenn man auf das Jetzt achtet, kann man es zulassen, dass einen ein Horrorstreifen im gegenwärtigen Augenblick in Schrecken versetzt, dass einen ein gefühlvoller Film zum Weinen oder eine Komödie zum Lachen bringt, weil man darauf geachtet hat, ein Witz gemacht wurde und man sich sagt: „Das ist lustig."

Die Emotionen können wild schwanken, aber man macht sich nicht von ihnen abhängig. Man weiß, dass es nur ein Film ist, der als Unterhaltung gedacht ist. Man hat immer noch seine eigene Existenz, seine eigenen Überzeugungen und sein komplettes eigenes Innenleben. Ich stelle mir die Märkte und das Leben gern als eine Art Film vor. Man weiß irgendwie, wohin sich der Film entwickelt, aber das Leben konfrontiert einen mit unerwarteten Wendungen – die Märkte auch. Man muss bloß hinsehen und sagen: „Okay, das war interessant. Und was machen wir jetzt?" Wie reagiert man darauf? Was hätte die Strategie eigentlich im Zuge dieser neuen Information oder der neuen Veränderung der Bedingungen tun sollen? Dadurch bleibt man emotional von dem betreffenden Trade losgelöst.

Man kann das Trading als Film betrachten, anstatt das Gefühl zu haben, das Trading sei das Leben und man sei vom Markt umzingelt, in welche Richtung man auch geht oder blickt. Man wacht auf, begibt sich gleich an den Markt, man überprüft den Markt, bevor man schlafen geht, und man hat den ganzen Tag lang das Telefon vor sich. Beim Mittagessen unterhält man sich nicht mit anderen Menschen, weil man sich Sorgen darum macht, was mit dem Euro passiert. Das heißt für mich, dass man sich den Film nicht anschaut, sondern sich mitten im Film verliert.

Aaron: Sie haben sich in den Jahren als Vermögensverwalter stets darum bemüht, und Sie bemühen sich auch heute im Ruhestand noch darum, Ihre Art des Tradings so zu gestalten, dass sie zu dem Lebensstil passt, den Sie pflegen wollen, und nicht umgekehrt.

Tom: Ich bekomme viele Telefonanrufe und Mitteilungen auf Facebook und Twitter, in denen ich gefragt werde, wie ich trade. Ich möchte nicht grob sein, aber eigentlich würde ich gern erwidern: Warum interessiert Sie das? Sie sollten das, was Sie tun, für sich selbst umsetzen. Warum sollten Sie das Gleiche tun wie ich? Mein Vermögen ist anders, meine Sachkenntnis ist anders und ich habe eine andere Computerausstattung als Sie. Womöglich unterliege ich an den Märkten, an denen ich trade, auch anderen gesetzlichen Beschränkungen.

Auch Menschen aus Indien stellen mir Fragen. Ich habe keine Ahnung, wie der indische Aktienmarkt aussieht, welche Vorschriften dort gelten und wie dort die Broker-Situation ist. Ich habe noch nie mit indischen Aktien gehandelt und habe das in näherer Zukunft auch nicht vor, außer wenn sich etwas Gravierendes ändert. Ich weiß einfach nichts darüber. Und warum sollte jemand das, was ich tue, auf sein eigenes Leben anwenden? Besser wäre es, das, was man tun will, selbst zu entwickeln.

Und genau so habe ich das gemacht. Ich bin im Ruhestand. Ich verbringe jeden Tag ein bisschen Zeit mit Trading. Wie bereits erwähnt, habe ich mich heute ein bisschen mit Aktienresearch befasst, weil ich ein paar Ideen hatte, denen ich nachgehen wollte. Leider kam ich dabei nicht zu tiefgreifenden Schlussfolgerungen. Es hat sich nichts geändert – ich werde morgen genauso traden wie heute –, aber ich habe Stoff zum Nachdenken.

Wenn ich Urlaub mache, nehme ich meinen PC mit und verbringe vielleicht 20 bis 30 Minuten am Tag mit Trading. Mehr will ich dafür im Urlaub nicht aufwenden. Wenn ich alles in kurzer Zeit erledigen kann – zum Beispiel wenn es auf dem Kreuzfahrtschiff oder wo auch immer eine Internetverbindung gibt –, dann gelingt es mir, das Trading nach meiner Strategie fortzusetzen. Sie ist so gestaltet, dass das möglich ist.

Ich stoße auf viele Menschen, die sich Systeme und Strategien anschauen und gleichzeitig Vollzeitjobs haben, und denke mir: „Wie vereinbart man das mit einem Vollzeitjob? Man muss doch mit Kunden sprechen oder Widgets erstellen. Wie soll man sich darauf konzentrieren und das durchziehen? Da wird man doch Trades verpassen, und für eine gute Diversifizierung hat man nicht genug Kapital." Es gibt zahlreiche Probleme, die man gleich am Anfang erkennen kann.

Das größte Problem, das mir bei vielen Menschen begegnet, ist das zu geringe Kapital. Sie wollen mit nichts anfangen, sagen mir, sie hätten 2.000 Dollar, und fragen mich, wie sie anfangen sollen, mit Futures zu handeln. Dann kratze ich mich am Kopf, weil ich zugeben muss, dass auch ich mit einem 2.000- oder 3.000-Dollar-Depot angefangen habe und keine Ahnung hatte, was ich tat; und natürlich bin ich froh, dass ich herausgefunden habe, wie es geht, denn vier Jahre lang machte ich Verlust und es dauerte lange, bis ich den Break-even erreicht hatte. Aber als ich größer wurde, stärker diversifizierte und bessere Risiko- und Volatilitätskontrollen einführte, passte alles zusammen.

Ich halte es für mathematisch unmöglich, all das mit 2.000 Dollar zu versuchen. Diese Menschen sind also unterkapitalisiert und sie wissen nicht, was auf sie zukommt. Ich finde es traurig, dass sie die ganze Sache nicht genug durchdenken und sich nicht fragen: „Was muss ich tun, um etwas für mich umzusetzen?“ Sie sollten sich überlegen: „Wie könnte ich meine Trading-Strategie zu meiner eigenen machen, die ausschließlich mir gehört, und dafür sorgen, dass sie zu meinem Lebensstil, meinem Kapital, meinen Mitteln und meinen Kenntnissen passt?“ Dann gelingt es ihnen viel besser, den befriedigenden psychologischen Punkt zu erreichen, an dem sie in der Lage sind, in der Gegenwart zu leben und zu tun, was sie tun müssen, weil es ihnen gehört.

Sie brauchen sich nicht darum zu kümmern, wie Tom seine Sachen erledigt, wie Michael Covel seine Sachen erledigt oder wie Jack Schwager seine Sachen erledigt. Darauf kommt es nicht an. Wichtig ist nur, was *ich* mit *meinen* Sachen mache.

Aaron: Offensichtlich halten Sie sehr viel davon, für alle Aspekte Ihres Lebens die Verantwortung zu übernehmen, und deshalb würde ich sehr gern Ihre Gedanken dazu hören, warum Ihnen das so wichtig ist.

Tom: Es verlieh mir Kraft, als ich mir klarmachte, dass ich für mein gesamtes Trading selbst verantwortlich bin. Der Markt macht große Anstiege und plötzliche Abstiege durch. Manchmal ist er sehr geräuschvoll, manchmal ist er langweilig. So sind die Märkte eben. Man kann dem Markt nicht die Schuld für seine eigenen Probleme geben. Man muss sie selbst auf sich nehmen und sich fragen: „Was kann ich tun, um all das zu bewältigen, was mir die Menschheit im Laufe meines Lebens vor die Füße wirft?“ Wenn man eine Antwort auf diese Frage hat, wird man eine ziemlich gute Handelsstrategie entwickeln können, die zu einem passt.

Ein Beispiel: Im Moment hört man viel von Griechenland in den Nachrichten. Griechenland übernimmt für sein Missmanagement keine Verantwortung. Unter verschiedenen gesellschaftlichen Gruppierungen herrscht die Tendenz, entweder jemand anderem die Schuld zu geben oder zu erwarten, dass sich jemand anders einiger Probleme annimmt. In der Gesellschaft gibt es derzeit immer weniger Selbstverantwortung. Ich glaube nicht, dass uns das in die richtige Richtung führt. Mir scheint, dass sich immer mehr Regierungen in finanzielle Schwierigkeiten bringen und es immer mehr Staatsbankrotte geben wird.

In Argentinien sieht es nicht besonders gut aus, in Venezuela katastrophal. Die Vereinigten Staaten geben viel mehr aus, als sie sich leisten können. Früher oder später beginnt das Ganze zusammenzubrechen. Ich weiß nicht, wie die Welt darauf reagieren wird. Das wird in einem regelrechten Chaos enden, weil es auf der Welt viele Regierungen gibt, die in finanzielle Schwierigkeiten geraten werden, und wenn die Menschen einfach aufhören, ihnen in Form von Staatsanleihen und Darlehen Geld zu geben oder wenn sie ihre Währungen aufwerten oder abwerten, indem sie einfach zu viel Geld drucken, dann werden die Menschen in diesen Ländern leiden. Wenn die Menschen keine Verantwortung übernehmen, wird es ziemlich schlimm.

Für mich geht es bei der Selbstverantwortung darum, dass sie einem etwas innere Ruhe verschafft, weil man weiß, dass man etwas tun kann, und nicht nur den Unbilden des Lebens ausgesetzt ist.

Wenn man versucht, Verantwortung für alles zu übernehmen, was passiert, kann man ein bisschen besser reagieren und das tun, was notwendig ist, um ein gutes Leben zu führen und um positive Beiträge zur Gesellschaft und zu seiner eigenen Handelsstrategie zu leisten. Dies alles wird durch Selbstverantwortung verbessert.

Aaron: Sie sagen gern „Enjoy the Ride" – „Genießen Sie die Fahrt". Oft beenden Sie Tweets mit diesen drei Wörtern. Sie sind zwar ganz einfach, aber ich habe das Gefühl, dass darin eine tiefere Botschaft liegt. Würden Sie die vielleicht mit uns teilen? Was bedeutet diese Aufforderung?

Tom: Sie hat eine philosophische Bedeutung. Das Leben ist wie eine Fahrt. Es gibt Aufs und Abs, unerwartete Überraschungen und alles Mögliche und am Ende ist man tot. Also kann man die Fahrt genauso gut genießen.

Ich glaube, die Menschen nehmen manches zu wichtig. Ich kenne alle möglichen Trader, die nicht aufhören können, weil sie danach süchtig sind; sie identifizieren sich damit, dass sie Trader sind. Sie identifizieren sich nicht damit, Menschen zu sein, die für andere Menschen Väter, Ehemänner und Nachbarn sind; stattdessen vertiefen sie sich nur in diese eine Sache, die man Trading nennt.

Das Gleiche könnte man von Menschen sagen, die Lehrer oder Vertreter sind oder Markisen und Fensterläden montieren. Es gibt alle möglichen Beispiele, über die man reden könnte. Ich habe Freunde, die weit über das Rentenalter hinaus sind, aber einfach nicht mit dem Arbeiten aufhören können, weil sie sich mit der Arbeit identifizieren. Sie haben sich außerhalb dessen keine Identität geschaffen.

Bei „Enjoy the Ride“ geht es im Grunde nur darum, das Leben wie einen Film zu betrachten: die Fahrt so zu genießen, wie man die meisten Filme genießt; es gibt unerwartete Wendungen, man lacht, ist gerührt und sollte in der Lage sein, das alles zu genießen, denn das Leben ist kurz und warum sollte man es also nicht genießen? Alles andere hat wirklich keinen Sinn. Genauso ist es, wenn der Markt nach unten geht – „Genieße die Fahrt“.

Heute kam ein Abwärtssignal, als wir dieses Interview führten, gerade zu Mittag. Ich sah, dass die Hedges weiterliefen, und darum teilte ich es auf Twitter allen mit. Ich habe fünf neue Follower. Das wird überall geteilt – von meinem Standpunkt aus ist das schräg. In finanzieller Hinsicht hatte ich heute einen Minustag. Mit mir ging es nicht so weit abwärts wie mit dem Markt und daher war das gut so. Ich nehme an, ich habe ein bisschen Risiko abgepuffert. Wenn der Markt weiter fällt, stehe ich wirklich gut da; wenn der Markt morgen wendet und steigt, stehe ich wieder dumm da und das ist in Ordnung, denn ich genieße die Fahrt.

Ich mache mich jetzt daran, ein schönes Abendessen zuzubereiten, ich werde den Abend genießen und nicht viel daran denken. Morgen werde ich das Gleiche wieder machen und weiterhin die Fahrt genießen.

ÜBER DEN **AUTOR**

Michael Covel sucht. Er gräbt. Er schaut hinter den Vorhang, um unkonventionelle Sichtweisen aufzuzeigen, mit denen man in der Finanzwelt weiterkommt.

Michaels Bücher gelten als unentbehrliche Pflichtlektüre, er bringt Anfängern wie auch ausgefuchsten Profis bei, wie man anhand unkomplizierter, wiederholbarer Regeln Gewinne generiert. Vor allem ist er dafür bekannt, dass er die nicht unmittelbar einleuchtende und umstrittene Handelsstrategie populär machte, die man Trendfolge nennt.

Als bekennender Unternehmer hat Michael fünf Bücher geschrieben, unter anderem den internationalen Bestseller *Trend Following* und die investigative Erzählung *Turtle-Trader*. Fasziniert von geheimnistuerischen Tradern, die in aller Stille sieben Jahrzehnte lang spektakuläre Renditen erzielt haben, indem sie sich gegen die Investment-Orthodoxie des Kaufens und Hoffens wandten, deckte er erstaunliche Erkenntnisse über die richtige Art auf, sich Trendfolge-Systeme auszudenken, sie zu entwickeln und umzusetzen.

Michaels Sichtweisen finden international Beifall und verschaffen ihm Einladungen zahlreicher Organisationen, darunter China Asset Management, GIC Private Limited (ein Staatsfonds aus Singapur),

BM&F Bovespa, Managed Funds Association, Bank of China Investment Management, Market Technicians Association sowie von zahlreichen Hedgefonds und Investmentfonds. Außerdem kann er sich rühmen, fünf Wirtschaftsnobelpreisträger interviewt zu haben, unter anderem Daniel Kahneman und Harry Markowitz. Seine Äußerungen wurden von den bedeutendsten Medienhäusern veröffentlicht, unter anderem im *Wall Street Journal*, bei *Bloomberg* und *CCTV*, in *The Straits Times* und bei *Fox Business*.

Michael postet auf Twitter, veröffentlicht einen Blog und zeichnet einen wöchentlichen Podcast auf. Zu den Kunden, die er berät, zählen Hedgefonds, Staatsfonds, institutionelle Investoren und private Trader aus mehr als 70 Ländern. Er lebt abwechselnd in den Vereinigten Staaten und in Asien.

www.trendfollowing.com

ÜBER **TOM BASSO**

Tom Basso ist derzeit im Ruhestand und war früher CEO von Trendstat Capital Management, Inc., einer Kapitalanlagegesellschaft und Commodity Trading Advisory (CTA). Er hat einen Abschluss in Chemieingenieurwesen von der Clarkson University und einen Master of Business Administration von der Southern Illinois University. Er war als Schlichter für die National Association of Securities Dealers und für die National Futures Association (NFA) tätig und gehörte früher dem Verwaltungsrat der NFA an, wo er einen der vier Sitze für CTA/CPO innehatte.

Außerdem gehörte er drei Jahre lang dem NFA-Unterausschuss für Technologie und Standards an. Er saß im Verwaltungsrat der National Association of Active Investment Managers (NAAIM) und von CreaMiser, Inc., das heute eine Sparte des führenden US-amerikanischen Molkereikonzerns Dean Foods ist. Auch gehörte er dem Vorstand von Lamp Technologies an, einem Technologieunternehmen mit Sitz in Dallas, das Backoffice-Outsourcing-Lösungen für die Futures- und Hedgefondsbranche anbietet. Im Jahr 2019 wurde Tom Verwaltungsratsvorsitzender von Alternative Asset Management, einer Firma, die eine Mischung aus Managed Futures und globalen Aktienanlagen betreibt. Der Fonds wird von Eric Crittenden gemanagt und bietet seinen Anlegern einen Investmentansatz, der von einem einzelnen Manager mithilfe mehrerer Strategien an mehreren Märkten betrieben wird.

Dank seiner ingenieurtechnischen, mathematischen und informatischen Ausbildung konnte Tom ein breites Spektrum von Investmentprogrammen entwickeln, welche die Chancen an den weltweiten Finanzmärkten nutzen. Er ist Verfasser des Buches *Panic-Proof Investing*, das Anlegern helfen soll, und er ist einer der Trader, die in *Magier der Märkte II* vorgestellt wurden, einem Buch von Jack Schwager über erfolgreiche Trader. Sein jüngstes Buch *Successful Traders Size Their Positions – Why and How?* war ein Hit bei Tradern auf der ganzen Welt, die versuchen, ihre Positionsgrößen zu managen. Auf dem Höhepunkt verwaltete Trendstat von Scottsdale in Arizona aus Kundenvermögen in Höhe von 600 Millionen Dollar. Inzwischen hat Tom die Tradern gewidmete Website enjoytheride.world gegründet. Er ist seit 2003 im Ruhestand und genießt es, eine Vielzahl von Aktivitäten zu betreiben – beispielsweise spielt er Golf, schreibt, singt in einem Kirchenchor, trainiert und hilft Tradern unter anderem mit seiner Website, Büchern, Videos, Hinweisen, Research, Webinaren und Seminaren.

enjoytherideworld.odoo.com

BIBLIOGRAFIE

Basso, Thomas F. „Adding Low Sharpe Ratio Investments Can Increase Your Sharpe Ratio.“ Trendstat Capital Management.

Basso, Thomas F. „Algorithmic Trading Is Getting A Bad Rap.“ Trendstat Capital Management, 28. November 2018.

Basso, Thomas F. „CTA Cycles – Surges follow the declines.“ Trendstat Capital Management, Dezember 1999.

Basso, Thomas F. „Currency Investing – Increasing Net Worth While Protecting Net Wealth.“ Trendstat Capital Management.

Basso, Thomas F. „Good Trading Is Not Rocket Science.“ Trendstat Capital Management.

Basso, Thomas F. „Some Leverage is Good, Too Much is Dangerous.“ Trendstat Capital Management.

Basso, Thomas F. „Study of Time Spent in Trending and Sideways Markets.“ Trendstat Capital Management, März 1999.

Basso, Thomas F. „Ten Rules to Consider When Investing Your Money." Trendstat Capital Management.

Basso, Thomas F. „The ETR Comfort Ratio." Trendstat Capital Management.

Basso, Thomas F. „The Value Added of Asset Allocation Combined with Rebalancing." Trendstat Capital Management, 12. Mai 2000.

Basso, Thomas F. „Thoughts on Good Investing Psychology in the Midst of Turmoil." Trendstat Capital Management, 17. September 2001.

Basso, Thomas F. „Time Stocks Spent in Up, Down and Sideways Markets (2018 Update)." Trendstat Capital Management, 2. Oktober 2018.

Basso, Thomas F. „Timing the Market Revisited." Trendstat Capital Management.

Covel, Michael, Gastgeber. „Ep. 10: Tom Basso Interview with Michael Covel on Trend Following Radio." Trend Following Radio, 25. April 2012. http://trendfollowingradio.com/tom-basso-interview-trend-following-manifesto-with-michael-covel.

Covel, Michael, Gastgeber. „Ep. 83: Tom Basso Interview #2 with Michael Covel on Trend Following Radio." Trend Following Radio, 28. November 2012. http://trendfollowingradio.com/tom-basso-interview-2-trend-following-manifesto-with-michael-covel.

Covel, Michael, Gastgeber. „Ep. 200: Tom Basso Interview #3 with Michael Covel on Trend Following Radio." Trend Following Radio, 10. Januar 2014. http://trendfollowingradio.com/ep-200-tom-basso-interview-3-with-michael-covel-on-trend-following-radio.

Covel, Michael, Gastgeber. „Ep. 306: Tom Basso Interview #4 with Michael Covel on Trend Following Radio." Trend Following Radio, 1. Januar 2015. http://trendfollowingradio.com/ep-306-tom-basso-interview-4-with-michael-covel-on-trend-following-radio.

Covel, Michael, Gastgeber. „Ep. 700: Tom Basso Interview #4 with Michael Covel on Trend Following Radio." Trend Following Radio, 8. Oktober 2018. http://trendfollowingradio.com/ep-700-tom-basso-interview-with-michael-covel-on-trend-following-radio.

Covel, Michael. *The Complete Turtle Trader*. New York: HarperCollins, 2009.

Covel, Michael. *The Little Book of Trading*. New Jersey: John Wiley & Sons, Inc., 2011.

Covel, Michael. *Trend Following 5th Edition*. New Jersey: Pearson Education, Inc., 2011.

Covel, Michael. *Trend Commandments*. New Jersey: John Wiley & Sons, Inc., 2017.

Fifield, Aaron, Gastgeber. „Ep. 30: The logic of trend following, and how to improve your trader psychology with Market Wizard, Tom Basso." Chat mit Tradern, 22. Juli 2015. https://chatwithtraders.com/ep- 030-tom-basso.

Lundell, Dean. „Guide to Becoming a CTA." Chicago Mercantile Exchange, 2004.

ANHANG: **DER TRENDFOLGE-PODCAST – AUSGEWÄHLTE INTERVIEWS MIT MICHAEL COVEL**

Die mehr als 1.000 Folgen meines Trendfolge-Podcasts wurden mehr als zehn Millionen Mal angehört. Genießen Sie alle Folgen auf iTunes oder auf www.trendfollowing.com.

Hier eine Liste ausgewählter Highlights unter den Interviews:

Ep. 892: Gary Hamel – Gary P. Hamel ist ein amerikanischer Managementberater und Gründer von Strategos, einer internationalen Managementberatungsfirma mit Sitz in Chicago.

Ep. 890: David Cote – David M. Cote ist ein amerikanischer Geschäftsmann und war von 2002 bis 2017 CEO von Honeywell.

Ep. 874: Mark Victor Hansen und Crystal Dwyer Hansen – Mark Victor Hansen ist vor allem als Begründer und Mitschöpfer der Buchreihe *Hühnersuppe für die Seele* bekannt.

Ep. 857: Jack Canfield – Jack Canfield ist vor allem als Mitschöpfer der Buchreihe *Hühnersuppe für die Seele* bekannt.

Ep. 841: Tom Golisano – Thomas Golisano ist ein amerikanischer Milliardär, Geschäftsmann, Philanthrop und Autor sowie Gründer von Paychex.

Ep. 829: Steve Blank – Steve Blank ist ein Unternehmer aus dem Silicon Valley, der dafür anerkannt ist, dass er die Customer-Development-Methode entwickelt hat, die die Lean-Startup-Methode ausgelöst hat.

Ep. 827: Chris Ryan – Chris Ryan ist Co-Autor des *New York Times*-Bestsellers *Sex –die wahre Geschichte.*

Ep. 824: Robert Greifeld – Robert Greifeld ist ehemaliger CEO und Verwaltungsratsvorsitzender der Nasdaq.

Ep. 823: Joseph Pine – Joseph Pine ist der Autor von *Welcome to the Experience Economy.*

Ep. 815: Mark Minervini – Mark Minervini ist der Autor von *Secrets for Winning.*

Ep. 814: Gregory Zuckerman – Gregory Zuckerman ist der Autor von *Der Meister der Märkte: Wie Jim Simons die Quantenrevolution entfesselte.*

Ep. 808: Niels Kaastrup-Larsen – Niels Kaastrup-Larsen ist der Geschäftsführer von DUNN Capital (Europe).

Ep. 807: Laurie Santos – Laurie Santos ist Professorin für Psychologie und Kognitionsforschung an der Yale University.

Ep. 806: Vitaliy Katsenelson – Vitaliy Katsenelson, CFA, ist Chief Investment Officer bei Investment Management Associates.

Ep. 804: Larry Hite – Larry Hite war Gründungsdirektor und Geschäftsführer der Mint Investment Management Company.

Ep. 803: Rita McGrath – Rita McGrath ist eine weltweit anerkannte Expertin für Strategie, Innovation und Wachstum mit dem Schwerpunkt unternehmerische Geschäftsführung.

Ep. 789: Scott Kupor – Scott Kupor ist geschäftsführender Gesellschafter von Andreessen Horowitz.

Ep. 773: Esther Wojcicki – Esther Wojcicki ist als „Patin des Silicon Valley“ bekannt.

Ep. 767: Steve Burns – Steve Burns begann seine Aktivitäten in den sozialen Medien und als Blogger mit der Gründung von New Trader U im Jahr 2011.

Ep. 739: Peter Borish – Peter Borish ist Chefstratege von Quad Capital und Gründungsmitglied der Robin Hood Foundation.

Ep. 723: Harold de Boer – Harold de Boer ist eine Trendfolge-Legende, deren Erfolgsbilanz bis in die 1980er-Jahre zurückreicht.

Ep. 710: Peter Boettke – Peter Boettke ist ein Volkswirt der Österreichischen Schule und derzeit Professor für Philosophie an der George Mason University.

Ep. 705: Howard Marks – Howard Marks ist Anleger, Journalist und der Autor von *Marktzyklen meistern: So geht perfektes Timing für Anleger*. Außerdem ist er Mitgründer von Oaktree Capital Management.

Ep. 701: Jeffrey Gitomer – Jeffrey Gitomer ist Autor, Vortragsredner und Business-Trainer. Er ist vor allem als Autor von *Das kleine rote Buch für erfolgreiches Verkaufen* bekannt.

Ep. 697: Jerry Parker – Jerry Parker ist der Gründer von Chesapeake Capital und gehörte zu den von Richard Dennis geschulten ursprünglichen Turtle-Tradern.

Ep. 694: Ken Kocienda – Ken Kocienda war über 15 Jahre lang Software-Ingenieur und Designer bei Apple und ist der Autor von *Creative Selection: Inside Apple's Design Process During the Golden Age of Steve Jobs.*

Ep. 685: Lawrence Krauss – Lawrence Krauss ist theoretischer Physiker und Kosmologe an der Arizona State University, Leiter des dortigen Origins Project und Autor der Bestseller *Die Physik von Star Trek* und *Ein Universum aus Nichts.*

Ep. 677: Mark Blyth – Mark Blyth ist ein schottischer Politikwissenschaftler und Professor für internationale Wirtschaftspolitik an der Brown University.

Ep. 669: Harvey Silverglate – Harvey Silverglate ist Anwalt für Eventrecht mit 51 Jahren Berufserfahrung an Gerichten im ganzen Land und der Autor von *Three Felonies A Day: How the Feds Target the Innocent.*

Ep. 666: Aaron Brown – Aaron Brown ist Finanzfachmann, Experte für Risikomanagement und Glücksspiel, häufiger Redner bei berufsständischen und wissenschaftlichen Konferenzen sowie Co-Autor von *A World of Chance.*

Ep. 655: Roy Baumeister – Roy Baumeister ist Sozialpsychologe und bekannt für seine Arbeiten über das Ich, soziale Ablehnung, Zugehörigkeit, Sexualität, Unterschiede zwischen den Geschlechtern, Selbstbeherrschung, Selbstwertgefühl, selbstzerstörerisches Verhalten, Motivation, Aggression, über das Bewusstsein und die Willensfreiheit.

Ep. 653: Alexander Elder – Alexander Elder hat einige der populärsten Trading-Bücher der letzten 30 Jahre geschrieben.

Ep. 640: Alison Gopnik – Alison Gopnik ist Psychologieprofessorin und Philosophiedozentin an der University of California, Berkeley.

Ep. 639: Martin Bergin and James Dailey – Martin Bergin ist Präsident und Eigentümer von DUNN Capital Management.

Ep. 637: Oliver Hart – Oliver Hart ist ein amerikanischer Volkswirt britischer Herkunft und derzeit Andrew E. Furer Professor of Economics an der Harvard University. Er erhielt im Jahr 2016 für seine Arbeiten zur Vertragstheorie den Alfred-Nobel-Gedächtnispreis für Wirtschaftswissenschaften.

Ep. 633: William Damon – William Damon ist Professor für Bildung an der Stanford Graduate School of Education, Direktor des Stanford Center on Adolescence und Forschungsbeauftragter an der Hoover Institution der Stanford University.

Ep. 629: Annie Duke – Annie Duke ist Pokerspielerin, Autorin, Expertin für Entscheidungsfindung und Kognitionsforscherin. Ihr neuestes Buch heißt *Thinking in Bets: Making Smarter Decisions When You Don't Have All the Facts.*

Ep. 627: Charles Faulkner – Charles Faulkner ist Autor, Trader und internationaler Experte für die Formung des Wissens und der Leistungen außergewöhnlicher Personen.

Ep. 617: Ken Blanchard – Ken Blanchard ist Autor und Management-Experte. Er hat mehr als 60 Bücher geschrieben, wobei sich sein erfolgreichstes, *Der Minuten-Manager*, mehr als 13 Millionen Mal verkaufte.

Ep. 615: Robin Hanson – Robin Hanson ist Dozent für Volkswirtschaftslehre an der George Mason University und wissenschaftlicher Mitarbeiter des Future of Humanity Institute der Oxford University.

Ep. 593: Scott Galloway – Scott Galloway lehrt als Professor an der Stern School of Business der New York University Markenstrategie und digitales Marketing.

Ep. 591: Jeffrey Tucker – Jeffrey Tucker ist ein amerikanischer Wirtschaftsautor der Österreichischen Schule, Verfechter des Anarchokapitalismus und des Bitcoin und hat sieben Bücher geschrieben.

Ep. 587: Robert Sutton – Robert Sutton ist Professor für Unternehmensführung an der Stanford Engineering School, forscht auf dem Gebiet der evidenzbasierten Unternehmensführung und hat den Bestseller „Der Arschloch-Faktor“ geschrieben.

Ep. 586: Jason Calacanis – Jason Calacanis ist Wagniskapitalgeber, Business Angel, Autor und Blogger mit jahrelanger Erfahrung bei Investments in Start-ups.

Ep. 583: Richard Clarke – Richard Clarke ist Co-Autor von *Warnings: Finding Cassandras to Stop Catastrophes*. Außerdem war er früher National Coordinator for Security, Infrastructure Protection and Counterterrorism.

Ep. 575: Tyler Cowen – Tyler Cowen ist der Autor von *The Complacent Class: The Self-Defeating Quest for the American Dream*.

Ep. 573: Jon Gordon – Jon Gordon ist Autor und Vortragsredner zu den Themen Führung, Kultur, Vertrieb und Teamwork. Sein jüngstes Buch ist *The Power of Positive Leadership*.

Ep. 569: Andrew Lo – Andrew Lo ist der Autor von *Adaptive Markets: Financial Evolution at the Speed of Thought*. Außerdem ist er Charles E. and Susan T. Harris Professor of Finance am MIT.

Ep. 564: John Force – John Force ist ein amerikanischer NHRA-Dragster-Rennfahrer. Er ist 16-facher Meister, und sein Team hat 18 Meisterschaften errungen. Mit mehr als 144 Siegen ist John einer der dominierenden Dragster-Rennfahrer.

Ep. 561: Jeff Goins – Jeff Goins ist der Autor von *Real Artists Don't Starve: Timeless Strategies for Thriving in the New Creative Age*.

Ep. 555: Denise Shull – Denise Shull ist Leistungs- und Entscheidungs-Coach für Trader und Sportler. Sie ist bekannt dafür, wie effektiv sie Leistung in Situationen unter hohem Druck beurteilen kann.

Ep. 551: Jack Schwager – Jack Schwager ist der Autor der Buchreihe *Magier der Märkte*.

Ep. 543: Cass R. Sunstein – Cass R. Sunstein ist Robert Walmsley University Professor an der Harvard Law School.

Ep. 533: Donald Hoffman – Donald Hoffman ist Kognitionsforscher an der University of California Irvine. Er erforscht, inwiefern die visuelle Wahrnehmung, geleitet von Millionen Jahren natürlicher Auslese, hinter allen Aspekten unserer alltäglichen Wirklichkeit steht.

Ep. 531: Mark Rzepczynski – Mark Rzepczynski ist der CEO von AMPHI Capital Management und kennt sich sehr gut mit Trading aus, insbesondere mit Trendfolge-Trading.

Ep. 516: Wesley Gray – Wesley Gray war Hauptmann beim Marinekorps der Vereinigten Staaten und Finanzprofessor an der Drexel University.

Ep. 507: Lanny Bassham – Lanny Bassham gewann bei den Olympischen Spielen 1976 eine Goldmedaille im Schießen.

Ep. 489: Chris Voss – Chris Voss ist der Autor von *Kompromisslos verhandeln* und führte früher für das FBI internationale Geiselverhandlungen.

Ep. 487: Robert Cialdini – Robert Cialdini ist vor allem als Autor von *Die Psychologie des Überzeugens* bekannt.

Ep. 459: Tucker Max – Tucker Max ist Autor und Unternehmer.

Ep. 455: Ryan Holiday – Ryan Holiday ist Unternehmer und Autor zahlreicher Bücher, unter anderem von *Dein Ego ist dein Feind.*

Ep. 437: K. Anders Ericsson – K. Anders Ericsson ist der Autor von *Top: Die neue Wissenschaft vom bewussten Lernen.*

Ep. 435: Steven Pinker – Steven Pinker ist Johnstone Family Professor an der psychologischen Fakultät der Harvard University.

Ep. 431: Bill Bonner – Bill Bonner ist der Autor von *Hormegeddon: How Too Much Of A Good Thing Leads To Disaster*.

Ep. 429: Jim Rogers – Jim Rogers ist ein berühmter amerikanischer Investor, der in Singapur lebt. Er war Mitgründer des Quantum Fund.

Ep. 425: Philip Tetlock – Philip Tetlock ist der Autor von *Superforecasting: The Art and Science of Prediction.*

Ep. 423: Angus Deaton – Angus Deaton erhielt im Jahr 2015 den Alfred-Nobel-Gedächtnispreis für Wirtschaftswissenschaften für seine Beiträge zu den Wirtschaftswissenschaften und seine Analyse von Konsum, Armut und Wohlstand.

Ep. 419: Mebane Faber – Mebane Faber ist Autor, Blogger und Portfoliomanager bei Cambria Investment Management.

Ep. 401: Ben Carlson – Ben Carlson ist Leiter des institutionellen Asset Managements bei Ritholtz Wealth Management.

Ep. 396: Kathleen Eisenhardt – Kathleen Eisenhardt ist Co-Autorin des Bestsellers *Simple Rules: Einfache Regeln für komplexe Situationen* und Co-Direktorin des Stanford Technology Ventures Program.

Ep. 391: Charles Poliquin – Charles Poliquin war anerkanntermaßen einer der erfolgreichsten Krafttrainer der Welt, er trainierte Olympioniken und Profisportler.

Ep. 385: Paul Slovic – Paul Slovic ist Präsident von Decision Research und Psychologieprofessor an der University of Oregon.

Ep. 373: Lasse Pedersen – Lasse Pedersen ist Finanzprofessor an der Copenhagen Business School, Chef von AQR Capital Management und Autor des Buches *Efficiently Inefficient.*

Ep. 363: Blair Hull – Blair Hull hat als Blackjack-Spieler in den Casinos von Nevada angefangen und wurde später Trader. Im Jahr 1999 gründete er die Kapitalanlagegesellschaft Hull Investments.

Ep. 355: Ed Seykota – Ed Seykota ist Autor und Trader und wurde in dem Klassiker *Magier der Märkte* porträtiert.

Ep. 345: Spyros Makridakis – Spyros Makridakis ist Rektor der Neapolis University Pafos (NUP) und emeritierter Professor für Entscheidungsforschung des INSEAD und der Universität Piräus.

Ep. 344: Martin Lueck – Martin Lueck ist Researchleiter und Präsident von Aspect Capital. Zuvor war er bei Adam, Harding and Lueck

Limited (AHL) tätig, das er zusammen mit Michael Adam und David Harding gegründet hatte.

Ep. 340 Tim Ferriss – Tim Ferriss ist ein durch seine Bestseller bekannter Autor, Blogger und Motivationsredner.

Ep. 336: Colin Camerer – Colin Camerer ist ein amerikanischer Verhaltensforscher und Robert Kirby Professor of Behavioral Finance and Economics am California Institute of Technology (Caltech).

Ep. 331: Douglas Emlen – Douglas Emlen ist Professor an der University of Montana und der Autor von *Animal Weapons: The Evolution of Battle*.

Ep. 324: David Stockman – David Stockman war Geschäftsmann, Kongressabgeordneter und unter Präsident Ronald Reagan Leiter des Office of Management and Budget.

Ep. 319: Salem Abraham – Salem Abraham ist Präsident von Abraham Trading Company und hat eine 27-jährige Erfolgsbilanz.

Ep. 318: Christopher Chabris – Christopher Chabris ist ein amerikanischer Autor, Experimentalpsychologe sowie Psychologiedozent und Co-Direktor des Neuroscience Program am Union College.

Ep. 315: Michael Mauboussin – Michael Mauboussin ist Autor, Investmentstratege in der Finanzdienstleistungsbranche und Professor an der Columbia Graduate School of Business, außerdem gehört er dem Kuratorium des Santa Fe Institute an.

Ep. 313: Jean-Philippe Bouchaud – Jean-Philippe Bouchaud ist der Gründer und Vorsitzende von Capital Fund Management (CFM) und Physikprofessor an der École polytechnique.

Ep. 309 Mark Mobius – Dr. Mark Mobius ist der Vorstandsvorsitzende der Templeton Emerging Markets Group.

Ep. 305: Mark Manson – Mark Manson ist Autor und Berater für persönliche Entwicklung. Er hat den internationalen Bestseller *Die subtile Kunst des darauf Scheißens* geschrieben.

Ep. 297: Gabriele Oettingen – Gabriele Oettingen ist Autorin und Psychologieprofessorin an der New York University und an der Universität Hamburg.

Ep. 296: Ewan Kirk – Ewan Kirk ist der Chef von Cantab Capital und hat seine Firma von 2006 bis heute von einem verwalteten Vermögen von 30 Millionen US-Dollar auf mehr als fünf Milliarden US-Dollar gebracht.

Ep. 295: Gerd Gigerenzer – Gerd Gigerenzer war Leiter der Abteilung Adaptives Verhalten und Kognition am Max-Planck-Institut für Bildungsforschung in Berlin sowie Leiter des Harding-Zentrums für Risikokompetenz in Potsdam.

Ep. 291: Steven Kotler – Steven Kotler ist ein amerikanischer Bestsellerautor, Journalist und Unternehmer. Seine Artikel sind in mehr als 70 Publikationen erschienen.

Ep. 287: Toby Crabel – Toby Crabel ist der Gründer von Crabel Capital Management.

Ep. 286: Alex Greyserman – Alex Greyserman ist Autor und leitender Wissenschaftler für Managed Futures bei dem Unternehmen ISAM sowie Professor an der Columbia University.

Ep. 285: Anthony Todd – Anthony Todd ist der CEO von Aspect Capital, einer der erfolgreichsten Firmen für Managed Futures und Trendfolge.

Ep. 284: Jason Fried – Jason Fried ist der Gründer und CEO von Basecamp (ehemals 37Signals) und Co-Autor von *Rework*.

Ep. 274: Guy Kawasaki – Guy Kawasaki ist der Chief Evangelist des Online-Grafikdesign-Tools Canva, war früher Berater der Motorola-Abteilung von Google und Chief Evangelist von Apple.

Ep. 269: Robert Aumann – Robert Aumann bekam im Jahr 2005 für seine Arbeit über Konflikt und Kooperation durch spieltheoretische Analyse den Alfred-Nobel-Gedächtnispreis für Wirtschaftswissenschaften.

Ep. 265: Leo Melamed – Leo Melamed ist ein Pionier auf dem Gebiet der Finanz-Futures auf Devisen und Aktienindizes. Er wurde im Jahr 1969 Vorsitzender der Chicago Mercantile Exchange.

Ep. 264: John H. Cochrane – John H. Cochrane ist AQR Capital Management Distinguished Service Professor of Finance an der Booth School of Business der University of Chicago.

Ep. 263: Meir Statman – Meir Statman ist Finanzprofessor an der Santa Clara University und Experte für Behavioral Finance. Sein gefeiertes Buch heißt *What Investors Really Want*.

Ep. 260: Sally Hogshead – Sally Hogshead ist eine amerikanische Rednerin, Autorin, ehemalige Werbebetreuerin und CEO von Fascinate, Inc.

Ep. 254: William Poundstone – William Poundstone ist der Autor von *Die Formel des Glücks*, eines Buches über das Kelly-Kriterium.

Ep. 252: Ben Hunt – Ben Hunt ist der Begründer der Epsilon Theory und die Inspiration hinter Second Foundation Partners, das er im Juni 2018 zusammen mit Rusty Guinn gründete.

Ep. 244: Walter Williams – Walter Williams ist ein amerikanischer Volkswirt, Kommentator und Wissenschaftler sowie John M. Olin Distinguished Professor of Economics an der George Mason University.

Ep. 235: Harry Markowitz – Harry Markowitz gilt als Begründer der modernen Finanztheorie und ist Nobelpreisträger.

Ep. 223: Marc Faber – Marc Faber ist der Herausgeber von *The Gloom, Boom & Doom Report.*

Ep. 212: Daniel Kahneman – Daniel Kahneman wurde schon als bedeutendster lebender Psychologe bezeichnet und erhielt im Jahr 2002 den Alfred-Nobel-Gedächtnispreis für Wirtschaftswissenschaften.

Ep. 211: John Bollinger – John Bollinger zeichnet für einen technischen Indikator verantwortlich: die Bollinger-Bänder.

Ep. 197: Jack Horner – Jack Horner ist ein weltweit anerkannter Paläontologe und war an allen „Jurassic Park"-Filmen als technischer Berater beteiligt.

Ep. 194: Dan Ariely – Dan Ariely ist Professor für Psychologie und Verhaltensökonomie an der Duke University sowie Autor des Bestsellers *Denken hilft zwar, nützt aber nichts.*

Ep. 178: Vernon Smith – Vernon Smith ist Professor für Volkswirtschaftslehre an der Chapman University in Orange im Bundesstaat Kalifornien. Im Jahr 2002 erhielt er zusammen mit Daniel Kahneman den Alfred-Nobel-Gedächtnispreis für Wirtschaftswissenschaften.

Ep. 168 Larry Williams – Larry Richard Williams ist ein amerikanischer Autor, Aktien- und Rohstoffhändler und Politiker im Bundesstaat Montana.

Ep. 164 Richard Noble – Richard Noble ist ein schottischer Unternehmer und hielt von 1983 bis 1997 den Landgeschwindigkeitsrekord.

Ep. 126: James Altucher – James Altucher ist Autor, Blogger und Unternehmer.

Ep. 85: Barry Ritholtz – Barry Ritholtz ist Autor (*Bailout Nation*), Zeitungskolumnist, Blogger, Aktienanalyst, Fernsehkommentator sowie Vorsitzender und CIO von Ritholtz Wealth Management.

358 Seiten,
gebunden mit SU,
34,90 [D] / 35,90 [A]
ISBN: 978-3-938350-48-5

Michael Covel:
Turtle-Trading

Gemeinsam mit seinem Geschäftspartner William Eckhardt gründete Richard Dennis, ein erfolgreicher Börsenautodidakt, 1983 eine „Tradingschule", um Trader wie Schildkröten zu „züchten", also Menschen in Kürze den Börsenhandel beizubringen. Ihre Schüler: die heute berühmt-berüchtigten „Schildkröten" (nach dem oben zitierten Vorhaben), die alle bedeutende Investoren wurden. Dennis' Tradingsystem etablierte sich bei vielen Fondsmanagern. „Turtle Trading" erzählt die Geschichte der „Schildkröten", ihres Systems, und zeigt, wie relevant dieses moderne Märchen noch immer ist.

208 Seiten,
Taschenbuch,
9,90 [D] / 10,20 [A]
ISBN: 978-3-86470-755-1

Jack D. Schwager:
Das kleine Buch der Market Wizards

Die Market Wizards sind die erfolgreichsten Trader aller Zeiten. Sie erzielen seit Jahrzehnten herausragende Performances bei völliger Risikokontrolle und sind Vorbilder für Generationen von Tradern. Jack Schwager hat in den letzten 25 Jahren diese Besten der Besten für seine berühmte »Magier der Märkte«-Reihe interviewt. Selbst ein erfolgreicher Trader, weiß er, worauf es ankommt und welche Fragen er stellen muss, um das Erfolgsgeheimnis dieser Profis zu lüften. In seinem »Kleinen Buch der Market Wizards« bündelt er nun die wichtigsten Lektionen aus diesen Gesprächen in einem Buch.